율려와 주역

율려와 주역

정해임

소 강

차 례

일러두기 ……………… 8
머리말 ……………… 9

제1장 율려의 개념과 역학적 배경 …………………… 15
1. 율려의 개념 …………………………………………… 17
2. 주역의 수 ……………………………………………… 27
3. 주역의 괘효 …………………………………………… 33

제2장 율려와 음양 …………………………………… 41
1. 삼분손익법과 음양 ……………………………………… 48
  1) 『국어』,『주례』,『여씨춘추』,『회남자』,『후한서』,『통전』,『시악화성』 … 54
      (1)『국어』「주어」하 / 55
      (2)『주례』/ 57
      (3)『여씨춘추』/ 60
      (4)『회남자』/ 62
      (5)『통전』/ 64
      (6)『후한서』「율력지」/ 65
      (7)『시악화성』/ 68
  2)『관자』……………… 71
  3)『사기』,『한서』,『진서』,『율려신서』,『악학궤범』,『증보문헌비고』,「율려추보」……………… 73
      (1)『사기』「율서」/ 73
      (2)『한서』「율력지」/ 75
      (3)『진서』「율력」/ 79
      (4)『율려신서』/ 81
      (5)『악학궤범』/ 85
      (6)『증보문헌비고』/ 86
      (7)「율려추보」/ 87
  4)『악서고존』……………… 88
2. 격팔상생법과 음양 …………………………………… 95
  1)『회남자』……………… 96
  2)『한서』「율력지」……………… 96

6 율려와 주역

    3) 『금지』 ·················· 98
    4) 『율려성서』 ·················· 100
    5) 『율려천미』 ·················· 101
    6) 『원락지락』 ·················· 103
    7) 『악학궤범』 ·················· 104
    8) 「율려추보」 ·················· 105
    9) 『오주연문장전산고』 ·················· 108
  3. 율려와 삼천양지 ·································· 110
    1) 『한서』「율력지」 ·················· 111
    2) 『후한서』「율력지」 ·················· 112
    3) 『악서고존』 ·················· 113

제3장 율려와 괘효 ·································· 117

  1. 율려와 십이벽괘 ·································· 119
    1) 『주역도설』 ·················· 120
    2) 『주역참동계』 ·················· 121
    3) 『율려신서』 ·················· 123
    4) 『악서』 ·················· 123
    5) 「율려추보」 ·················· 124
    6) 『오주연문장전산고』 ·················· 126
  2. 율려와 팔괘 ·································· 132
    1) 『주례』 ·················· 132
    2) 『사기』「율려」 ·················· 133
    3) 『한서』「율력지」 ·················· 135
    4) 『통전』 ·················· 136
    5) 『악서』 ·················· 136
    6) 『율려천미』 ·················· 138
    7) 『악학궤범』 ·················· 140
    8) 『증보문헌비고』 ·················· 142
  3. 율려와 육효 ·································· 154
    1) 『국어』「주어」하 ·················· 155
    2) 『주례』 ·················· 157
    3) 『한서』「율력지」 ·················· 158
    4) 『악서』 ·················· 159
    5) 『악학궤범』 ·················· 161

제4장 율려와 오행 ……………………………………… 167
  1. 하도·낙서와 오성 ……………………………………… 169
    1) 하도와 오성 …………… 169
    2) 낙서와 오성 …………… 176
  2. 율려와 오성 …………………………………………… 181
    1) 『주례』 …………… 181
    2) 『예기』 …………… 183
    3) 『관자』「지원」 …………… 186
    4) 『여씨춘추』 …………… 187
    5) 『회남자』「시칙훈」 …………… 188
    6) 『한서』「율력지」 …………… 190
    7) 『후한서』「율력지」 …………… 191
    8) 『율려정의』 …………… 192
    9) 『송사』 …………… 193
    10) 『율려신서』 …………… 194
    11) 『악서』 …………… 197
    12) 『악학궤범』 …………… 199
    13) 「율려추보」 …………… 203
    14) 『시악화성』 …………… 204
  3. 오성과 오행 ……………………………………………… 208
    1) 『예기』「악기」 …………… 209
    2) 『관자』「지원」 …………… 210
    3) 『회남자』 …………… 211
    4) 『한서』「율력지」 …………… 212
    5) 『통전』 …………… 213
    6) 『악서』 …………… 214
    7) 『율려신서』 …………… 217
    8) 『악학궤범』 …………… 218
    9) 『증보문헌비고』 …………… 222

  미주 …………… 225
  참고문헌 …………… 249

일러두기
- 『 』는 서명에, 「 」는 편명과 논문명에 사용하였다.
- ( )는 그 단어에 상응하는 한자나 외국어 또는 어떤 문구로 대신할 수 있는 글을 사용할 경우에 썼으며, [ ]는 간단한 어귀를 한글이나 외국어, 한자로 바꿔도 될 경우에 사용하였고, 〈 〉는 어떤 문구를 삽입하여 읽어도 무방할 경우에 사용하였다.
- " "는 어떤 문구를 직접적으로 인용할 경우에 사용하였다. ' '는 어떤 문구나 단어를 인용 강조할 때 사용하였다.
- 이 책에서 각주는 예로 들어, 1)의 형식으로, 미주는 1의 형식으로 표기하였다.
- 이 책에서는 한글 전용을 원칙으로 하여 표기하였다.

머리말

　율려(律呂)는 한국음악과 중국음악을 구성하는 기본 단위로서 율(律)은 양(陽)에 해당하고, 여(呂)는 음(陰)에 해당하는 것으로 음양사상에 근본하고 있다.
　율려에 대한 최초의 문헌은 춘추시대 주(周)나라 좌구명(左丘明)의 『국어』(國語) 「주어」하(周語下)에서 발견된다. 여기에서는 율의 개념을 이야기하고, 12율을 건괘(乾卦)와 곤괘(坤卦)의 6효(爻)에 배합하고 있는데, 이미 이 시기에 역학적(易學的)인 내용을 통하여 율려를 이야기하고 있다. 그 밖에 주 나라 주공(周公)의 『주례』(周禮), 춘추시대 제(齊) 나라 관중(管仲)이 편찬한 『관자』(管子), 진대(秦代) 여불위(呂不韋)의 『여씨춘추』(呂氏春秋)에 이어 한대(漢代) 유안(劉安)의 『회남자』(淮南子), 한대 사마천(司馬遷)의 『사기』(史記), 반고(班固, 32~92)의 『한서』(漢書), 송대(宋代) 범엽(范曄, 398~445)과 서진대(西秦代) 사마표(司馬彪, ?~306)의 『후한서』(後漢書), 당대(唐代) 두우(杜佑, 733~812)의 『통전』(通典) 그리고 송대 채원정(蔡元定, 1135~1198)의『율려신서』(律呂新書)와 진양(陳暘)의『악서』(樂書), 청대(淸代) 강영(江永, 1681~1762)의『율려천미』(律呂闡微) 등의 중국 문헌에서 율려를 언급하고 있다. 아울러 조선조 성종 24년(1493) 성현(成俔) 등이 편찬한『악학궤범』(樂學軌範), 영조 46년(1770)의『증보문헌비고』(增補文獻備考), 정조·순조 때 정약용(丁若鏞, 1762~1836)의『악서고존』(樂書孤存), 이만부(李萬敷, 1664~1732)의「율려추보」(律呂推步), 헌종 때 이규경(李圭景, 1788~?)의『오주연문장전산고』(五洲衍文長箋散稿), 정조 4년(1780)의『시악화성』(詩樂和聲) 등 한국의 여러 문헌에서도 율려에 대해 언급하고 있다. 그런데 특히 율려에 있어 한국의 악서(樂書)들은 직접적으로 중국 문헌의 영향을 받았음을 알 수 있다.

　우리나라 음악은 중국과 교류를 통해 많은 영향을 받았다.『삼국사기』(三國史記)권6「신라본기 문무왕조」에 의하면 성천(星川)과 구일(丘日) 등 28명을 부성(府城)에 보내어 당악(唐樂)을 배우게 했다는 기록이 있는데, 이는 통일신라시대에 처음으로 중국음악이 유입되었다는 것을 말해 주고 있다. 이 외에『태종실록』에 의하면 고려 광종(950~975) 때 사신을 보내어 당 나라 악기(樂器)와 악공(樂工)을 청하여 그 업(業)을 전수하였다[2]고 한다. 그리고『고려사』(高麗史)에 의하면 고려 예종 9년과 11년 두 차례에 걸쳐 송의 휘종(徽宗)이 안직숭(安稷崇)과 왕자지(王字之), 문공언(文公彦)를 통해 공후(箜篌)와 박판(拍板) 등의 아악기(雅樂器)와 악보(樂譜) 그리고 대성악(大晟樂) 등을 보내 왔다[3]고 한다. 이로써 중국의 아악이 우리나라에 최초로 유입되었다는 것을 알 수 있다.

그리고 세종 7년(1425)에 편경(編磬)의 재료인 경석(磬石)을 남양(南陽)에서 구하게 되고, 율관(律管) 제작에 사용되는 기장[黍]을 옹진(甕津)에서 구하게 되었고, 이에 따라 본격적으로 율관 제작과 더불어 아악기를 제작하게 되었다.4 그 이후 조선조 성종 24년(1493)에 예조판서 성현을 비롯해 신말평(申末平), 박곤(朴棍), 김복근(金福根) 등이 편찬한『악학궤범』은『주례』,『율려신서』,『악서』등의 중국 문헌을 참고하여 율려를 비롯해 악기, 의물(儀物) 등 방대한 음악 자료를 싣고 있는 책으로 한국음악사에서 사료적인 가치가 가장 높다고 평가된다. 그 외에도『증보문헌비고』,『악서고존』,『율려추보』,『오주연문장전산고』등에 율려의 내용이 실려져 있다.

  율려의 형성에 있어서 가장 중요한 요소는『주역』(周易)의 음양사상이 그 바탕을 이룬다고 할 수 있다. 율려를 분명하게 이해하기 위해서는 그 속에 포함되어 있는 주역철학적 요소에 대한 확실한 이해가 무엇보다도 가장 우선적이다. 왜냐하면 율려에 대한 최초의 문헌은 춘추시대 주 나라 좌구명의『국어』「주어」하에서 비롯되었고, 최초로 율의 개념을 건괘와 곤괘의 6효에 배합하여 역학적인 내용을 통하여 이야기하고 있다는 사실만 보더라도 이러한 악서의 저자들은 음악에 대한 해박한 이론과 실기를 겸비하고 있을 뿐만 아니라 역학(易學)1)에 대해 매우 전문적인 지식을 동시에 지니고 있었을 것이기 때문이다. 그러므로 이런 음양을 중심으로 하는 역학적인 사유에 대한 철저한 선행적(先行的) 학습 없이는 율려의

---

1) 여기에서 말하는 역학(易學)은 주역 자체뿐만 아니라 후대(後代)에 행해진 주역 연구의 내용까지를 모두 포함한 것을 지칭한다.

올바른 이해는 거의 불가능하다.

 이런 맥락에서 율려 형성의 연원적 배경을 한층 더 분명하게 살펴보기 위해 율려의 형성과 직접적으로 관련되어 있는 역학 사상의 내용들을 체계적으로 분석하려고 한다. 기본적으로『국어』「주어」하,『주례』,『관자』,『여씨춘추』,『회남자』,『사기』,『한서』,『후한서』,『통전』,『율려신서』,『악서』,『율려천미』,『율려성서』(律呂成書),『금지』(琴旨) 등 중국 문헌과『악학궤범』,『증보문헌비고』,『악서고존』,「율려추보」,『오주연문장전산고』,『시악화성』(詩樂和聲) 등 한국 문헌의 내용에 대한 일차적인 분석이 가장 우선적이다. 연구의 주제 자체가 율려의 배경이 되는 역학적 요소들을 분석하는 것이 가장 핵심적인 과제이기는 하여도 무엇보다도 먼저 악서 속에 등장하는 율려와 관련되는 주요한 음악 이론들에 대한 탐색과 분석이 우선되어야 한다. 이런 과정을 통하여 율려와 관련되는 역학적 내용들이 드러나고 이와 관련되는 역학의 주요 문제들을 연결하여 분석하고자 한다.

 구체적인 내용을 말하자면 우선 율려의 개념을 밝히고, 율려와 음양에서는 삼분손익법(三分損益法)과 격팔상생법(隔八相生法), 율려와 삼천양지(參天兩地) 등의 관련성을 중심으로 다루고자 한다. 율려와 괘효(卦爻) 중 율려와 12벽괘(十二辟卦)에서는 12율을 12월에 따라 12벽괘를 분배하여 음양소식(陰陽消息) 원리를 다루고, 율려와 팔괘(八卦)에서는 12율과 복희팔괘(伏羲八卦), 문왕팔괘(文王八卦)의 관계를 다루고자 한다. 그리고 율려와 6효(爻)에서는 6률(律), 6려(呂)와 건·곤괘에 있어 6효의 관계를 검토하고자 한다. 그리고 율려와 5행(行) 중 하도(河圖)·낙서(洛書)와

5성(聲)의 관계를 살펴보고, 율려와 5성에서는 12율과 5성, 60조(調)의 관계를 다루고자 한다. 그리고 5성과 5행의 관계를 상세히 분석하려고 한다. 또한 율려격팔상생응기도(律呂隔八相生應氣圖), 5성도(五聲圖), 8음도(八音圖), 반지상생도(班志相生圖), 6률6려당위거충상하상생지도(六律六呂當位居衝上下相生之圖), 12소식괘도(十二消息卦圖), 하도와 낙서, 문왕팔괘차서도(文王八卦次序圖), 문왕팔괘방위도(文王八卦方位圖), 복희팔괘차서도(伏羲八卦次序圖), 복희팔괘방위도(伏羲八卦方位圖) 등의 그림을 중심으로 살펴보고, 율려의 역학적인 내용을 비교 분석하여 율려의 역학적인 연구의 새로운 연구 방향에 대한 한 가능성을 모색하려고 한다. 그리고 본문 중 원문에 대한 번역은 참고문헌에 제시한 번역서를 이용하여 부분적으로 인용하거나 참고하였음을 일러둔다.

이 책이 완성되기까지 도와주신 정병석 교수님께 진심으로 감사드리고, 이완재 교수님, 최재목 교수님, 권오성 교수님, 서한범 교수님, 김진규 선생님, 김석진 선생님, 이응문 선생님께 감사드린다. 그리고 어려운 여건 속에서도 본 책의 출판을 흔쾌히 맡아주신 소강 출판사 김병성 사장님께 심심한 감사를 드린다.

2006년 9월
예원(豫園) 정해임(丁海任)

제1장
율려의 개념과 역학적 배경

1. 율려의 개념
2. 주역의 수
3. 주역의 괘효

율려의 개념과 역학적 배경

1. 율려의 개념

율려(律呂)라는 개념은 『국어』(國語)2) 「주어」하(周語下)에 처음 나오고, 『주례』(周禮)3), 『관자』(管子)4) 「지원」(地貝), 『이아』(爾雅) 「석고」(釋詁), 『사기』(史記)5) 「율서」(律書), 『한서』(漢

---

2) 춘추시대 주 나라 좌구명(左丘明)이 8개 국의 500년 간의 역사를 기록한 책이고, 「주어」(周語) 3권, 「노어」(魯語) 2권, 「제어」(齊語) 1권, 「진어」(晉語) 9권, 「정어」(鄭語) 1권, 「초어」(楚語) 2권, 「오어」(吳語) 1권 등 21권으로 구성되어 있다.
3) 주대의 성군(聖君)인 주공(周公, B.C. 12세기 경)이 주대의 관제(官制)를 기록한 책이고, 6편으로 되어 있다.
4) 춘추시대 법가(法家) 사상가 관중(管仲, ?~B.C. 645)이 지었다고 전하는 책이고, 24권 76편으로 구성되어 있으며 관중과 그의 제자들에 의하여 여러 시대에 걸쳐 완성된 것이다.
5) 한(漢) 나라의 사학자(史學者) 사마천(司馬遷, B.C. 145~B.C. 86)이 저술한 역사서이고, 「본기」(本紀) 12권, 「서」(書) 8권, 「표」(表) 10권, 「세가」

書)6)「율력지」(律曆志), 『악서』(樂書)7), 『악학궤범』(樂學軌範)8), 『증보문헌비고』(增補文獻備考)9), 『악서고존』(樂書孤存)10), 『오주연문장전산고』(五洲衍文長箋散稿)11) 등에 전하고 있다. 율려는 음양(陰陽)이고, 6률과 6려로서 12율(律)을 나타낸다. 이런 문제들을 문헌을 중심으로 살펴보면 다음과 같다.

율(律)이라는 것은 악기를 만드는 척도이다. 『국어』「주어」하편에 의하면 율이라는 것은 균종(均鐘)12)을 정해서 종(鐘)의 크고 작음에 따라 율의 높고 낮은 음고(音高)를 헤아리는 것이다5고 하였다.

(世家) 30권, 「열전」(列傳) 70권 등으로 구성되어 있다.
6) 후한(後漢)의 사학자 반고(班固, 32~92)가 한의 고조(高祖)에서 왕망(王莽)까지 12세(世), 230년 간의 역사를 기록한 사서(史書)이고, 「본기」(本紀) 12권, 「표」(表) 8권, 「세가」(世家) 30권, 「지」(志) 10권, 「열전」(列傳) 70권 등 총 100권으로 구성되어 있다.
7) 송대(宋代)의 학자 진양(陳暘)이 지은 책으로 200권으로 구성되어 있다.
8) 성종 24년(1493) 8월, 예조판서 성현(成俔)이 중심되어 주부(主簿) 신말평(申末平), 전악(典樂) 박곤(朴棍), 김복근(金福根) 등이 임금의 명을 받아 찬진(撰進)한 책이다. 9권으로 구성되어 있다.
9) 영조 46년(1770)에 최초로 편찬되었다. 우리나라 상고(上古)로부터 대한제국 말기에 이르기까지 문물 제도를 분류 정리한 책으로 문헌비고(文獻備考)라고도 한다. 16고(考) 250권 50책으로 구성되어 있는데, 이 중에서 「악고」(樂考)의 내용은 권90~권107에 실려 있다.
10) 정조·순조 때의 실학자인 다산(茶山) 정약용(丁若鏞, 1762~1836)이 지은 책으로 『여유당전서』(與猶堂全書)에 전하며 성률(聲律), 악기에 관한 내용이 들어 있다. 사본(寫本)으로 12권 4책으로 구성되어 있다.
11) 헌종 때의 학자 이규경(李圭景, 1788~?)이 지었고, 우리나라, 중국 및 기타 외국에 있어서의 고금(古今)의 사물(事物)에 대하여 천문, 지리, 풍속, 음식, 금수 등에 이르기까지 질문과 오류를 고증한 책이다.
12) 균종(均鐘)이란 척도가 되는 악기로 길이가 7척(尺)이다.

율려는 음양이다.『국어』「주어」하에 의하면 양(陽)은 율(律)이 되고 음(陰)은 여(呂)가 된다. 6률은 황종(黃鐘), 태주(大蔟), 고선(姑洗), 유빈(蕤賓), 이칙(夷則), 무역(無射)이고, 6려는 임종(林鐘), 중려(中呂), 협종(夾鐘), 대려(大呂), 응종(應鐘), 남려(南呂)이다6고 하였고,『주례』「전동장」(典同章)에 의하면 6률과 6동(同)으로 악기를 만든다7고 하였다. 그리고『한서』(漢書)「율력지」(律曆志)에 의하면 율에는 12가 있으니 6양(陽)은 율(律)이 되고, 6음(陰)은 여(呂)가 된다8고 하여 율려는 율과 여의 합성어로 양에 속하는 6률과 음에 속하는 6여가 합하여 12율을 의미한다. 6동(同)의 동(同)은 율과 같은 자리에 있다는 뜻으로 여(呂)를 나타낸다. 낮은 율부터 순서대로 나열하면 12율은 황종, 대려, 태주, 협종, 고선, 중려, 유빈, 임종, 이칙, 남려, 무역, 응종이다.

율(律)이라는 것은 차등(差等)의 약례(約例)이다.『관자』「지원」에 의하면 율은 나누는 것을 정하고 다툼을 그치는 것이다9고 하였고,『악서고존』에 의하면 율은 차등의 약례이다. 율은 율(率)과 통한다. 율은 성(聲)에 차이를 두고 여섯으로 나누어 악기를 만든 것이다10고 하여 율이라는 것은 비율[率]의 뜻으로 차등을 나타내는 약례이고, 성(聲)에 6률과 6려의 율수(律數)에 차이를 둔다는 뜻이다.

율(律)은 법(法)이다.『이아』「석고」와『한서』「율력지」,『통전』(通典)13)에 의하면 율은 법이다11고 하였고,『사기』「율서」에 의하

---

13) 당대(唐代)의 학자 두우(杜佑, 733~812)가 태고 시기부터 당대(唐代)까지의 정전(政典)을 모아 기술한 책이고, 모두 200권으로 구성되어 있다.

면 왕은 일을 바로잡고 법을 세우고, 만물의 법도는 오직 6률에 바탕을 두고 6률은 만사의 근본이 된다12고 하였고,『서경』(書經)에 의하면 율을 도량형(度量衡)과 같게 하는 것이다. 4시(時)의 절기에 따라 월(月)의 대소와 일(日)의 갑(甲), 을(乙)을 하나로 하는데 율은 12율이다13고 하였는데, 이와 같이 율은 만사의 근본이 되고 도량형의 근본이 되고 법이 된다는 뜻이다.

여(呂)는 짝한다는 뜻이다.『국어』「주어」14,『통전』15,『악서고존』16에 의하면 여(呂)는 음률(陰律)로서 양률(陽律) 사이에 짝한다[侶]고 하였다.

율려는 악(樂)의 근본이다.『악학궤범』에 의하면 5음(音) 12율(律)은 악(樂)의 근본이다17고 하였고,『오주연문장전산고』에 의하면 악률(樂律)은 악성(樂聲)의 근본이다18고 하였다. 그리고『증보문헌비고』에 의하면 옛 성왕(聖王)은 나라를 세우고 공을 이루어 정치가 안정되면 성악(聲樂)을 제정하여 각각 그 덕을 상징하였는데, 일체 모두 율려에 근본하였는데 율려는 규거(規矩: 컴퍼스와 곱자, 그림쇠)이고, 악(樂)은 방원(方圓)이다. 악을 제정하면서 율려에 근본하지 아니하면 마치 방원을 그리면서 규구에 근본하지 아니하는 것과 같으니, 어찌 방원을 이루겠는가?19고 하였는데 율려는 5음(音)의 근본이 되고 악(樂)의 근본이 된다. 12율(律)은 황종, 대려, 태주, 협종, 고선, 중려, 유빈, 임종, 이칙, 남려, 무역, 응종 등이고, 5음은 궁(宮)·상(商)·각(角)·치(徵)·우(羽)로 구성되어 있다. 이상에서 논의한 율려의 개념은 아래와 같이 요약할 수 있다.

① 율(律)은 악기를 만드는 척도이다.
② 율은 법이다.
③ 율은 차등의 약례이다.
④ 여(呂)는 양(陽)의 율과 짝한다는 뜻이다.
⑤ 율려(律呂)는 음양이다
⑥ 율려는 악(樂)의 근본이다.

위에서 율려의 개념을 살펴보았고, 12율은 6률과 6려로 구성되어 있다는 것을 알 수 있다. 12율의 뜻에 대하여 살펴보기로 한다. 『국어』「주어」하에 의하면 12율은 『주역』14)의 가장 중요한 건괘와 곤괘를 구성하는 12개의 효를 12월로 나누어 배합하고 있고, 12율의 뜻은 다음과 같다.

주(周) 나라 경왕(景王)이 무역(無射)의 종(鐘)을 만들고 영주구(伶州鳩)에게 율(律)에 대하여 물었다. 대답하여 말하기를 율이라는 것은 균종(均鐘)을 정해서 종의 크고 작음에 따라 율의 높고 낮은 음고(音高)를 헤아리는 것이다. 옛날의 신고(神瞽)15)는 중성(中聲)을 상고하여 이에 따라 이 율을 헤아려 균종을 만들고 백관(百官)의 법을 만들었다. 천(天), 지(地), 인(人) 3재(才)로 벼리를 나누고, 6률로 소리를 고르게 하고,

---

14) 일반적으로 『주역』은 문자가 없던 시대에 음과 양의 기호를 사용하여 팔괘를 그린 복희(伏羲), 효사(爻辭)를 쓴 주공(周公)과 괘사(卦辭)를 지은 문왕(文王) 그리고 십익(十翼:「象上」,「象下」,「象上」,「象下」,「繫辭上」,「繫辭下」,「文言」,「序卦」,「說卦」,「雜卦」)을 지은 공자 등 4대 성인에 의해 만들어진 경전이다.
15) 중국 고대의 악관(樂官).

12율에서 이루어진다는 것은 하늘의 대수(大數)가 12를 넘지 않는 하늘의 도(道)이다. 무릇 6은 천지의 가운데 있는 색(色)이다. 그러므로 6기(六氣: 陰, 陽, 風, 雨, 晦, 明)와 9덕(九德: 水, 火, 木, 金, 土, 穀, 正德, 利用, 厚生)으로 베풀기 때문에 황종(黃鐘)이라고 부른다. 11월은 황종으로 건괘(乾卦)16)의 초구효(初九爻)에 해당한다. 황종은 초구효이고 6률의 머리이다. 황(黃)은 중앙의 색이다. 6률은 황종에서 시작하여 차례대로 배열된다. 두 번째 율은 태주라고 말한다. 이것은 금부(金部) 악기를 연주하여 양(陽)을 인도하여 막힌 것을 뚫고 나가는 것이다. 정월은 태주(大簇)라고 말하고 건괘의 구이효(九二爻)에 해당한다. 세 번째 율은 고선이라고 말한다. 이것은 모든 만물을 닦고 깨끗이 하여 신(神)을 부르거나 손님을 받아들이는 것이다. 3월은 고선(姑洗)으로 말하고 건괘의 구삼효(九三爻)에 해당한다. 네 번째 율은 유빈(蕤賓)이라고 말한다. 신과 사람을 편안하게 하고 술잔을 권하고 돌리는 것이다. 5월은 유빈으로 말하고 건괘의 구사효(九四爻)에 해당한다. 다섯 번째 율은 이칙(夷則)이라고 말한다. 이것은 아홉 번 노래하면 백성을 다스려 두 마음을 품지 않는 것이다. 7월은 이칙이라 말하고 건괘의 구오효(九五爻)에 해당한다. 여섯 번째 율은 무역(無射)이라고 말한다. 철인(哲人)의 훌륭한 덕을 펴서 백성에게 법도와 예의를 보여주는 것이다. 9월은 무역이라고 말하고 건괘의 상구효(上九爻)에 해당한다. 원간(元間)은 대려(大呂)라고 말한다. 이것은 만물을 왕성하게 펴지도록 도와주는 것이다. 12월은 대려라고 말하고, 곤괘(坤卦)17)의 육사효(六四爻)에 해당한다. 두 번째

---

16) 6효가 모두 양효(陽爻)인 괘로 64괘 중 첫 번째 괘이다.

간(間)은 협종(夾鐘)이라고 말한다. 이것은 사계절 사이의 미세한 기운에서 나온 것이다. 2월은 협종이라고 말하고, 곤괘의 육오효(六五爻)에 해당한다. 세 번째 간(間)은 중려(中呂)라고 말한다. 이것은 중기(中氣)를 베푸는 것이다. 4월은 중려라고 말하고, 곤괘의 상육효(上六爻)에 해당한다. 네 번째 간(間)은 임종(林鐘)이라고 말한다. 이것은 모든 일을 조화시키고 발전시켜서 더욱 공경하고 순수함이 없지 않다. 6월은 임종이라고 말하고 곤괘의 초육효(初六爻)에 해당한다. 다섯 번째 간(間)은 남려(南呂)라고 말한다. 이것은 양기가 왕성하도록 도와주는 것이다. 8월은 남려라고 말하고, 곤괘의 육이효(六二爻)에 해당한다. 여섯 번째 간(間)은 응종(應鐘)이라고 말한다. 이것은 악기를 골고루 사용하여 복괘(復卦)에 응하게 한다. 율려는 바뀌지 않으니 옳지 않은 것이 없다. 10월은 응종이라고 말하고, 곤괘의 육삼효(六三爻)에 해당한다. 율려(律呂)는 바뀌지 않으니 옳지 않은 것이 없다.20 (『국어』「주어」하 24a~26b)

위와 같이 3기6평(三紀六平)으로 12율이 이루어진다. 12율명(律名)은 황종(黃鐘), 대려(大呂), 태주(大簇), 협종(夾鐘), 고선(姑洗), 중려(中呂), 유빈(蕤賓), 임종(林鐘), 이칙(夷則), 남려(南呂), 무역(無射), 응종(應鐘)이다. 이 중에서 황종, 태주, 고선, 유빈, 이칙, 무역 등은 6양률(陽律)에 해당하고 대려[元間], 협종[二間], 중려[三間], 임종[四間], 남려[五間], 응종[六間] 등은 6음려(陰呂)에 해당한다. 여기서 간(間)은 음려를 나타내는데 양률의 사이에 있다는 뜻이다. 다음으로 『한서』「율력지」에서 말하는 12율의

---

17) 6효가 모두 음효(陰爻)인 괘로 64괘 중 두 번째 괘이다.

뜻은 다음과 같다.

황종(黃鐘)의 황(黃)은 중앙의 색이고 군(君)의 옷이다. 종은 씨앗[種]이라는 뜻이다. 천(天)의 중수(中數)는 5이고, 5는 성(聲)의 수가 된다. 성은 궁(宮) 위의 5성(聲)보다 더 큰 것이 없다. 지(地)의 중수(中數)는 6이고 6은 율의 수가 된다. 율에는 형상이 있고 색이 있다. 색은 황 위에 5색보다 더 성(盛)한 것이 없다. 그러므로 양기(陽氣)가 황천(黃泉)에 씨앗을 뿌려 만물을 싹트게 하니 6기(氣)의 근본이 된다. 율이라는 것은 궁성(宮聲)을 나타낸다. 양의 9와 음의 6이 서로 화합하여 부단히 변동하여 모든 효에 두루 행한다. 6허(虛)는 자(子)에서 시작하고 11월에 있다. 대려(大呂)의 여(呂)는 무리이다. 음의 대려가 황종을 도와서 기를 펴고 만물을 싹트게 하는 것이라고 말하며, 축(丑)에 자리하고 12월에 있다. 태주(太族)의 주(族)는 모인다는 뜻이다. 양기의 태주가 크게 모여 만물을 창달하게 하는 것을 말하고 인(寅)에 자리하고 정월에 있다. 협종(夾鐘)은 음의 협종이 태주(大族)를 도와 사방의 기를 펴고 심어 놓은 종자가 땅에서 나오고, 묘(卯)에 자리하고 2월에 있다. 고선(姑洗)의 선(洗)은 깨끗하다는 뜻이다. 양기가 만물을 씻어 만물을 깨끗하게 한다고 말하고, 진(辰)에 자리하고 3월에 있다. 중려(中呂)는 작은 음(陰)이 시작하여 이루어지지 못하고, 그 중에 나타나 고선을 도와 기(氣)를 펴고 만물을 가지런히 하며, 사(巳)에 자리하고 4월에 있다. 유빈(蕤賓)의 유(蕤)는 계속한다는 뜻이고, 빈(賓)은 이끈다는 뜻이다. 양(陽)이 비로소 음기를 이끌어 만물을 계속 기르게 한다고 말한다. 오(午)에 자리하고 5월에 있다. 임종(林鐘)의 임(林)은 임금이다. 음기가 수임(受姙)하여 유빈을 도와 만물에 씨를 뿌려 크고 무성하게 하는 것을 책임지게 하며, 미(未)에 자리하고 6월에 있다. 이칙(夷則)의 칙(則)은 법이다. 양기는 법도(法度)를 바르게 하고 음기가 마땅히 상하게 되는 사물을 상하게 하며, 신(申)에 자리하고 7월에 있다. 남려(南呂)의 남(南)은 맡는다는 뜻이다. 음기의 무리가 이칙을 도와 만물을 맡아 생성하는 것을 말하고, 유(酉)에 자리하고 8월에 있다. 망역(亡射)의 역(射)은 싫어한다는 뜻이다. 양기가 만물을 궁구하고 음기로 하여금 다 떨어지게 하여 마치고 다시 시작하여 싫어함이 없는 것을 말하며, 술(戌)에 자리하고 9월에 있다. 응종(應鐘)은 음기가 망역에 응하여 만물을 모두 저장하고 양(陽)을 섞어 씨앗을 보호하는 것을 말하고, 해(亥)에 자리하며 10월에 있다.21 (『한서』「율력지」권21상. 5a~6b.)

이처럼『한서』「율력지」에 의하면 12율의 뜻이 잘 나타나 있다. 그리고 5성(聲) 6률(律)의 수는 천수(天數)와 지수(地數)의 중앙이 되는 수(數)를 나타낸다. 즉, 5성의 5는 천수인 1·3·5·7·9 중의 가운데 수이고, 6률의 6은 지수 2·4·6·8·10 중의 가운데 수를 말한다. 여기에서 5성은 궁(宮)·상(商)·각(角)·치(徵)·우(羽)이고, 6률은 6률과 6려의 줄임말로 12율을 의미한다. 12율은 12지(支)와 12월에 배합되고, 12율의 명칭은 황종, 대려, 태주, 협종, 고선, 중려, 유빈, 임종, 이칙, 남려, 망역, 응종이다. 다음으로『악학궤범』(樂學軌範)에 의하면 12율의 뜻은 아래와 같이 말하고 있다.

황종(黃鍾)의 황(黃)이라는 것은 중앙의 색이다. 종(鍾)은 씨앗의 뜻이다. 양기가 황궁(黃宮)에 잠기고 만물이 자(子)에서 싹이 트니 황종은 자(子)의 기(氣)이다. 대려(大呂)의 여(呂)는 무리의 뜻이다. 음의 대려가 황종을 도와 기를 펴고 만물을 싹트게 하는 것을 말한다. 만물이 축(丑)에 싹이 움츠러드는데 대려는 축(丑)의 기이다. 태주(太簇)의 주(簇)는 모인다는 뜻이다. 양기가 땅에 크게 모여 만물을 창달하게 함을 말한다. 만물이 인(寅)에서 나가니 태주는 인(寅)의 기이다. 협종(夾鍾)은 음의 협종이 태주를 도와 사방의 기를 펴고 만물을 내는 것을 말한다. 만물이 묘(卯)에 덮으니, 협종은 묘(卯)의 기이다. 고선(姑洗)의 고(姑)는 고(故)이고, 선(洗)은 신(新)이다. 양기가 낳아 길러 묵은 것은 버리고 새 것으로 간다는 것을 말한다. 만물이 진(辰)에서 아름다움을 떨치니 고선(姑洗)은 진(辰)의 기이다. 중려(仲呂)는 양기가 다하고 음기가 싹트면 만물이 성(盛)함을 다하고 서쪽으로 가는 것을 말한다. 만물이 이미 성하고 중려는 사(巳)의 기(氣)이다. 유빈(蕤賓)의 유(蕤)는 계속한다는 뜻이다. 빈(賓)은 이끈다는 뜻이다. 양이 비로소 음기를 이끌어 만물을 계속해서 기르게 하는 것이다. 만물이 오(午)에서 넓게 펼쳐지고 유빈은 오(午)의 기이다. 임종(林鍾)의 임(林)은 임금의 뜻이다. 음기가 양기의 위임을 받아 유빈의 임금을 도와 종물(種物)을 크고 무성하게 함을 말한다. 만물이 미(未)에서 우거져 어둡고, 임종은 미(未)의 기이다. 이칙(夷則)은 그 백성이 편안하니 그 때에 만물이 꽃피고 결실을 맺지 않는 것이 없는 것을 말한다. 비록 중(中)에는 미치지 못해도 역시 의칙(儀則)이 있다. 만물이 신(申)에서 거듭 굳게 되어 이칙은 신(申)의 기이다. 남려(南呂)의 남(南)은 맡는다는 뜻이다. 음기가 이칙을 돕고 만물을 맡아 성숙시키는 것을 말한다. 만물이 유(酉)에서 성숙하는데 남려는 유(酉)의 기이다. 무역(無射)의 역(射)은 싫어함의 뜻이다. 양기가 만물을 극진하게 하니 음기(陰氣)가 다 떨어지게 하여 마침내 다시 시작하여 싫어함이 없는 것을 말한다. 만물이 술(戌)에서 다하고 무역은 술(戌)의 기이다. 응종(應鍾)은 음기가 무역에 응하여 만물을 감추어 두고 음이 양과 섞여서 씨앗을 보호하는 것을 말한다. 만물이 음으로 수장(收藏)되고 뿌리로 돌아가 생명을 다시 소생케 하고 해(亥)에 간직되며 응종은 해(亥)의 기이다.22 (『악학궤범』 권1. 6b~8a)

12율은 12지(支)에 배합되고, 12율명은 황종, 대려, 태주, 협종, 고선, 중려, 유빈, 임종, 이칙, 남려, 무역, 응종이다. 또한 『증보문헌비고』(增補文獻備考)23에서도 12율의 뜻은 『악학궤범』과 같은 내용을 말하고 있다.

위에서 말한 것처럼 12율의 뜻은 『국어』 「주어」 하와 『한서』 「율력지」, 『악학궤범』, 『증보문헌비고』에서 거의 비슷한 것으로 보인다.

2. 주역의 수

앞에서는 율려의 개념에 대해서 살펴보았는데, 지금부터 율려가 기초하고 있는 몇 가지 역학적 배경에 대해서 살펴보도록 하자. 먼저 구체적으로는 율려의 수와 관련이 있는 주역의 수(數), 주역의 괘효(卦爻)의 구성 등의 문제에 대해 살펴보고자 한다.

율려의 문제에서 가장 중요한 것은 역시 '수'(數)가 첫 번째이다. 이런 수의 개념이 발생하게 되는 것은 인간들이 사물의 형상을 보고 그것을 구별하려고 하는 그런 순간부터 생겨나는 것으로 보인다. 『좌전』(左傳)에서 한간자(韓簡子)는 "사물이 생겨나서 형상이 있게 되고, 형상이 있은 뒤에 번성하고, 번성한 뒤에 많고 적음의 수가 있게 된다"24라고 말하였다. 즉, 수의 첫 번째 단계는 가장 원시적인 자연수로서 처음에는 사물의 증감, 과다 등에 대한 인식에만 표현되었다. 그러나 사람들은 점차적으로 수를 통하여 더욱 복잡하고 세밀한 인식과 응용을 하게 된다. 율려를 말하는 이른바 12율, 6률과 6려 등은 모두 수와 직접적인 관련이 있다. 이런 율려의 수는 모두 『주역』에서 말하는 수와 밀접한 관련이 있다. 먼저 『주역』에서 말하는 수에 대해 살펴보도록 하자. 『주역』의 「계사전」(繫辭傳)에서는 다음과 같이 말하고 있다.

> 천(天)1, 지(地)2, 천3, 지4, 천5, 지6, 천7, 지8, 천9, 지10이다. 천수(天數)는 다섯이고 지수(地數)도 다섯이니 5위(位)를 서로 얻어 각각 합해져서 천수는 25이고, 지수는 30이다. 무릇 천지(天地)의 수는 55이다. 이것은 변화(變化)를 이루고 귀신(鬼神)을 행하는 까닭이다.25 (『주역』「계사전」상 제9장)

위와 같이 수는 1에서 10까지의 수를 기본으로 하는데 천수는 1·3·5·7·9의 다섯이고 이것을 합하면 25가 되고, 지수는 2·4·6·8·10의 다섯이고 이것을 합하면 30이 된다. 따라서 천수와 지수를 합하면 55가 된다. 천수는 양수(陽數)이고, 지수는 음수(陰

數)이다. 이 1에서 10까지의 수 안에 음양도 있고, 사상(四象)도 있으며, 8괘(八卦), 하도(河圖)와 낙서(洛書), 5행(五行)의 변화가 이루어진다. 효(爻)에서 양효(陽爻)는 9로 나타내고, 음효(陰爻) 는 6으로 나타낸다. 이것은 점(占)을 행하는 '대연지수'(大衍之數) 와 관련이 있다.

> 대연(大衍)의 책수(策數)는 50이고, 사용하는 것은 49책(策)이 다. 그 49책을 둘로 나누는 것은 천지 혹은 음양을 상징하고, 한 개를 꺼내어 3재(才)를 상징한다. 이것을 네 개씩 세는 것은 4시(時)를 상징하고 있다. 네 개씩 세고 남은 것은 손가락 사이에 끼어서 윤달을 상징한다. 5년에 두 번 윤달이 있다. 그리고 다른 쪽의 나머지 책을 같은 방법으로 되풀이한다.26 (『주역』 「계사전」상 제9장)

위의 인용문에서 이야기하듯이 『주역』에서 말하는 중요한 수 개념은 음양상감(陰陽相感)을 말하는 기수(奇數)와 우수(偶數), 만물의 생성 변화를 설명하는 대연(大衍)의 수, 생성 변화의 실재적 모습으로 진퇴(進退) 혹은 내왕(來往)을 말하는 7, 8, 9, 6의 수 등이 있다. 「계사전」에서는 대연지수를 50으로 말하고 있다. 50의 대연지수로 천지의 모든 변화와 생성을 말한다. '연'(衍)이란 말을 괘효에서는 방통(旁通)으로 말하고, 산술(算術)에서는 곱셈의 의 미를 가지고 있기도[互乘] 하다. 그러므로 대연을 대통(大通)으로 말하는 경우도 있다. 통(通)이나 연(衍)이란 것은 먼저 일정한 실수(實數)를 가정한 뒤에 이에 근거하여 대연하여 나간다.27 이런 대연의 과정을 통하여 책수가 나온다. 사상(四象)에서 노양(老陽)의 수는 9, 소음(少陰)의 수는 8, 소양(少陽)의 수는 7, 노음(老陰)의 수는 6이다. 노양의 책수는 36이고, 소음의 책수는 32이고, 소양의 책수는 28이고, 노음의 책수는 24이다. 대연지수는 50인데 하도의 중앙의 천수 5와 지수 10을 곱하여 나온 수로서 시초를 이용하여 점칠 때 사용하는 수이다.

규(規: 그림쇠)는 1에 이르러서는 다시 생(生)하지 못한다. 그러므로 나누어 음양이 되고 음양이 합하여 조화를 이루어 만물이 생긴다. 그러므로 1은 2를 낳고, 2는 3을 낳고, 3은 만물을 낳는다고 한다. 천지는 3개월이 1시(時)가 된다. 3으로 만물을 섞어 3·3은 9이므로 황종의 율이 9치가 되고, 궁음(宮音)이 고르게 된다. 9·9는 81이므로 황종의 수가 성립된다.28 [『회남자』권3. 「천문훈」(天文訓) 15b~16a]

위와 같이 『회남자』(淮南子)18)에 의하면 황종률(黃鐘律)의 길이 9치와 황종률의 수 81은 만물을 낳는 3의 수에 의해 이루어진다. 3을 단위로 하여 3에 3을 곱하면 9가 되고, 다시 9에 9를 곱하면 81이 된다. 그러므로 황종률의 수를 기본으로 하여 12율의 수가 정해진다.

다음으로 삼분손익법(三分損益法)에서 삼분손일(三分損一)은 3등분하여 하나를 빼는 것이고, 삼분익일(三分益一)은 3등분하여

---

18) 한(漢) 나라의 회남왕(淮南王) 유안(劉安, B.C. 179~B.C. 122)이 문객들과 함께 지은 잡가서(雜家書)이고, 내편(內書) 21편으로 구성되어 있다.

하나를 더한 것을 말한다. 상생(上生)은 삼분익일이고 하생(下生)은 삼분손일에 해당한다. 삼분손익법의 사상적(思想的)인 바탕은 『주역』의 산택손괘(山澤損卦䷨)와 풍뢰익괘(風雷益卦䷩)와 관련되어 있다. 그리고 격팔상생법(隔八相生法)은 8률씩 건너 율려를 구하는 율려 생성 방법이다. 그리고 율려 율수(律數)와 길이 그리고 양효와 음효의 수는 『주역』의 삼천양지 원리에 입각한 것이다. 그리고 12율은 경(經)이 되고, 5성은 위(緯)가 되고, 12율과 5성의 결합으로 60조(調)가 이루어진다. 60조 중 궁(宮)·상(商)·각(角) 선법(旋法)의 36조는 노양에 해당하고, 치(徵)와 우(羽) 선법의 24조는 노음에 해당한다. 60조는 60갑자(甲子)와 64괘 중 60번째 수택절괘(水澤節卦䷼)에 해당한다.

그리고 협종궁(夾鍾宮), 황종궁(黃鍾宮), 임종궁(林鍾宮) 등의 3궁(宮)은 역(易)에서는 천(天), 인(人), 지(地)의 3재에 해당한다. 협종궁은 천궁(天宮)이 되고, 황종궁은 인궁(人宮)이 되며, 임종궁은 지궁(地宮)이 된다. 3재에 대해 『주역』은 다음과 같이 말하고 있다.

『주역』이라는 책은 넓고 커서 모든 것을 다 갖추어 있는데, 그 중에는 천도(天道)가 있고 인도(人道)가 있으며 지도(地道)가 있으니 3재(才)를 겸해서 둘로 곱하였으므로 6이니, 6이란 다른 것이 아니라 3재의 도(道)이다.29 (『주역』「계사전」하 제10장)

『주역』「계사전」에 의하면 역(易)은 천도(天道)와 인도(人道)

그리고 지도(地道)의 3재(才)의 도(道)로 이루어져 있는데, 이 3재의 3효를 둘로 곱하면 6효(爻)로서 대성괘(大成卦)를 이룬다. 괘(卦)는 6효로 이루어져 있는데 6효는 셋으로 나누면 천도의 상효(上爻)와 오효(五爻)의 두 효와 인도의 삼효(三爻)와 사효(四爻)의 두 효 그리고 지도의 초효(初爻)와 이효(二爻)의 두 효로써 구성되어 있다.

> 옛날에 성인(聖人)이 역(易)을 만든 것은 장차 성명(性命)의 이치에 순응하려 함이니, 하늘의 도(道)를 세움을 음(陰)과 양(陽)이라 하고, 땅의 도(道)를 세움을 유(柔)와 강(剛)으로 하고, 사람의 도(道)를 세움을 인(仁)과 의(義)라고 말했다. 3재(才)를 겸하여 이것을 둘로 곱하기 때문에 역(易)은 여섯 획으로 괘를 이루어 음으로 나뉘고 양으로 나뉘어서 유와 강을 번갈아 사용한다. 그러므로 역(易)은 6위(位)로 빛나는 문채를 이룬다.30 (『주역』「설괘전」제2장)

위와 같이 3재 중에서 천(天)의 도인 음양은 무형적인 것으로 주로 기에 해당하고, 지(地)의 도인 강유는 형태가 있는 것으로 대지(大地) 위의 만물은 대부분 만질 수 있고 감각으로 느낄 수 있는 것이기 때문에 강과 유로 개괄한 것으로 보인다. 인의(仁義)는 오로지 사람의 경우에 한정해서 말하는 것으로 인의를 온전히 행하여야 성물(成物)할 수 있는 것이다.31 이처럼 율려에서 말하는 수는 대부분 『주역』에서 말하는 수와 서로 밀접하게 연관되어 있다. 더욱 구체적으로 말하면 율려에서 대단히 중요한 삼분손익법, 격팔상생법, 12율, 6양률(陽律), 6음려(陰呂), 60조(調), 5성(聲), 8음(音), 3궁(宮) 등의 수는 『주역』의 천지지수(天地之數), 대연지수, 양의(兩儀), 사상, 팔괘, 64괘, 하도의 수, 낙서의 수, 삼천양지, 음양, 5행, 3재 등과 밀접하게 관계된다.

  이와 같이 『주역』에서 '수'가 이렇게 중요하게 인식되는 이유는 기본적으로 『주역』이 말하려고 하는 근본 내용이 변화와 생성, 즉 '변역'(變易)에 있고, 이 변화와 생성을 설명하기 위해서는 수가 필수적이기 때문으로 보인다. 주역(周易)의 '역'(易)이라는 말이 가지고 있는 함의가 바로 '변화'를 의미한다.19) 그러므로 "역(易)은 극(極)에 이르면 변(變)하고, 변하면 통(通)하고, 통하면 오래간다"32(『주역』「계사전」하)라고 말한다. 『주역』에서는 이런 만물의 변화 과정을 표현하는 내재적(內在的) 조리(條理)를 수로 표현하고 있다. 특히, 수는 사물 존재의 변화와 생성의 전체적인 과정을 표현하고 있다. 즉, '역'이라는 개념이 드러내고 있는 변역의 생생(生生) 과정을 분석적으로 설명하려는 것으로 보인다.

3. 주역의 괘효

  12율을 12벽괘에 배열하거나 12율을 팔괘에 배열하거나 12율을 건·곤괘 6효에 배열하는 것들은 분명히 율려에 끼친 『주역』의 괘효(卦爻)의 영향으로 볼 수 있다. 『주역』에서 말하는 팔괘와

---

19) 역(易)은 바꾼다, 바뀐다는 뜻을 가진 글자인데, 일(日)과 월(月)의 회의문자(會意文字)에서 비롯되었다는 일월설(日月說)과 일(日)과 물(勿)의 회의문자로 풀이하는 관측설과 도마뱀을 형상하였다는 도마뱀설이 있다.

64괘의 형성 및 12벽괘 등에 대해 간단히 살펴보도록 하자. 팔괘의 형성에 대해 「역전」(易傳)은 다음과 같이 말하고 있다.

> 옛날 복희씨가 천하를 통치하던 시대에 위로는 하늘의 현상을 설명하고, 아래로는 땅의 법칙을 관찰한다. 조수(鳥獸)의 문채와 초목금석(草木金石) 등의 적당한 지리(地理)를 관찰하여, 가까운 곳에서는 몸의 형상에서 취하고, 멀리는 만물의 형상을 취하여서 팔괘를 만들었다.33 (『주역』「계사전」하 제2장)

이것은 『주역』을 지은 사람 중의 하나로 알려져 있는 복희씨가 천지의 변화하는 현상들을 살펴보고서, 그 중에 인간과 자연 모두에 공통되는 하나의 보편적인 법칙이 있음을 발견하여 그것을 괘효의 형태로 그려서 팔괘가 출현한다고 말한다. 효(爻)는 교(交: 사귈 교), 효(效: 본받을 효)의 의미를 가지고 있는데, 양효(陽爻)는 ―, 음효(陰爻)는 -- 의 부호로 나타낸다. 팔괘(八卦)의 형성에 대해서 「계사전」은 더욱 분명하게 설명하고 있다.

> 역에는 태극(太極)이 있는데, 이것이 양의(兩儀)를 생(生)하고, 양의(兩儀)는 사상(四象)을 생하고, 사상은 팔괘(八卦)를 생한다.34 (『주역』「계사전」상 제11장)

> 한 번 음(陰)하고 한 번 양(陽)하는 것을 일러 도(道)라고 한다.35 (『주역』「계사전」상 제5장)

위의 「계사전」에서 말하는 "역에는 태극이 있는데, 이것이 양의를 생하고, 양의는 사상을 생하고, 사상은 팔괘를 생한다"라는 말은 팔괘의 형성을 단계적으로 설명한 것이라고 할 수 있다. 그것을 도표로 그리면 다음과 같다.

도표 1) 팔괘차서도(八卦次序圖)

太極							
--				—			兩儀
☵		☵		☵		⚌	四象
☷	☶	☵	☴	☳	☲	☱	☰	八卦
坤	艮	坎	巽	震	離	兌	乾	

여기서 말하는 양의(兩儀)는 일반적으로 음(--)과 양(—)의 두 가지 상징을 가리켜 말한다. 양은 천(天), 좌(左), 부(父), 동(動), 홀수, 밝음, 남자, 위, 낮 등을 나타내고, 음은 지(地), 우(右), 모(母), 정(靜), 짝수, 어두움, 여자, 아래, 밤 등을 나타낸다. 천(天)과 지(地), 좌(左)와 우(右), 동(動)과 정(靜), 홀수와 짝수, 밝음과 어두움, 남자와 여자, 위와 아래, 낮과 밤 등이 한 짝을 이루듯 음과 양은 상대적이고 대립적이지만 상호 보완적인 관계에 놓여 있다.

사상(四象)이란 태음(太陰, ☵), 소양(少陽, ☵), 소음(少陰, ☵), 태양(太陽, ⚌)의 네 가지 형상을 가리켜 말하는데, 태음(☵)은 음(--)에서 음(--)으로 거듭 분화된 것이고, 소양(☵)은 음(--)에서 양(—)으로 분화된 것이고, 소음(☵)은 양(—)에서 음(--)으로 분화된 것이며, 태양(⚌)은 양(—)에서 양(—)으로 거듭 분화된 것이다. 태음과 태양은 각각 늙은 음과 양으로 노음(老陰)과 노양

(老陽)이라고 한다. 노양은 양이 극(極)한 것이고, 노음은 음이 극한 것이어서 양은 음으로 변할 수가 있고, 음은 양으로 변할 수가 있으므로 노양과 노음은 변하는 것을 전제로 한다. 팔괘는 사상에서 음과 양으로 분화되어 건괘(乾卦☰), 태괘(兌卦☱), 이괘(離卦☲), 진괘(震卦☳), 손괘(巽卦☴), 감괘(坎卦☵), 간괘(艮卦☶), 곤괘(坤卦☷) 등으로 이루어져 있다. 3효가 모여 팔괘를 이루고, 이 팔괘가 중첩되면 6효가 모여 64괘를 이룬다. 팔괘는 복희팔괘(伏羲八卦)와 문왕팔괘(文王八卦)로 나뉘는데 복희팔괘는 선천팔괘(先天八卦)라고 하고, 문왕팔괘는 후천팔괘(後天八卦)라고 한다. 복희팔괘는 음양의 원리를 중요시한다. 즉, 태극에서 음양, 음양에서 사상, 사상에서 팔괘로 음양의 순서에 따라 1건괘☰, 2태괘☱, 3이괘☲, 4진괘☳, 5손괘☴, 6감괘☵, 7간괘☶, 8곤괘☷로 배열된다. 그리고 문왕팔괘는 인사(人事)와 5행의 원리를 중요시하여 후천도(後天圖)라고도 한다. 즉, 아버지와 어머니를 중심으로 하는 3남과 3녀의 가족 관계를 나타낸다. 문왕팔괘는 북방(北方)의 1감괘☵, 서남방의 2곤괘☷, 동방의 3진괘☳, 동남방의 4손괘☴, 서북방의 6건괘☰, 서방의 7태괘☱, 동북방의 8간괘☶, 남방의 9이괘☲로 이루어져 있다.

12율려는 12월에 따라 12벽괘에 배분된다. 12율려가 12벽괘에 배분되는 이유는 양이 극하면 음으로 변하고, 음이 극하면 양으로 변하는 음양소식(陰陽消息) 원리에 따라 분배되어 있다. 그 다음에 괘기도(卦氣圖) 중에서 12달의 '벽'위(位)의 열두 괘는 그 음양효의 소장(消長)을 괘상에서 가장 분명하게 표현하고 있다. 맹희(孟喜)는 이것으로 열두 달[十二月]의 음양의 성함과 쇠함, 줄어듦과

제1장 율려의 개념과 역학적 배경 37

늘어남 등을 설명하여 후대인들에 의해서 많이 인용된다. 이 12괘를 '12월괘'(十二月卦) 혹은 '12벽괘'(十二辟卦)라고 하는데, 여기에서 '벽'(辟)은 군주(君主)의 뜻으로 12월을 주재(主宰)한다는 의미를 담고 있다.

그리고 12율려는 6효에 배분된다. 6률은 건괘☰의 6효에 해당하고, 6려는 곤괘☷의 6효에 해당한다. 6률과 6려를 건괘와 곤괘의 6효에 비유한 이유는 건괘는 6효가 모두 순(純) 양효이고, 곤괘는 6효가 모두 순 음효이므로 그 율려의 생성 순서에 따라 초효(初爻)부터 상효(上爻)까지 배분한 것이다.

그 외에도 악(樂)이 근거하고 있는 역학적 배경과 내용들을 중요한 경전들을 통하여 분석하도록 하여 보자. 먼저 『여씨춘추』(呂氏春秋)20)는 음악의 유래 문제에 대해 다음과 같이 말하고 있다.

> 음악의 유래는 오래되었다. 도량(度量)에서 생겨서 태일(太一)에 근본 한다. 태일은 양의(兩儀)를 낳고, 양의는 음양을 낳고, 음양이 변화하여 한 번은 상(上)이 되고 한 번은 하(下)가 되어 합하여 곡조를 이룬다. …… 무릇 악(樂)은 천지의 조화(調和)이고 음양의 조화이다36 [『여씨춘추』 권5. 「중하기」(仲夏紀) 대악 편(大樂篇) 3b~5a]

『여씨춘추』에 의하면 음악의 유래는 태일(太一)에 근본한다.

---

20) 진(秦) 나라 정치가인 여불위(呂不韋, ?~B.C. 235)가 찬한 책이고, 12기(紀), 8람(覽), 6론(論)으로 구성되어 있다.

선진(先秦)과 양한(兩漢)의 여러 문헌 속에서는 '북극'(北極), '태일'과 '태극' 등을 서로 번갈아 사용하면서 해석하고 있는 경우를 자주 발견할 수 있다. 예를 들면『사기』(史記)「천관서」(天官書)에서는 다음과 같이 말하고 있다. "중앙의 천의 구역인 중궁(中宮)에 북극성이 자리하고 있는데, 그 중 밝은 별은 태일이 늘 거주하는 곳이다."37 여기에서 말하는 '중궁'은 고대에 북극성이 소재하고 있는 천구(天區)로 하늘의 정중(正中)에 소재하고 있는데 여기에는 '태일신'이 늘 거주하고 있다고 한다. '북극성'은 바로 '태일'을 상징하고 있다. 또『여씨춘추』「중하기」(仲夏紀)에서는 '태극'을 '태일'로 바꾸어 놓고 "태일이 양의를 생하였다"[太一出兩儀]라고 말한다. 고대인들은 '북극성'이 '태일'이나 '태극'과 거의 비슷한 성격을 가지고 있거나 또는 아예 동일한 것에서 연원한 것으로 보기도 한다.38 말하자면 태일은 태극이고 만물의 근본이다. 양의는 음양을 낳는다는 것은 양의는 음양의 두 가지 모습이므로 음양으로 나뉜다는 의미이다. 한 번은 하생(下生)하고 한 번은 상생(上生)하여 양률이 음려를 낳고 음려가 양률을 낳아 음양의 조화가 이루어지면서 음악이 나온다고 말한다. 이것은 바로 역(易)에 태극이 양의를 낳는다는 내용과 부합된다.

『주역』에서는 악(樂)의 문제를 예괘(豫卦䷏)를 통하여 자주 이야기한다. 즉, 선왕(先王)이 땅 위로 분출해 나온 우레를 본받아 음악을 만들었다고 말한다. 예괘䷏는 땅(☷) 위에 우레(☳)가 있는 형상으로 움직임[動]이 순(順)해서 서로 조화롭고 기쁘다는 뜻이다. 예괘의「대상전」(大象傳)에서는 다음과 같이 말한다.

우레가 땅에서 나와 분출하는 것이 예(豫)니, 선왕(先王)이 이것을 본받아 악(樂)을 제정하고 덕을 숭상하여 아주 성대하게 상제(上帝)에게 제사지내니 그것으로 조상에게 제사지낸다.39 (『주역』「상경」예괘)

즉, 예괘의「대상전」에서는 선왕이 천지의 생생지도(生生之道)에 따라 악(樂)을 짓는다고 말한다. 특히, 음악은 웅장한 우레의 소리를 본떠 지었다고 말한다. 이처럼 음악은 기본적으로 자연의 소리를 본뜬 것으로 보인다. 그리고「악기」(樂記)에서도 "성인(聖人)이『주역』에서 예괘의 도(道)로 악(樂)을 지었다"40라고 하였다.

제 2장
율려와 음양

1. 삼분손익법과 음양
2. 격팔상생법과 음양
3. 율려와 삼천양지

율려와 음양

　이른바 율려(律呂)는 『주역』의 양의(兩儀), 즉 음양에 해당하는 것으로 율(律)은 양이고, 여(呂)는 음에 해당한다. 양의에 대한 언급은 『주역』의 「계사전」에 처음 출현한다.

　역(易)에 태극(太極)이 있고, 태극은 양의(兩儀)를 낳는다.41
　(『주역』「계사전」상 제11장)

　"태극은 양의를 낳는다"[太極生兩儀]라는 말에서 '생'(生)의 의미는 결코 시간적 선후가 분명하게 있는 것으로 마치 부모가 자식을 낳는 식의 탄생 혹은 생산을 의미하는 것이 아니라, 다만 논리적 관계만을 말한다. 즉, 자연의 현상 세계 속에 서로 상반(相反)되는 성질이 내포되어 있음을 말한다. 여기에서 말하는 '생'(生) 자에 대해 왕부지(王夫之)는 "생(生)이라는 것은 태어난 것[所生]은 아들이고, 그것을 낳은[生] 것은 아버지라고 말하는 의미의 생(生)

이 아니다. …… 태극은 양의에 즉(卽)해 있으며, 양의는 사상에 즉해 있으며 ……"42라고 하였다. 하나에서 둘을 낳는 것은 자연의 이치이다. 후대에 태극은 음양의 변화를 일으키는 이치로 표현되기도 한다. 양의는 태극의 한 획이 음(--)과 양(-)의 둘로 나뉜 것을 말한다.

한 번 음이 되고 한 번 양이 되는 것을 일러 도라고 한다.43
(『주역』「계사전」상 제5장)

이 말은 현상 세계의 모든 변화와 생성은 음양에 의해 행해지고, 음이 극하면 양이 되고 양이 극하면 음이 되는 음양이 번갈아 운행하는 이치와 변화에 대해 이야기하고 있다. 우주 내의 모든 만물은 '-'과 '--'으로 상징되어진 양과 음의 교감(交感)과 배합(配合)으로 인하여 변화하고 생성된다. 『주역』은 이 '음양'의 보편 원칙으로 우주의 끊임없는 변화 발전의 과정을 상징적으로 전개하고 있다. 즉, '-'과 '--'의 양극단의 기본적인 부호를 사용하여 더욱 복잡한 부호로 전개해 나가는 과정(즉, 음양 → 사상 → 팔괘 → 64重卦) 속에서, 하나의 성질 속에 그 반대의 성질이 포함되어 있다는 것을 말하고 있다. 이런 성질을 『주역』은 건(乾)과 곤(坤)으로 나누어 말하기도 한다. 예를 들면 「계사전」에서는 건의 도는 남자를 이루고, 곤의 도는 여자를 이루어 만물이 생긴다44고 하였는데, 『주역』은 이런 우주 만물의 생성과 발전의 문제를 건곤으로 또 남녀 등으로 의인화하여 은유적으로 표현하기도 한다. 이런 점에서 율관(律管)의 제작과 관련한 율려 역시

예외는 아니다. 율관의 제작과 관련한 율려의 음양에 대해『여씨춘추』는 다음과 같이 말하고 있다.

> 옛날 황제(黃帝)가 신하인 영륜(伶倫)으로 하여금 율관을 만들게 하였다. 영륜은 대하(大夏)의 서쪽 산으로부터 완유산(阮隃山)의 북쪽으로 가서 해계(嶰谿)의 골짜기에서 대나무를 취하여 구멍의 두께가 균일한 것을 내어 두 마디 사이를 자르니 그 길이가 3치 9푼이고, 이것을 불어 보니 황종의 궁(宮)이 되었다. 불어서 이것을 함소(舍少)라고 말한다. 그 다음으로 12통을 만들어 완유의 아래에서 봉황새의 울음소리를 듣고서 12율을 구분하였다. 그 수컷의 울음소리는 6이 되고, 암컷의 울음소리가 또한 6이 되므로, 이로써 황종의 궁이 되고 황종의 궁에 적합하였다. 모두 이로써 12율을 낳을 수 있으므로 황종의 궁은 율려의 근본이라고 말한다.45 [『여씨춘추』권5.「중하기」(仲夏紀) 고악 편(古樂篇) 10ab]

『여씨춘추』「중하기」고악 편에 의하면 함소의 황종 율관의 길이는 3치 9푼이고, 봉황새 암수의 울음소리로 율(律)과 여(呂)를 구분하고 있다. 이것은『주역』의 음양 사상에 근거한 것이다. 즉, 6률은 양이 되고 6려는 음이 된다. 그리고 황종의 궁은 율려의 근본이 된다.『한서』「율력지」는 율관과 음양의 관계를 다음과 같이 설명하고 있다.

> 12율은 6양(陽)이 율(律)이 되고, 6음(陰)이 여(呂)가 된다. 율은 기(氣)를 거느리고 만물을 나눈다. 첫째는 황종, 둘째는

태주, 셋째는 고선, 넷째는 유빈, 다섯째는 이칙, 여섯째는 망역이라고 말한다. 여(呂)는 양(陽)과 함께하여 기(氣)를 펼친다. 첫째는 임종, 둘째는 남려, 셋째는 응종, 넷째는 대려, 다섯째는 협종, 여섯째는 중려라고 말한다. …… 황제(黃帝)가 영륜(泠綸)으로 하여금 대하(大夏)의 서쪽 곤륜산(昆侖山)의 음지(陰地)로부터 해곡(解谷)에서 나는 대나무를 취하여 구멍의 두께가 균일한 것으로 두 마디 사이를 잘라서 불어 보니 황종의 궁이 되었다. 12통을 만들어 봉황새의 울음소리를 들어 보니 그 수컷의 울음소리는 6이 되고, 암컷의 울음소리가 또한 6이 되므로 이것은 황종의 궁이 되고 율려가 모두 이로써 생길 수가 있다. 이것이 율(律)의 근본이 되고 치세(治世)에 이르러 천지의 기(氣)가 합하여 풍(風)이 생기게 되고 천지의 풍기(風氣)가 바르니 12율이 정해진다.46 (『한서』권21.「율력지」 4b~5a)

위에서 인용한『한서』「율력지」역시『여씨춘추』에서 말하는 것과 마찬가지로 봉황새의 울음을 암수로 나누어 12율을 6양률과 6음려로 구분하고 있다. 위 인용문에서 6률은 황종부터 순서대로 나열되어 있으나, 6려는 대려부터 나열되어 있지 않고 8번째 임종부터 나열되어 있다. 그 이유는 율려의 생성 순서와 밀접한 관련이 있다. 12율은 황종(黃鐘) → 임종(林鐘) → 태주(太族) → 남려(南呂) → 고선(姑洗) → 응종(應鐘) → 유빈(蕤賓) → 대려(大呂) → 이칙(夷則) → 협종(夾鐘) → 망역(亡射) → 중려(中呂)의 순으로 생성되기 때문이다. 또 12율을 12지(支)의 기(氣)와 12월(月)의 건(建)에 배합하기도 한다.『악서』(樂書)는 다음과 같이 말하고 있다.

선왕(先王)이 6률과 6동(同)의 악기를 만들어 6음·6양의 소리에 합하게 하였다. 황종(黃鍾), 태주(太蔟), 고선(姑洗), 유빈(蕤賓), 이칙(夷則), 무역(無射)은 6양성(陽聲)이다. 대려(大呂), 응종(應鍾), 남려(南呂), 함종(函鍾), 소려(小呂), 협종(夾鍾)은 6음성(陰聲)이다. 대개 해와 달이 모이는 신(辰)은 하늘에 있어 오른쪽으로 돌고, 북두칠성의 자루의 건(建)은 땅에 있어 왼쪽으로 돌아 서로 섞이고 바뀌는 것이 마치 표리(表裏)와 같다. 그래서 자(子)는 축(丑)과 합하고, 인(寅)은 해(亥)와 합하고, 진(辰)은 유(酉)와 합하고, 오(午)는 미(未)와 합하고, 신(申)은 사(巳)와 합하고, 술(戌)은 묘(卯)와 합한다. 황종은 자(子)의 기(氣)이고, 11월건(月建)이며, 신(辰)은 성기(星紀)에 있다. 대려는 축(丑)의 기이고, 12월건이며, 현효(玄枵)에 있다. 태주는 인(寅)의 기이고, 정월건이며 추자(娵訾)에 있다. 응종은 해(亥)의 기이고, 10월건이며 석목(析木)에 있다. 고선은 진(辰)의 기이고, 3월건이며 대량(大梁)에 있다. 남려는 유(酉)의 기이고, 8월건이며 수성(壽星)에 있다. 유빈은 오(午)의 기이고, 5월건이며 순수(鶉首)에 있다. 임종은 미(未)의 기이고, 6월건이며 순화(鶉火)에 있다. 이칙은 신(申)의 기이고, 7월건이며 순미(鶉尾)에 있다. 중려는 사(巳)의 기이고, 4월건이며 실침(實沈)에 있다. 무역은 술(戌)의 기이고, 9월건이며 대화(大火)에 있다. 협종은 묘(卯)의 기이고, 2월건이며 강루(降婁)에 있다.47 (『악서』권41. 1b~2a)

위에서 인용한 『악서』에 의하면 12율은 6양성과 6음성으로 나뉘어 음양을 나타내고 있다. 천체 운행의 자연 법칙에 따라 12율은 12지(支)에 배합되어 황종[子] → 대려[丑] → 태주[寅] → 응종[亥] → 고선[辰] → 남려[酉] → 유빈[午] → 임종[未] → 이칙[申] → 중려[巳] → 무역[戌] → 협종[卯] 등으로 12지가 합하는 순서에 따라 배열되어 있다.

위에서 살펴본 것처럼 율려는 『주역』의 음양 사상을 기본으로 하고 있고, 12율은 12지의 기와 12월에 배합하고 있다. 황제(黃帝)가 영륜으로 하여금 율관을 만들었고, 봉황의 암수 울음소리와 천체의 운행에 따라 우전(右轉)과 좌선(左旋)을 비유하여 6률은 양성이고 6려는 음성으로 음양을 나타내고 있다. 다음으로 삼분손익법과 격팔상생법 그리고 삼천양지 등을 통하여 율려와 음양의 관계를 살펴보기로 한다.

1. 삼분손익법과 음양

한국음악에서 12율의 생성 방법은 주로 중국의 삼분손익법에 의거한다. 주재육(朱載堉)이 창안한 평균율(平均率)은 한 옥타브 안의 12반음(半音)이 똑같은 100센트의 진동수로 이루어져 있는 데 비해, 삼분손익법에 의하여 얻어진 음계는 도표 2)와 같이 그 12율의 간격이 대일률(大一律, 114)과 소일률(小一律, 90)로 나뉘어 일정하지 않음을 말하고 있다.

도표 2) 12율의 수치[48]

律名	黃鐘	大呂	太簇	夾鐘	姑洗	仲呂	蕤賓	林鐘	夷則	南呂	無射	應鐘	黃鐘(淸)
黃鐘律數値	0	1.14	2.04	3.18	4.08	5.22	6.12	7.02	8.16	9.06	10.2	11.1	12

황종의 율수치(律數値)에 100을 곱하면 황종과 대려 사이는 114(cents), 대려와 태주 사이는 90, 태주와 협종 사이는 114, 협종과 고선 사이는 90, 고선과 중려 사이는 114, 중려와 유빈 사이는 90, 유빈과 임종 사이는 90, 임종과 이칙 사이는 114, 이칙과 남려 사이는 90, 남려와 무역 사이는 114, 무역과 응종 사이는 90, 응종과 청황종(淸黃鐘) 사이는 90으로 나타난다. 그리고 박흥수의 논문[49]에 의하면 성균관 소재 편종(編鐘)을 대상으로 하여 조사한 12율 4청성(淸聲)의 진동수는 다음의 표와 같다.

도표 3) 12율의 4청성의 진동수

律名	編鐘의 동수(cps)	律名	編鐘의 진동수(cps)
黃鍾	266.2	夷則	408.1
大呂	282.8	南呂	441.2
太簇	338.7	無射	498.1
夾鍾	317.3	應鍾	502.8
姑洗	330.1	潢鍾	534.1
仲呂	380.0	汰呂	589.1
蕤賓	381.9	汰簇	611.4

| 林鍾 | 399.5 | 浹鍾 | 666.1 |

위와 같이 남려의 진동수 441.2cps는 표준음인 a'의 진동수 440cps와 비슷하여 남려의 음높이는 a'와 거의 같다는 것을 알 수 있다. 그리고 한태동은 삼분손익법이 (3/3-1/3)=(2/3)와 (3/3+1/3)=(4/3)의 인자진법(因子辰法)으로 이루어져 있고, 12율을 율려의 생성 순서대로 아래와 같이 설명하고 있다.

도표 4) 12율의 인자진법

12律	因子辰法(power series)
黃鍾	$(2/3)^0 (4/3)^0$
林鍾	$(2/3)^1 (4/3)^0$
太簇	$(2/3)^1 (4/3)^1$
南呂	$(2/3)^2 (4/3)^1$
姑洗	$(2/3)^2 (4/3)^2$
應鍾	$(2/3)^3 (4/3)^2$
蕤賓	$(2/3)^3 (4/3)^3$
大呂	$(2/3)^4 (4/3)^3$
夷則	$(2/3)^4 (4/3)^4$
夾鍾	$(2/3)^5 (4/3)^4$
無射	$(2/3)^5 (4/3)^5$
仲呂	$(2/3)^6 (4/3)^5$

위와 같이 삼분손익법에서 6양률은 $(2/3)n(4/3)n$의 진수(辰數)로 되어 있고, 6음려는 $(2/3)2n-1(4/3)2n-2$의 진수로써 되어 있다[50]고 한다.

제2장 율려와 음양 51

 춘추시대의 『국어』「주어」하 편은 12율에 수를 도입하였는데, 그 수치는 최초로 삼분손익법에 의해 산출된 것으로 보인다. 삼분손익법은 12율의 생성 원리로서 황종을 중심으로 하여 삼분손일과 삼분익일을 하는데, 삼분손일은 하생(下生)으로 삼분익일은 상생(上生)으로 나타난다. 삼분손일은 3등분하여 그 중 하나를 빼서 2/3가 되고 삼분익일은 3등분하여 그 중 하나를 더하여 4/3가 된다. 삼분손익법의 3은 천, 지, 인의 3재를 나타내고, 만물의 수51에 해당한다. 그리고 삼분손일은 『주역』의 산택손괘(山澤損卦䷨)에 해당되고, 삼분익일은 풍뢰익괘(風雷益卦䷩)에 해당된다. 인간 생활뿐만 아니라 모든 이치가 손익의 원리에서 나오기 때문이다. 손괘의 도전괘(倒顚卦)21)는 익괘이고 익괘의 도전괘는 손괘이다. 택산함괘(澤山咸卦)의 착종괘(錯綜卦)22)는 손괘이고, 뇌풍항괘(雷風恒卦)의 착종괘는 익괘이다. 산택손괘䷨는 다음과 같다.

 손(損)은 믿음을 두면 크게 길하고 허물이 없어서 가히 바르다. 가는 바를 두는 것이 이로우니 어디에 사용하겠는가? 두 대나무 그릇에 가히 이로써 제사를 지낸다. 「단전」(彖傳)에 이르기를 손(損)은 아래를 덜고 위를 더하여 그 도(道)가 위로 행함이니, 더는 데 믿음을 두면 크게 길하고 허물이 없어서 가히 바르다. 가는 바를 두는 것이 이롭다. 두 대나무 그릇에 가히 이로써 제사를 지낸다는 것은 두 대나무 그릇이 때가 있어 응하니,

---

21) 도전괘는 6효의 자리를 거꾸로 바꾸는 것이다.
22) 착종괘(錯綜卦)는 내괘(內卦)와 외괘(外卦)를 바꾸는 것이다. 예를 들어 택산함괘에서는 외괘가 澤(☱)이고 내괘가 山(☶)인데, 이것을 착종하면 외괘가 山(☶)이고 내괘가 澤(☱)인 산택손괘가 된다.

52 율려와 주역

강(剛)을 덜어 유(柔)를 더함이 때가 있으니 손익(損益)과 차고 비어 있는 것을 때와 따라 함께 행한다. 「상전」(象傳)에 산 아래 못이 있는 것이 손(損)이니, 군자는 이로써 성내는 것을 징계하고 욕심을 막는다. 초구(初九)는 일을 마치거든 빨리 가야 허물이 없으니 참작하여 덜어낸다. 구이(九二)는 바르게 하는 것이 이롭고 가면 흉하니 덜지 말아야 더한다. 육삼(六三)은 세 사람이 가면 한 사람을 빼고, 한 사람이 가면 그 벗을 얻는다. 육사(六四)는 그 병을 덜어내고 빨리 하면 기쁨이 있어 허물이 없다. 육오(六五)는 혹 더하면 열 벗이다. 거북점을 쳐도 능히 어기지 않으니 크게 길하다. 상구(上九)는 덜어내지 말고 더하면 허물이 없고 바르게 하여 길하니 가는 바를 둠이 이로우니 신하를 얻음이 집이 없다.52 (『주역』「하경」 산택손괘)

그리고 풍뢰익괘는 다음과 같다.

익(益)은 가는 바를 둠이 이롭고 큰 내를 건너는 것이 이롭다. 「단전」에 말하기를 익(益)은 위를 덜어내어 아래를 더함이니 백성의 기뻐함이 끝이 없다. 위로부터 아래로 내리니 그 도(道)가 크게 빛난다. 가는 바를 둠이 이롭다는 것은 중정(中正)하여 경사가 있다. 큰 내를 건너는 것이 이롭다고 하는 것은 목도(木道)가 이에 행한다. 익(益)은 움직이고 겸손하여 날로 나아가는 것이 지경이 없고 하늘이 베풀고 땅이 낳아서 그 익이 방소(方所)가 없으니, 무릇 익의 도가 때와 더불어 행한다. 초구(初九)는 큰일을 해야 이로우니 크게 길(吉)해야 허물이 없을 것이다. 육이(六二)는 혹시 이익이 있으면 10명의 벗과 거북점을 쳐도 어긋나지 않으나 오랫동안 바르게 하면 길하니, 왕이 상제께 제사지내더라도 길하다. 육삼(六三)은 더하되 흉사(凶事)에 사용해도 허물이 없으니, 믿음이 있어 중도(中道)로 행하여야 공적으로 도장으로써 고할 것이다. 육사(六四)는 중도로 행하면 공적으로 고하여 좇을 것이니 의지하며 나라를 옮기는 것이 이롭다. 구오(九五)는 믿음이 있어 은혜를 베푸는 마음이다. 묻지 않아도 크게 길하니 믿음이 있어 나의 덕을 은혜롭게 여길 것이다. 상구(上九)는 치우치게 이익만을 구하려고 하지 마라. 혹 공격을 하더라도 마음을 바로 세워 항상하지 못하면 흉하다.53 (『주역』「하경」풍뢰익괘)

위 인용문과 같이 산택손괘와 풍뢰익괘에 의하면 손(損)은 아래를 덜어 위에 더하는 것[損下益上]이고, 익(益)은 위를 덜어 아래를 더하는 것[損上益下]으로서 백성의 재산을 덜어서 나라에 주는 것을 손(損)이라고 하고 그 반대가 익(益)이다. 예를 들면 손괘의 육삼효와 같이 인사적인 면에서 보면 부부가 결혼하여 아이를 출산하는 과정에서는 3에서 1을 빼는 것은 손(損)이지만, 그 아이가 다른 벗을 찾는 과정에서 1에서 1을 더하는 것은 익(益)이 된다. 그러므로 손과 익은 상호 보완적이고 표리와 같다고 볼 수 있다.

양률이 음려를 삼분손일하여 하생(下生)하고, 음려가 삼분익일하여 양률을 상생(上生)하는가 하면, 양률이 삼분익일하여 음려를 상생하고 음려가 삼분손일하여 양률을 하생하여 양률과 음려는 서로 상생(相生)한다. 이와 같이 한 번은 음려가 되고 한 번은 양률이 되는 삼분손익법은 『주역』에서 한 번은 음하고 한 번은 양하게 하는 것을 도라고 말한다54)고 하여 음이 양을 낳고 양이 음을 낳아서 그 변화가 다함이 없다는 뜻에 부합된다.

삼분손익법에 대하여 ①『국어』,『주례』,『여씨춘추』,『회남자』,『후한서』23),『통전』,『시악화성』(詩樂和聲)24) 등, ②『관자』, ③『사기』,『한서』,『진서』(晋書),『율려신서』25),『악학궤범』,『증보문헌비고』「율려추보」(律呂推步)26) 등, ④『악서고존』 등의 네 가지로 나누어 설명하여 보도록 하자.

1) 『국어』,『주례』,『여씨춘추』,『회남자』,『후한서』,『통전』, 『시악화성』

위의 악서들에서는 12율은 삼분손익에 따라 상하상생(上下相生)을 하는데, 황종부터 양률이 삼분손일하여 음려를 하생하고 음려가 양률을 상생(上生)한다. 그러나 유빈에 이르러 거듭 상생(上生)함으로써 유빈부터는 하생과 상생의 순서가 바뀌게 되어

---

23) 송대(宋代)의 사학자 범엽(范曄, 398~445)과 서진(西秦)의 사마표(司馬彪, ?~306)가 후한(後漢)의 역사를 기록한 기전체(紀傳體)의 사서(史書)이고, 본기(本紀) 10권, 열전(列傳) 80권, 지(志) 30권 등 총 120권으로 구성되어 있다.
24) 정조 4년(1780) 왕명에 의하여 규장각에서 편찬한 악서(樂書)로서 10권 3책으로 구성되어 있다.
25) 송대 정주(程朱)학자 채원정(蔡元定, 1135~1198)이 지은 책이고, 2권으로 구성되어 있는데, 제1권은 「율려본원」(律呂本原)으로서 13편이고, 제2권은 「율려증변」(律呂證辨)으로서 10편으로 구성되었다.
26) 식산(息山) 이만부(李萬敷)가 지었고 1813년에 『식산집』(息山集) 38권 중 권10에 전하는 악률(樂律)에 관한 이론서이다. 13장으로 구성되어 있다.

제2장 율려와 음양 55

음려가 양률을 하생하고 양률이 음려를 상생하는 방법으로 율려를 산출한다. 이것은 주자(朱子)의 대음양(大陰陽)에 해당한다. 따라서 12율의 정성(正聲)을 산출한다.

(1) 『국어』 「주어」 하

12율에서 율의 길이와 관의 길이에 대하여 『국어』 「주어」 하편에서는 다음과 같이 말하고 있다.

황종은 관(管)의 길이가 9치, 지름은 3푼 둘레는 9푼이고, 율(律)의 길이는 9치이고, 9×9=81이므로 황종의 수(數)가 성립된다. 둘째 태주는 관의 길이가 8치이다. 셋째 고선은 관의 길이가 7치 1푼이고, 율의 길이는 7치와 1/9이다. 넷째 유빈은 관의 길이가 6치 3푼이고, 율의 길이는 6치와 26/81이다. 다섯째 이칙은 관의 길이가 5치 6푼이고, 율의 길이가 5치와 451/729이다. 여섯째 무역은 관의 길이가 4치 9푼이고, 율의 길이가 4치와 6524/6561이다. 원간(元間)의 대려는 관의 길이가 8치 8푼이다. 율의 길이는 4치와 52/243이고 두 배로 하면 8치와 104/243이다. 2간(二間)의 협종은 관의 길이가 7치 4푼이고, 율의 길이가 3치와 1631/2187이고, 이것을 두 배로 하면 7치와 1075/2187이다. 3간(三間)의 중려는 관의 길이가 6치 6푼이고, 율의 길이가 3치와 6487/19683이고, 이것을 두 배로 하면 6치와 12974/19683이다. 4간(四間)의 임종은 관의 길이가 6치이고, 율의 길이는 6치이다. 5간(五間)의 남려는 관의 길이가 5치 3푼이고, 율의 길이가 5치와 1/3이다. 6간(間)의 응종은 관의 길이가 4치 7푼이고, 율의 길이가 4치 20/27이다.55 (『국어』 권3. 「주어」 하 24b~

26b)

　위와 같이 율의 길이와 율관의 길이에서 다소 차이는 있으나 삼분손익에 따라 율려를 상하상생(上下相生)한다는 것을 알 수 있다. 예를 들면 황종의 길이 9치를 삼분손일하면 임종의 6치가 되고, 임종의 길이 6치를 삼분익일하면 8치가 된다. 그 나머지도 이와 같다. 그런데 대려, 협종, 중려는 율의 길이에서는 정성(正聲)과 청성(淸聲)의 수가 두 가지 전하고 있는데, 이것은 삼분손일과 삼분익일을 교대로 하게 되면 12율 중 이 3려(呂)만 한 옥타브가 높은 청성(淸聲)이 된다. 그리고 그 수를 2배로 하면 정성(正聲)이 되는데, 이렇게 되면 유빈에서부터 삼분손일이 삼분익일로 바뀌고 삼분익일이 삼분손일로 바뀌게 되어 유빈에서 거듭 상생(上生)한다. 그리고 관의 길이에서는 정성 수치만 나타나 있다. 따라서 율의 길이와 관의 길이는 똑같이 정성의 수치가 표기되어 있어 유빈에서 거듭 상생(上生)한다고 볼 수 있다. 그러므로 율려의 상생(相生)은 황종\임종／태주\남려／고선\응종／유빈／대려\이칙／협종\무역／중려의 순서로 되어 있다.27) 유빈의 거듭 상생(上生)에 대하여는 1)항의 말미에 설명하고자 한다. 이 12율의 길이를 나타내면 다음의 도표와 같다.

---

27) \표는 하생(下生)으로 삼분손일(三分損一)을 나타내고, ／표는 상생(上生)으로 삼분익일(三分益一)을 나타낸다. 아래는 모두 이와 같다.

제2장 율려와 음양 57

도표 5) 『국어』「주어」하 12율의 삼분손익

12律	律의 길이	管의 길이	※三分損益
黃鍾	9치	9치	
林鍾	6치	6치	三分損一
大簇	8치	8치	三分益一
南呂	5치와 1/3	5치 3푼	三分損一
姑洗	7치와 1/9	7치 1푼	三分益一
應鍾	4치 20/27	4치 7푼	三分損一
蕤賓	6치 26/81	6치 3푼	三分益一
大呂	4치와 52/243 8치와 104/243(2배)	8치 8푼	三分益一
夷則	5치 451/729	5치 6푼	三分損一
夾鍾	3치 631/2187 7치와 1075/2187(2배)	7치 4푼	三分益一
無射	4치 6524/6561	4치 9푼	三分損一
中呂	3치와 6487/19683 6치와 12974/19683(2배)	6치 6푼	三分益一

(※三分損益은 필자가 붙인 것이다)

(2) 『주례』

『주례』(周禮)에서는 삼분손익과 상하상생(上下相生)에 대해 명확한 개념 규정을 하고 있는데 구체적으로 다음과 같이 말하고 있다.

황종은 초구(初九)이고 임종의 초육(初六)을 하생(下生)한다. 임종은 또 태주의 구이(九二)를 상생(上生)하고, 태주는 또 남려의 육이(六二)를 하생하고, 남려는 또 고선의 구삼(九三)을 상생하고, 고선은 또 응종의 육삼(六三)을 하생하고, 응종은 또 유빈의 구사(九四)를 상생하고, 유빈은 또 대려의 육사(六四)를 상생하고, 대려는 또 이칙의 구오(九五)를 하생하고, 이칙은 또 협종의 육오(六五)를 상생하고, 협종은 또 무역의 상구(上九)를 하생하고, 무역은 중려의 상육(上六)을 상생한다. 자리가 같은 것은 부처(夫妻)를 본받고, 자리가 다른 것은 자모(子母)를 본받아 소위 율(律)이 처(妻)에게 장가들고, 여(呂)는 자(子)를 낳는다. 황종의 길이는 9치이고 그 실은 하나의 약(籥)이다. 하생이라는 것은 삼분거일(三分去一)이고 상생이라는 것은 삼분익일(三分益一)이다. 하생은 5회이고 상생은 6회로 이에 끝이 난다. 대려의 길이는 8치와 104/243이고, 태주의 길이는 8치이고, 협종의 길이는 7치와 1075/2187이고, 고선의 길이는 7치와 1/9이고, 중려의 길이는 6치와 12974/19683이고, 유빈의 길이는 6치 26/81이고, 임종의 길이는 6치이고, 이칙의 길이는 5치와 451/727이고, 남려의 길이는 5치와 1/3이고, 무역의 길이는 4치와 6524/6561이고, 응종의 길이는 4치와 20/27이다.[56] (『주례』 권23. 16b)

『주례』는 12율을 건·곤괘 6효와 관련지어 설명하고 있다. 하생(下生)이라는 것은 삼분손일(三分損一, 三分去一)이고, 상생(上生)이라는 것은 삼분익일(三分益一)이다. 12율은 삼분손일하여 하생하고 삼분익일하여 상생한다. 마치 율에서 여를 낳는 것을 남편이 아내에게 장가드는 것에 비유하고, 여가 율을 낳는 것은 어머니가 아들을 낳는 취처생자법(娶妻生子法)에 비유함으로써 율려는 음양에 해당한다는 것을 강조하고 있다. 그런데 원문 중 '5하6상'(五下六上)의 문구에서는 하생이 5회이고 상생이 6회라고 하였지만 위 원문의 12율의 상생(相生) 내용에서는 하생이 6회이고 상생이 5회가 되어 서로 맞지 않는데 그 해결 방법은 12율의 길이에서 찾을 수 있다. 『주례』의 12율의 길이에 따른 삼분손익과 상하상생

(上下相生)을 살펴보면 다음의 도표와 같다.

도표 6) 『주례』 12율의 삼분손익

12律	律의 길이	三分損益	上下相生
黃鍾	9치		下生 林鍾
林鍾	6치 (9치×2/3)	三分損一	上生 大蔟
大蔟	8치 (6치×4/3)	三分益一	下生 南呂
南呂	5치 1/3(8치×2/3)	三分損一	上生 姑洗
姑洗	7치 1/9(5치 1/3×4/3)	三分益一	下生 應鍾
應鍾	4치 20/27(7치 1/9×2/3)	三分損一	上生 蕤賓
蕤賓	6치 26/81(4치 20/27×4/3)	三分益一	*上生 大呂
大呂	8치 104/243(6치 26/81×4/3)	三分益一	*下生 夷則
夷則	5치 451/727(8치 104/243×2/3)	三分損一	*上生 夾鍾
夾鍾	7치 1075/2187(5치 451/727 ×4/3)	三分益一	*下生 無射
無射	4치 6524/6561(7치 1075/2187×2/3)	三分損一	*上生 中呂
中呂	6치 12974/19683		

(*의 上生과 下生은 필자가 고쳐 놓은 것임)

위 도표 6)과 같이 12율은 삼분손익에 따라 길이가 정해지는데 *와 같이 유빈에서 거듭 상생(上生)한다. 유빈의 길이 6치 26/81은 삼분익일하면 대려의 길이 8치와 104/243이 되므로 유빈은 대려를 상생한다. 그리고 대려의 길이는 삼분손일하면 이칙의 길이 5치와 451/727이 되므로 대려는 이칙을 하생(下生)한다. 이칙의 길이는 삼분익일하면 협종의 길이 7치와 1075/2187이 되므로 이칙은 협종을 상생한다. 협종의 길이는 삼분손일하면 무역의 길이 4치와 6524/6561이 되므로 협종은 무역을 하생한다. 무역의 길이는 삼분익일하면 중려의 길이 6치와 12974/19683이 된다. 그러므로 12율의 길이에서 살펴본 바와 같이 위의 인용문 중에 밑줄 친 부분과 같이 상생은 하생으로 하생은 상생으로 바뀌어져야 한다. 이렇게 되면 '5하6상'(五下六上)이 되는 것이다. 이것은 『악률표미』(樂律表微)57에서도 위 표의 *와 같이 기록되어 있다. 그러므로 율려의 상생(相生)은 황종＼임종／태주＼남려／고선＼응종／유빈／대려＼이칙／협종＼무역／중려의 순서로 되어 있다고 본다.

(3) 『여씨춘추』

『여씨춘추』에서도 역시 12율의 상하상생(上下相生)을 통하여 삼분손익법과 관련된 언급을 하고 있다.

> 황종은 임종을 낳고, 임종은 태주를 낳고, 태주는 남려를 낳고, 남려는 고선을 낳고, 고선은 응종을 낳고, 응종은 유빈을 낳고, 유빈은 대려를 낳고, 대려는 이칙을 낳고, 이칙은 협종을 낳고, 협종은 무역을 낳고, 무역은 중려를 낳는다. 삼분익일하여 상생(上生)하고, 삼분거일(三分去一) 하여 하생(下生)한다. 황종, 대려, 태주, 협종, 고선, 중려, 유빈은 상생이 되고 임종, 이칙, 남려, 무역, 응종은 하생이 된다.58 [『여씨춘추』 권6. 「계하기」 (季夏紀) 음율 편(音律篇) 4ab]

『여씨춘추』28)에 의하면 위의 '생'(生)의 글자만으로는 상생인

---

28) 『유교대사전』, 유교사전편찬위원회, 1990, "秦代 정치가 呂不韋(?~B.C.235)가 食客들을 모아 찬한 雜家書. 12紀, 8覽, 6論으로 구성되어 있다."

지 하생인지 알 수가 없다. 다만 위의 인용문 중 "황종, 대려, 태주, 협종, 고선, 중려, 유빈은 상생이 되고, 임종, 이칙, 남려, 무역, 응종은 하생이 된다"라는 문장에서 실마리를 찾아야 한다. 이에 따르면 황종은 임종을 하생하고, 임종은 태주를 상생하고, 태주는 남려를 하생하고, 남려는 고선을 상생하고, 고선은 응종을 하생하고 응종은 유빈을 상생하고, 유빈은 대려를 상생하고, 대려는 이칙을 하생하고, 이칙은 협종을 상생하고, 협종은 무역을 하생하고, 무역은 중려를 상생하고, 중려는 황종을 상생한다는 것을 알 수 있다. 그러므로 율려의 상생(相生) 순서는 황종＼임종／태주 ＼남려／고선＼응종／유빈／대려＼이칙／협종＼무역／중려 ／황종 등의 순으로 되어 있다. 이와 같이 황종에서 시작하여 다시 중려에서 마치지 않고 다시 황종으로 돌아오면 하생이 5회이고, 상생이 7회가 되고 유빈에서 거듭 상생(上生)하는 것을 알 수 있다. 삼분거일은 3등분하여 그 중 하나를 버린 것을 하생이라고 하는데 8률 높은 율을 얻게 되고, 삼분익일은 3등분하여 그 중 하나를 더하는 것을 상생이라고 하는데 6률 낮은 율을 얻게 된다. 즉, 황종에서 응종까지는 양률이 음려를 하생하고 음려가 양률을 상생하지만, 유빈에서는 하생 순서인데 거듭 상생하게 되어 유빈 이하는 상생이 하생으로, 하생이 상생으로 바뀌어 유빈 이하는 양률은 음려를 상생하고 음려는 양률을 하생한다. 즉, 12율의 상하 상생(相生)을 도표로 나타내면 다음과 같다.

도표 7) 『여씨춘추』 12율의 삼분손익과 상하상생

12律	三分損益	上下相生
黃鐘	三分損一	下生林鐘
林鐘	三分益一	上生太簇
太簇	三分損一	下生南呂
南呂	三分益一	上生姑洗
姑洗	三分損一	下生應鐘
應鐘	三分益一	上生蕤賓
蕤賓	三分益一	上生大呂
大呂	三分損一	下生夷則
夷則	三分益一	上生夾鐘
夾鐘	三分損一	下生無射
無射	三分益一	上生仲呂
仲呂		

(4) 『회남자』

 전한(前漢)의 회남왕(淮南王) 유안(劉安, B.C. 179~B.C. 122)이 문객들과 함께 지은 『회남자』에는 율수를 12율에 배합시켜 상하상생하는데 12월에 적용시키고 있다.

도표 8) 『회남자』 상하상생도[59]

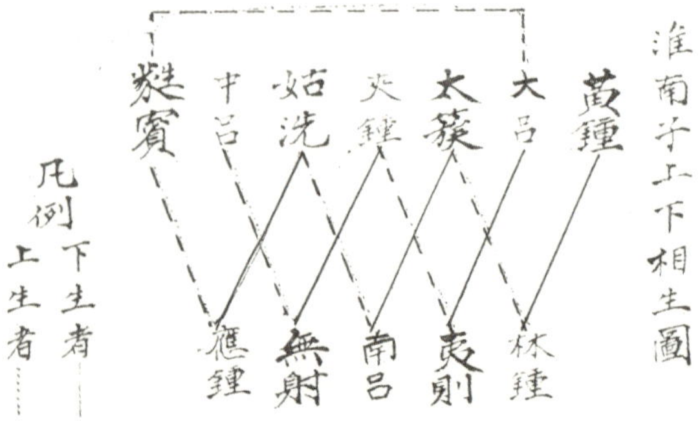

규(規: 그림쇠)는 1에서 시작하는데 스스로 낳지 못한다. 그러므로 나뉘어 음양이 되고 음양이 합하여 조화를 이루어 만물이 생긴다. 그러므로 1은 2를 낳고, 2는 3을 낳고, 3은 만물을 낳는다고 한다. 천지는 3개월이 1시(時)가 된다. 3으로 만물을 섞어 3·3은 9이므로 황종의 율(律)이 9촌(寸)이 되고 궁음(宮音)이 고르게 된다. 9·9는 81이므로 황종의 수(數)가 성립된다. 황종은 자(子)에 위치하고, 그 수는 81이고 11월을 주장하고 임종을 하생한다. 임종의 수는 54이고 6월을 주장하고 태주를 상생(上生)한다. 태주의 수는 72이고 정월을 주장하고 남려를 하생한다. 남려의 수는 48이고 8월을 주장하고 고선을 상생한다. 고선의 수는 64이고 3월을 주장하고 응종을 하생한다. 응종의 수는 42이고 10월을 주장하고 유빈을 상생한다. 유빈의 수는 56이고 5월을 주장하고 대려를 상생한다. 대려의 수는 76이고 12월을 주장하고 이칙을 하생한다. 이칙의 수는 51이고 7월을 주장하고 협종을 상생한다. 협종의 수는 68이고 2월을 주장하고 무역을 하생한다. 무역의 수는 45이고 9월을 주장하고 중려를 상생한다. 중려의 수는 60이고 4월을 주장하는데 끝내 생하지 않는다.60 (『회남자』 권3. 「천문훈」 15b~17a)

『회남자』는 황종률(黃鍾律)의 수 81을 기본으로 하는데 율수에서 3은 매우 중요한 수이다. 노자(老子)는 도(道)는 1을 낳고 1은 2를 낳고, 2는 3을 낳고, 3은 만물을 낳는다61고 하였다. 여기에서 말하는 3은 만물의 수로서 모든 수를 만들 수가 있다. 81이란 수는 천지가 3개월을 단위로 하여 3을 3배하면 9가 되고, 이것을 9배하면 81이 된다. 따라서 율려의 상생(相生) 순서는 황종(81)↘임

종(54)╱태주(72)╲남려(48)╱고선(64)╲응종(42)╱유빈(56)
╱대려(76)╲이칙(51)╱협종(68)╲무역(45)╱중려(60)의 순서
로 하여 12율의 수는 삼분손익법에 의해 정해진다.『회남자』에서는
위와 같이 응종상생유빈, 유빈상생대려(應鍾上生蕤賓, 蕤賓上生大
呂)로 유빈에서 거듭 상생하고 있다. 하생은 삼분손일이고 상생은
삼분익일이다.『회남자』에 전하는 12율의 상하상생(上下相生)을
도표로 나타내면 다음과 같다.

도표 9)『회남자』12율의 삼분손익과 상하상생

12律	12月	律數	三分損益	上下相生
黃鍾	11월	81	三分損一	下生林鍾
林鍾	6월	54	三分益一	上生太簇
太簇	정월	72	三分損一	下生南呂
南呂	8월	48	三分益一	上生姑洗
姑洗	3월	64	三分損一	下生應鍾
應鍾	10월	42	三分益一	上生蕤賓
蕤賓	5월	56	三分益一	上生大呂
大呂	12월	76	三分損一	下生夷則
夷則	7월	51	三分益一	上生夾鍾
夾鍾	2월	68	三分損一	下生無射
無射	9월	45	三分益一	上生仲呂
仲呂	4월	60		極不生

(5)『통전』

『통전』(通典)에서도 12율의 상하상생과 삼분손익법에 대해 이
야기하고 있는데, 위에서 언급한 다른 문헌의 내용과 거의 비슷한

것으로 보인다.

12율을 상생(相生)하는 방법은 황종으로부터 시작한다. 하생(下生)은 삼분거일(三分去一)이고, 상생(上生)은 삼분익일이다. 12율은 하생을 5회, 상생을 6회 거듭하여 하나로 마치게 된다. 황종은 임종을 하생하고, 임종은 태주를 상생하고, 태주는 남려를 하생하고, 남려는 고선을 상생하고, 고선은 응종을 하생하고, 응종은 유빈을 상생하고, 유빈은 대려를 상생하고, 대려는 이칙을 하생하고, 이칙은 협종을 상생하고, 협종은 무역을 하생하고, 무역은 중려를 상생한다.62 (『통전』권143. 악3-12ab)

『통전』에 의하면 하생은 삼분손일이고 상생은 삼분익일이다. 12율은 '5하6상'(五下六上)이라고 명시하여 하생을 5회, 상생을 6회를 하여 유빈에서 거듭 상생한다는 것을 알 수 있다. 12율려의 상생(相生)은 황종↘임종↗태주↘남려↗고선↘응종↗유빈↗대려↘이칙↗협종↘무역↗중려의 순서로 되어 있다.

(6)『후한서』「율력지」

『후한서』(後漢書)의「율력지」(律曆志)에서는 음양동정(陰陽動靜)의 문제를 통하여 율려를 이야기하고 있다. 특히, 여기에서는 양이 음을 낳는 것을 하생(下生)으로 말하고, 음이 양을 낳는 것을 상생(上生)이라고 말하고 있다.

양(陽)은 동그라미의 형체를 가지고 있고 그 본성은 움직이는 것에 있다[動]. 음(陰)은 네모를 자신의 마디로 삼는데 그 본성은 고요한 데 있다[靜]. 동(動)은 3의 수이고 정(靜)은 2의 수이다. 양은 2/3의 수로 하여 음을 낳고, 음은 4/3의 수로 하여 양을 낳는다. 모두 3이고 1이다. 양이 음을 낳는 것을 하생이라 말하고, 음이 양을 낳는 것을 상생이라고 말한다. 상생은 황종의 청탁(淸濁)을 넘을 수 없고, 하생은 황종의 실수(實數)에 미칠 수가 없다. 모두 삼천양지(參天兩地)이다. 원(圓)은 덮어주고 방(方)은 반전되어 여섯 개의 짝수가 하나의 홀수를 이어받는 방법이다. 황종은 율려의 머리이고 12율을 낳는 것이다. 황종은 임종을 하생하고, 대려는 이칙을 하생하고, 태주는 남려를 하생하고, 협종은 무역을 하생하고, 고선은 응종을 하생하고, 중려은 집시(執始)를 상생하고, 유빈은 대려를 상생하고, 임종은 태주를 상생하고, 이칙은 협종을 상생하고, 남려는 고선을 상생하고, 무역은 중려를 상생하고, 응종은 유빈을 상생한다.63(『후한서』권11.「율력지」3b~18b)

『후한서』「율력지」에 의하면 양률과 음려는 동(動)과 정(靜), 원(圓)과 방(方)에 해당하고, 삼천양지에 해당한다. 동(動)은 3의 수이고 동(靜)은 2의 수로서 삼천양지를 나타낸다. 양률(陽律)은 삼분손일하여 음려(陰呂)을 낳는 것을 하생이라 하고, 음려는 삼분익일하여 양률을 낳는 것을 상생이라고 한다. 율려의 상생(相生)은 황종＼임종／태주＼남려／고선＼응종／유빈／대려＼이칙／협종＼무역／중려／집시(執始) 등의 순서로 되어 있다. 즉, 황종에서 유빈까지는 양률은 음려를 하생하고, 음려는 양률을 상생하다가 유빈부터는 음려가 양률을 하생하고, 양률은 음려를 상생하여 유빈에서 거듭 상생한다. 그리고

제2장 율려와 음양 67

12율에서 마치지 않고 집시(執始)로 연결하여 계속 상생(相生)하여 60률을 이룬다.『후한서』「율력지」에 의해 경방(京房)의 60률을 정리하면 다음의 도표와 같다.

도표 10) 경방 60률

黃　　鍾	子	黃鍾下生林鍾	丑	林鍾上生太簇	寅	太簇下生南呂	卯
南呂上生姑洗	辰	姑洗下生應鍾	巳	應鍾上生蕤賓	午	蕤賓上生大呂	未
大呂下生夷則	申	夷則上生夾鍾	酉	夾鍾下生無射	戌	無射上生中呂	亥
中呂上生執始	子	執始下生去滅	丑	去滅上生時息	寅	時息下生結躬	卯
結躬上生變虞	辰	變虞下生遲內	巳	遲內上生盛變	午	盛變上生分否	未
分否下生解形	申	解形上生開時	酉	開時下生閉掩	戌	閉掩上生南中	亥
南中上生丙盛	子	丙盛下生安度	丑	安度上生屈齊	寅	屈齊下生歸期	卯
歸期上生路時	辰	路時下生未育	巳	未育上生離宮	午	離宮上生凌陰	未
凌陰下生去南	申	去南上生族嘉	酉	族嘉下生鄰齊	戌	鄰齊上生內負	亥
內負上生分動	子	分動下生歸嘉	丑	歸嘉上生隨期	寅	隨期下生未卯	卯
未卯上生形始	辰	形始下生遲時	巳	遲時上生制時	午	制時上生少出	未
少出下生分積	申	分積上生爭南	酉	爭南下生期保	戌	期保上生物應	亥
物應上生質未	子	質未下生否與	丑	否與上生形晉	寅	形晉下生夷汗	卯
夷汗上生依行	辰	依行上生色育	巳	色育下生謙待*	午	謙待上生未知	未
未知下生白呂	申	白呂上生南授	酉	南授下生分烏	戌	分烏上生南事	亥

(* '色育下生謙待'의 下生은 上生으로 바뀌어야 한다)

68 율려와 주역

(7)『시악화성』

조선조 정조 시기에 편찬된 음악서인『시악화성』(詩樂和聲)에서는 12율을 12지(支)와 12달에 배합하고 있다.

도표 11)『시악화성』선궁본원(旋宮本原)64

여러 율이 좌선(左旋)하면 반드시 8률의 간격을 두고 두건(斗建)이 땅 위에서 좌선하여 4시(時)의 8절후(節侯)를 생기게 한다. 우전(右轉)하면 반드시 6률의 간격을 두고 일전(日躔)이 하늘 위에서 우전하여 1년의 6음월(陰月)과 6양월(陽月)을 이루고 있다.65[『시악화성』권2.「악률본원」(樂律本源) 제2-12~13]

『시악화성』은 좌선과 우전을 8률과 6률의 간격과 연관 지어서 설명하고 있다. 두건(斗建)이 땅 위에서 좌선하면 8률 위의 율려를 얻게 되고 8절후에 배합되고, 일전(日躔)이 하늘 위에서 우전하면 6률 아래의 율려를 얻게 되니 6음월과 6양월을 이루고 있다. 즉, 6양률은 황종(11월), 태주(정월), 고선(3월), 유빈(5월), 이칙(7월), 무역(9월) 등이고, 6음려는 대려(12월), 협종(2월), 중려(4월), 임종(6월), 남려(8월), 응종(10월) 등이다. 격팔(隔八)은 8률 위의 음을 낳는 것이고, 삼분손일과 하생을 나타내고, 격륙(隔六)은 6률 아래의 음을 낳는 것이고, 삼분익일과 상생을 나타낸다. 그러므로 율려의 상생(相生)은 황종↘임종↗태주↘남려↗고선↘응종↗유빈↗대려↘이칙↗협종↘무역↗중려의 순서로 되어 있다.

위에서 언급한 『국어』, 『주례』, 『여씨춘추』, 『회남자』, 『후한서』, 『통전』, 『시악화성』 등에서 율려의 상생(相生)은 '5하6상'(五下六上)으로 5회 하생하고 6회 상생한다는 것을 알 수 있다. 그러므로 유빈부터는 하생이 상생으로 바뀌고 상생이 하생으로 바뀌는데, 유빈에서 거듭 상생하는 이유에 대하여 주자(朱子)는 아래와 같이 이야기하고 있다.

악률(樂律)은 황종에서 중려에 이르기까지 모두 양(陽)에 속하고, 유빈(蕤賓)으로부터 응종에 이르기까지 모두 음(陰)에 속한다. 이에 이것은 하나의 대음양(大陰陽)이다. 황종은 양이 되고, 대려는 음이 되고, 태주는 양이 되고, 협종은 음이 되니 하나의 양 사이마다 하나의 음이 있다. 또 이것은 하나의 소음양(小陰陽)이다. 그러므로 황종으로부터 중려에 이르기까지 모두 하생하고 유빈으로부터 응종에 이르기까지 모두 상생한다. 상생으로써 하생하는 것은 모두 3이 2를 낳는 것이고, 하생으로써 상생하는 것은 2가 4를 낳는 것이다. 만약에 상생(相生)의 법(法)을 말하자면 율(律)로써 여(呂)를 생하는데, 이것은 곧 하생이 되고 여로써 율을 생하면 상생이 된다. 황종으로부터 임종을 하생하고, 임종은 태주를 상생하고, 태주는 남려를 하생하고, 남려는 고선을 상생하고, 고선은 응종을 하생하고, 응종은 유빈을 상생하고, 유빈은 본래 마땅히 하생하여야 하나 지금은 반대로 거듭해서 대려를 상생하고, 대려는 이칙을 하생하고, 이칙은 협종을 상생하고 협종은 무역을 하생하고, 무역은 중려를 상생하여 상생(相生)의 도(道)가 이에 이르러 그치게 된다. 그리고 드디어 다시 변하여 황종의 궁(宮)을 상생(上生)한다.66
[『주자어류』 권92. 「악」 3a~4a]

『주자어류』29)에 의하면 12율은 대음양과 소음양으로 나뉘는데, 대음양은 12율을 크게 음과 양의 둘로 나누어 황종으로부터 중려까지 모두 양에 속하므로 하생하고, 유빈에서 응종에 이르기까지 모두 음에 속하므로 모두 상생한다. 율려 생성 순서에 의해 황종으로부터 유빈까지는 율(律)은 여(呂)를 하생하고 여는 율을 상생하는데, 유빈부터는 반대로 율은 여를 상생하고 여는 율을 하생한다. 즉, 황종\임종/태주\남려/고선\응종/유빈/대려\이칙/협종\무역/중려로서 유빈에서 거듭 상생(上生)한다. 다음에는 『관자』의 삼분손익법을 살펴보면 다음과 같다.

---

29) 중국 남송(南宋)의 주자학자 여정덕(黎靖德)이 1270년에 편찬한 책으로 140권으로 구성되어 있다.

2) 『관자』

『관자』(管子)에서는 삼분익일과 삼분손일을 이용하여 궁(宮)·치(徵)·상(商)·우(羽)·각(角)의 5성(聲)이 형성되는 것에 대해 이야기하고 있다.

무릇 장차 5음(音)이 일어나는데 먼저 1을 중심으로 하여 이에 3을 더하면 4가 되고, 이에 5음의 5를 합하면 9가 되고 9·9=81이 된다. 이로써 황종의 가장 근본이 되는 수 81을 낳아서 그 5음의 머리는 궁(宮)을 이룬다. 이것을 3등분하여 이 중 하나를 더하면 108이 되어 치(徵)가 되고, 치의 수를 3등분하여 이 중 하나를 빼서 이로써 상(商)을 낳는다. 상의 수를 3등분하여 이 중 하나를 더하여 이로써 우(羽)를 이룬다. 우를 3등분하여 이 중 하나를 빼면 이로써 각(角)을 이룬다.67 [『관자』 권29. 「지원」(地員) 제58]

위와 같이 『관자』「지원」 편에서는 황종을 궁(宮)으로 삼아 삼분익일과 삼분손일을 번갈아가며 궁, 치, 상, 우, 각의 5성(聲)[30]을 낳는다. 궁인 황종의 실수(實數) 81을 기본으로 하고 삼분익일하여 치의 $81 \times 4/3 = 108$을 낳고, 치를 삼분손일하여 상의 수 $108 \times 2/3 = 72$를 낳고, 상을 삼분익일하여 우의 수 $72 \times 4/3 = 96$을 낳고, 우를 삼분손일하여 각의 수 $96 \times 2/3 = 64$를 낳는다. 실수가 많은 순서대로 5성을 배열하면 치(108) → 우(96) → 궁(81) → 상(72) → 각(64)이 된다. 실수가 많을수록 낮은 소리가 나게

---

30) 5성(聲)은 5음(音)과 같은 뜻으로 사용한다.

되고, 실수가 적을수록 높은 소리가 나게 된다. 5성의 삼분손익에 의해 배열하면 궁(81)↗치(108)↘상(72)↗우(96)↘각(64)이 되는데, 삼분익일(↗)을 먼저 하는 것이 『관자』만의 독특한 방법이다. 그렇지만 후세에는 이 방법이 통용되지 못하였다. 그 이유는 5성 중 치와 우는 궁보다 낮아 탁성(濁聲)이 되어 정성(正聲)이 되지 못하기 때문이라고 생각한다. 그러므로 필자는 삼분익일을 먼저 하는 『관자』의 방법은 불합리하다고 생각한다.

이와 같이 『관자』에 전하는 5음(音) 율수(律數)의 삼분손익법을 도표로 나타내면 다음과 같다.

도표 12) 『관자』 5음의 삼분손익

五音	律數	三分損益	上下相生
宮	81	三分益一	上生 徵
徵	108	三分損一	下生 商
商	72	三分益一	上生 羽
羽	96	三分損一	下生 角
角	64		

다음에는 『사기』「율서」(律書), 『한서』, 『진서』(晉書), 『율려신서』, 「율려추보」, 『악학궤범』에 전하는 삼분손익법에 대하여 살펴보도록 하자.

3) 『사기』, 『한서』, 『진서』, 『율려신서』「율려추보」, 『악학궤범』

이 악서들에서는 양률은 반드시 삼분손일하여 음려를 하생하고, 음려는 반드시 삼분익일하여 양률을 상생한다. 이것은 하나는 양이 되고 하나의 양 사이에 하나의 음이 있어 앞에서 말한 주자의 소음양에 해당한다. 그런데 이 방법에 의하면 12율 중 대려, 협종, 중려의 3려만 한 옥타브가 높은 청성(淸聲)이 된다.

(1) 『사기』「율서」

『사기』(史記) 「율서」(律書)에서는 삼분손익에 따라 12율의 길이와 율수 그리고 생종분(生鐘分)을 다음과 같이 말하고 있다.

황종의 길이는 8치와 1/10이고, 대려의 길이는 7치 5푼과 1/3이고, 태주의 길이는 7치와 2/7이고, 협종의 길이는 6치 1푼과 1/3이고, 고선의 길이는 6치와 4/7이고, 중려의 길이는 5치 9푼과 2/3이고, 유빈의 길이는 5치 6푼과 1/3이고, 임종의 길이는 5치와 4/7이고, 이칙의 길이는 5치 4푼과 2/3이고, 남려의 길이는 4치 8/7푼이고, 무역의 길이는 4치 4푼과 2/3이고, 응종의 길이는 4치 2푼과 2/3이다. 황종의 율의 비례에 따라 나머지 11률을 구하면 다음과 같다. 자(子)는 1이고, 축(丑)은 2/3이고, 인(寅)은 8/9이고, 묘(卯)는 16/27이고, 진(辰)은 64/81이고, 사(巳)는 128/243이고, 오(午)는 512/729이고, 미(未)는 1024/2187이고, 신(申)은 4096/6561이고, 유(酉)는 8192/19683이고, 술(戌)은 32768/59049이고, 해(亥)는 65536/177147이다. 황종을 계산해서 생하여 말하기를 하생이라는 것은 그 실수를 2배하고 3으로 나누는 방법이고, 상생이라는 것은 실수를 4배하고 3으로 나누는 방법이다.68 (『사기』「율서」 제3-10a~12b)

위와 같이 12율은 12지(支)에 배합되어 있다. 또한 상생과 하생의 의미가 명시되어 있다. 즉, 상생은 삼분익일에 해당하고 하생은 삼분손일에 해당한다. 삼분손일이라는 것은 수를 3등분하여 하나를 빼는 것으로 2/3에 해당하고, 삼분익일이라는 것은 수를 3등분하여 하나를 더하는 것으로 4/3에 해당한다. 12율의 길이와 생종분(生鐘分: 율의 비율)은 삼분손익에 의해 산출되는 것을 알 수 있다. 12율의 길이는 황종의 길이 8치와 1/10을 기본으로 하여 삼분손익에 의해 정해지고, 12율의 생종분은 황종[子]을 1로 하여 삼분손익에 의해 정해진다. 12율의 길이와 생종분은 삼분손익에 의해 율의 생성 순서가 정해지는데 양률은 음려를 하생하고 음려는 양률을 상생한다. 『사기』「율서」에 전하는 12율의 길이와 생종분을 삼분손익으로 나타내면 다음과 같다.

도표13) 『사기』「율서」 12율의 삼분손익

12律	12支	12律의 길이	生鐘分	三分損益
黃鐘	子	8치와 1/10	1	
林鐘	丑	5치와 4/7	2/3	三分損一
太簇	寅	7치와 2/7	8/9	三分益一
南呂	卯	4치와 8/7푼	16/27	三分損一
姑洗	辰	6치와 4/7	64/813	三分益一

應鐘	巳	4치 2푼과 2/3	128/243	三分損一
蕤賓	午	5치 6푼과 1/3	512/729	三分益一
大呂	未	7치 5푼과 1/3	1024/2187	三分損一
夷則	申	5치 4푼과 2/3	4096/6561	三分益一
夾鐘	酉	6치 1푼과 1/3	8192/19683	三分損一
無射	戌	4치 4푼과 2/3	32768/59049	三分益一
仲呂	亥	5치 9푼과 2/3	65536/177147	三分損一

(2) 『한서』「율력지」

양률은 삼분손일하여 음려를 하생하고 음려는 삼분익일하여 양률을 상생한다. 이에 대한 『한서』(漢書)「율력지」(律曆志)의 반지상생도(班志相生圖)에 대해 살펴보도록 하자.

도표 14) 반지상생도[69]

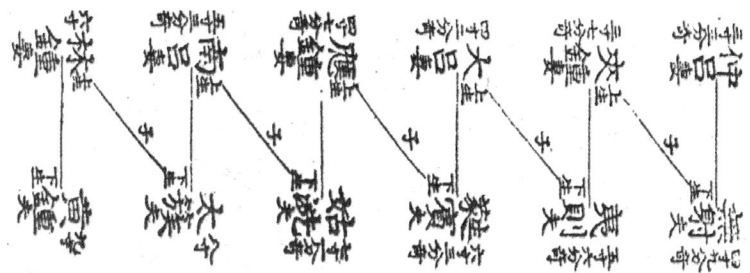

자리가 같은 것은 부부를 상징하고, 자리가 다른 것은 아들과 어머니를 상징한다. 소위 율(律)이 아내를 취하고 여(呂)가 아들을 낳는 것은 음양이 상생(相生)하는 정도(正道)이다. 그 법으로 말하면 양률은 음려를 하생하고 음려는 양률을 상생한

다. 하생이라는 것은 삼분손일이고 상생이라는 것은 삼분익일
이다. 이것은 사마천(司馬遷)과 반고(班固)가 낸 치수이다.70)
[『악학궤범』권1. 11b]

위 도표 14) '반지31)상생도'는 삼분손익법과 상하상생법 그리고
취처생자법(娶妻生子法)을 연결하여 설명하고 있다. 취처생자법은
양률인 남편이 음려인 아내를 취하여 하생하고 음려인 아내가
양률인 아들을 낳아 상생하는 방법이다. 양률이 음려를 낳는 것은
남편이 아내를 취하여 같은 자리의 부부 관계를 상징하고 삼분손일
하여 하생하고, 음려가 양률을 낳는 것은 어머니가 아들을 낳는
것은 다른 자리의 모자(母子) 관계를 상징하고 삼분익일하여 상생
한다. 즉, 9치의 황종은 삼분손일하여 6치의 임종을 하생하고,
임종은 삼분익일하여 8치의 태주를 상생하고, 태주는 삼분손일하
여 5치 3푼여(餘)32)의 남려를 하생하고, 남려는 삼분익일하여 7치
1푼여의 고선을 상생하고, 고선은 삼분손일하여 4치 7푼여의 응종
을 하생하고, 응종은 삼분익일하여 6치 3푼여의 유빈을 상생하고,
유빈은 삼분손일하여 4치 2푼여의 대려를 하생하고, 대려는 삼분
익일하여 5치 6푼여의 이칙을 상생하고, 이칙은 삼분손일하여
3치 7푼여의 협종을 하생하고, 협종은 삼분익일하여 4치 9푼여의
무역을 상생하고, 무역은 삼분손일하여 3치 3푼여의 중려를 하생
한다. 12율의 상하상생은 다음의 도표와 같다.

---

31) 반지(班志)는 반고(班固)의 『한서』「율력지」의 줄인 단어이다.
32) 여(餘)는 나머지를 의미한다.

도표 15) 『한서』「율력지」 상하상생도[71]

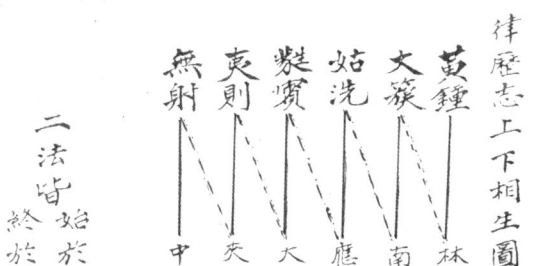

(-----는 上生을 나타내고, ──는 下生을 나타낸다)

위 도표 15)에서 보이는 것처럼 양률은 8률 위[上]의 음려를 하생하고, 음려는 6률 아래[下]의 양률을 낳는다. 그런데 원문에 의하면 황종과 협종과 임종과 응종 등에서 '종'(鍾)은 '종'(鐘)으로 바뀌어야 하고 '무역'(無射)은 '망역'(亡射)으로 바뀌어야 한다.

9치는 황종의 길이이다. 황종은 삼분손일하여 임종을 하생하고, 임종은 삼분익일하여 태주를 상생하고, 태주는 삼분손일하여 남려를 하생하고, 남려는 삼분익일하여 고선을 상생하고, 고선은 삼분손일하여 응종을 하생하고, 응종은 삼분익일하여 유빈을 상생하고, 유빈은 삼분손일하여 대려를 하생하고, 대려는 삼분익일하여 이칙을 상생하고, 이칙을 삼분손일하여 협종을 하생하고, 협종은 삼분익일하여 망역을 상생하고, 망역은 삼분손일하여 중려를 하생한다. 음양상생(陰陽相生)은 황종으로부터 시작하는데 8번째로 좌선(左旋)하여 8은 음양의 짝이 된다. 실제로 삼천양지의 원칙에 따라 하나의 황종 초구(初九)를 얻으니 율(律)의 우두머리이고 양(陽)의 변화이다. 6효가 모두

9를 법으로 삼는다. 임종의 초육(初六)을 얻으니 여(呂)의 우두머리이고 음(陰)의 변화이다. 이것은 모두 삼천양지의 법(法)이다. 6률을 상생하는 것은 그 수를 더한다는 것이고, 6려를 하생한다는 것은 그 수를 빼는 것인데 모두 9를 법으로 삼는다. 9(九)와 6(六)은 음양이고, 부부와 자모의 도(道)이다. 율이 처에게 장가들고 여가 자(子)를 낳는 것은 천지의 정(情)이다. 6률과 6려이고 12신(辰)이 세워진다.72 (『한서』 권21. 「율력지」 11ab, 25b~26a)

『한서』「율력지」는 12율 생성에 있어 삼분손익법과 상하상생법, 격팔상생법, 취처생자법, 삼천양지, 효(爻)에 대해 포괄적으로 설명하고 있다. 12율은 황종의 길이 9치를 기본으로 하여 삼분손일과 삼분익일을 번갈아가며 하생하고 상생한다. 삼분손일은 8률 높은 율을 얻는 것이고, 삼분익일은 6률 낮은 율을 얻는 것이다. 양률은 삼분손일하여 음려를 하생하고 음려는 삼분익일하여 양률을 상생한다. 삼분손일은 하생에 해당하고 삼분익일은 상생에 해당한다. 즉, 12율의 생성 순서는 황종＼임종／태주＼남려／고선＼응종／유빈＼대려／이칙＼협종／망역(亡射)33)＼중려 등이다. '＼'는 삼분손일과 하생을 나타내고, '／'는 삼분익일과 상생을 나타낸다. 이러한 삼분손익과 상하상생은 좌선하여 8률씩 건너서 격팔상생하여 양률과 음려가 짝이 되게 하는 것과 같다. 이상을 정리하면 다음의 도표와 같다.

---

33) 망역(亡射)은 무역(無射)에 해당한다.

도표 16) 『한서』「율력지」 12율의 삼분손익과 상하상생

12律	길이	三分損益	上下相生
黃鐘	9치	三分損一	下生林鐘
林鐘	6치	三分益一	上生太族
太族	8치	三分損一	下生南呂
南呂	5치 3푼여	三分益一	上生姑洗
姑洗	7치 1푼여	三分損一	下生應鐘
應鐘	4치 7푼여	三分益一	上生蕤賓
蕤賓	6치 3푼여	三分損一	下生大呂
大呂	4치 2푼여	三分益一	上生夷則
夷則	5치 6푼여	三分損一	下生夾鐘
夾鐘	3치 7푼여	三分益一	上生亡射
亡射	4치 9푼여	三分損一	下生中呂
中呂	3치 3푼여		

(3)『진서』「율력」

『진서』(晋書)「율력」(律曆)에서는 12율을 12신(辰)에 배합시켜 음려의 삼분손일을 통하여 하생하고 양률을 삼분익일하여 상생하는 문제에 대해 상세하게 설명하고 있다.

두루 12신(辰)에 6률이 있어 양이 된즉 마땅한 자리를 스스로 얻어 음을 하생하고, 6려가 있어 음이 된즉 그 상충되는 바를 얻어 양을 상생한다. 소위 율은 처를 취하고 여는 자(子)를 낳아 음양이 올라가고 내려오는 것이 율려의 큰 도이다. 11월은 율 중 황종이 되고, 율의 시작이고, 길이는 9치이고 반고에 의하면 삼분손일하여 임종을 하생한다. 12월은 율 중 대려가 되고, 사마천에 의하면 미(未)이고, 하생하는 율이며, 길이는

4치와 52/243이고, 삼분익일하여 이칙을 상생하는데, 경방(京房)은 삼분손일하여 이칙을 하생한다. 정월은 율 중 태주가 되고, 미(未)이고, 상생하는 율이고, 길이는 8치이고, 삼분손일하여 남려를 하생한다. 2월은 율 중 협종이 되고, 유(酉)이고, 하생하는 율이고, 3치와 1631/2187이고, 2배로 하면 7치와 1075/2187이고, 삼분익일하여 무역을 상생하고, 경방은 삼분손일하여 무역을 하생한다. 3월은 율 중 고선이 되고, 유(酉)이고, 상생하는 율이고, 길이는 7치와 1/9이고, 삼분손일하여 응종을 하생한다. 4월은 율 중 중려가 되고, 해(亥)이고, 하생하는 율이고, 길이는 3치와 6487/19683이고, 2배로 하면 6치와 12974/19683이다. 5월은 율 중 유빈이 되고, 해(亥)이고, 상생하는 율이고, 길이는 6치와 26/81이고, 삼분손일하여 대려를 하생하고, 경방에 의하면 삼분익일하여 대려를 상생한다. 6월은 율 중 임종이 되고, 축(丑)이고, 하생하는 율이고, 길이는 6치이고, 삼분익일하여 태주를 상생한다. 7월은 율 중 이칙이 되고, 축(丑)이고, 상생하는 율이고, 길이는 5치와 451/729이고, 삼분손일하여 협종을 하생하고, 경방에 의하면 삼분익일하여 협종을 상생한다. 8월은 율 중 남려가 되고, 묘(卯)이고, 하생하는 율이고, 길이는 5치와 1/3이고, 삼분익일하여 고선을 상생한다. 9월은 율 중 무역이 되고, 묘(卯)이고, 상생하는 율이고, 길이는 4치 6푼 6524/1561이고, 삼분손일하여 중려를 하생하고, 경방에 의하면 삼분익일하여 중려를 상생한다. 10월은 율 중 응종이 되고, 사(巳)이고, 하생하는 율이고, 길이는 4치와 20/27이고, 삼분익일하여 유빈을 상생한다.73 (『진서』권16. 「율력」상 7b~21b)

『진서』「율력」에 의하면 삼분손익과 상하상생의 문제에 있어 반고와 사마천의 견해와 같은데, 상이한 부분에서 경방[34]과 서로 다르게 상생(相生)한다는 것을 비교해서 이야기하고 있다. 즉, 경방에 의하면 율려 상생 순서에서 유빈에서 거듭하여 상생하므로 유빈부터 상생과 하생이 반고와 사마천의 견해와 반대로 나타난다. 12율은 12신(辰)에 배합되는데 6양률은 마땅한 자리를 스스로 얻어 음려를 삼분손일하여 하생하고, 6음려는 그 상충되는 바를 얻어 양률을 삼분익일하여 상생한다. 율이 처를 취한다는 것은 율이 여를 취하는 것이고, 여가 자(子)를 낳는다는 것은 여가 율을 낳는 것이다. 12율은 삼분손익에 의해 황종＼임종／태주＼남려／고선＼응종／유빈＼대려／이칙＼협종／무역＼중려 등의 순서로 상생한다.

(4) 『율려신서』

송대(宋代)의 학자인 채원정(蔡元定, 1135~1198)이 찬한 음악 이론서인 『율려신서』(律呂新書)에서는 12율과 12신의 배열에 대하여 말하고 있다.

> 황종은 11률을 낳는다. 자(子), 인(寅), 진(辰), 오(午), 신(申), 술(戌)의 6양신(陽辰)은 모두 하생하고, 축(丑), 묘(卯), 사(巳), 미(未), 유(酉), 해(亥)의 6음신(陰辰)은 모두 상생한다. 그

---

34) 심경호 역, 廖名春 외 저,『주역철학사』, 예문서원, 1994, 181쪽 참조. 경방(京房)은 한역(漢易)의 대표적인 인물이다. 경방의 역학은 맹희(孟喜)의 괘기설(卦氣說)을 발전시켜 이를 당시의 음양오행설과 결합시킴으로써 독특한 역학 체계를 형성한다.

3을 상생하는 것은 12신(辰)에 배합되는데 모두 황종의 전수(全數)이다. 그 음을 하생하여 수를 2배로 한다는 것은 본래의 율을 3등분하여 그 중 하나를 빼는 것이다. 양이 수를 4배로 한다는 것은 본래의 율을 3등분하여 그 중 하나를 더하는 것이다. 6양신은 마땅히 스스로 위치를 얻지만 6음신은 맞은 편 자리에 있다. 그 임종, 남려, 응종의 3려(呂)는 음에 있어 더하고 빼는 것이 없지만, 그 대려, 협종, 중려의 3려(呂)는 양에 있은즉 수를 2배로 하여 바야흐로 12월의 기(氣)와 더불어 서로 응한다. 대개 음이 양을 좇아가는 것은 자연의 이치이다.74 [『율려신서』 권1. 「율려본원」 황종생11률(黃鍾生十一律) 제3-12ab]

황종[子]의 수는 177,147이고, 전성(全聲)은 9치이고, 반성(半聲)은 없다. 임종[丑]의 수는 118,098이고, 전성은 6치이고, 반성은 3치인데 사용하지 않는다. 태주[寅]의 수는 157,464이고, 전성은 8치이고, 반성은 4치이다. 남려[卯]의 수는 104,976이고, 전성이 5치 3푼이고, 반성은 2치 6푼인데 사용하지 않는다. 고선[辰]의 수는 139,968이고, 전성이 7치 1푼이고, 반성은 3치 5푼이다. 응종[巳]의 수는 93,312이고, 전성이 4치 6푼 6리이고, 반성은 2치 3푼 3리인데 사용하지 않는다. 유빈[午]의 수는 124,416이고, 전성이 6치 2푼 8리이고, 반성은 3치 1푼 4리이다. 대려[未]의 수는 165,888이고, 전성이 8치 3푼 7리 6호이고, 반성은 4치 1푼 8리 3호이다. 이칙[申]의 수는 110,592이고, 전성이 5치 5푼 5리 1호이고, 반성은 2치 7푼 2리 5호이다. 협종[酉]의 수는 147,456이고, 전성이 7치 4푼 3리 7호 3사이고, 반성은 3치 6푼 6리 3호 6사이다. 무역[戌]의 수는 98,304이고, 전성이 4치 8푼 8리 4호 8사이고, 반성은 2치 4푼 4리 2호 4사이다.

중려[亥]의 수는 131,073이고, 전성이 6치 5푼 8리 3호 4사 6홀과 나머지 2이고, 반성은 3치 2푼 8리 6호 2사 2홀이다.75 [『율려신서』 권1. 「율려본원」 12율지실(十二律之實) 제4-13 a~15a]

위의『율려신서』에 의하면 12율은 12신에 배합되어 있고 자(子), 인(寅), 진(辰), 오(午), 신(申), 술(戌)의 6양신은 모두 하생하고, 축(丑), 묘(卯), 사(巳), 미(未), 유(酉), 해(亥)의 6음신은 모두 상생한다. 양률이 음려를 하생하는 것은 삼분손일에 해당하고 상생은 삼분익일에 해당한다. 율의 생성 순서와 율의 자리에 따른 배열 순서를 비교해 보면, 6양신은 적당한 위치가 저절로 결정되며, 6음신은 바로 상충하는 위치에 놓이게 된다고 말한다. 황종, 태주, 고선, 유빈, 이칙, 무역의 6률은 양의 자리로서 율의 생성 순서와 율의 자리 순서에 있어 변함이 없다. 그러나 6려는 율의 생성 순서에 따르면 임종 → 남려 → 응종 → 대려 → 협종 → 중려의 순서로 되어 있지만, 율의 차서(次序)에 따르면 대려 → 협종 → 중려 → 임종 → 남려 → 응종의 순서로 되어 있다. 그러므로 율의 자리 순서에 있어 대려와 임종, 협종과 남려, 중려와 응종 등이 서로 상충되는 위치에 놓여 있다. 3려가 양에 있으면 2배수를 사용함으로써 비로소 12월의 기와 서로 호응하게 된다. 2배수를 사용한다는 것은 청성(淸聲)을 한 옥타브 아래로 내려 정성(正聲) 으로 바꾼다는 뜻이다. 음이 양을 따르는 것은 자연의 이치로서 음양의 상생(相生)이 이루어진다. 12율의 생성 순서는 황종[子]↘ 임종[丑]↗태주[寅]↘남려[卯]↗고선[辰]↘응종[巳]↗유빈

[午]＼대려[未]／이칙[申]＼협종[酉]／무역[戌]＼중려[亥] 등이다. 12율의 길이는 전성(全聲)과 반성(半聲)35)으로 나뉘어 있다. 삼분손익에 따른 12율의 길이와 상하상생은 다음의 도표와 같다.

도표 17) 『율려신서』 12율의 삼분손익

12律	12支	12律의 길이	上下相生	三分損益
黃鐘	子	全聲 9치	下生林鐘	三分損一
林鐘	丑	全聲 6치	上生太簇	三分益一
太簇	寅	全聲 8치, 半聲 4치	下生南呂	三分損一
南呂	卯	全聲 5치 3푼,	上生姑洗	三分益一
姑洗	辰	全聲 7치 1푼, 半聲 3치 5푼	下生應鐘	三分損一
應鐘	巳	全聲 4치 6푼 6리	上生蕤賓	三分益一
蕤賓	午	全聲 6치 2푼 8리, 半聲 3치 1푼 4리	下生大呂	三分損一
大呂	未	全聲 8치 3푼 7리 6호 半聲 4치 1푼 8리 3호	上生夷則	三分益一
夷則	申	全聲 5치 5푼 5리 1호, 半聲 2치 7푼 2리 5호	下生夾鐘	三分損一
夾鐘	酉	全聲 7치 4푼 3리 7호 3사 半聲 3치 6푼 6리 3호 6사	上生無射	三分益一
無射	戌	全聲 4치 8푼 8리 4호 8사 半聲 2치 4푼 4리 2호 4사	下生仲呂	三分損一
仲呂	亥	全聲 6치 5푼 8리 3호 4사 6홀…2 半聲 3치 2푼 8리 6호 2사 2홀		

---

35) 반성(半聲)은 한 옥타브 높은 청성(淸聲)이다.

(5) 『악학궤범』

　조선조 성종 시기에 출판된 『악학궤범』(樂學軌範)은 성현(成俔)이 중심이 되어 편찬되었는데, 우리나라의 대표적인 음악 이론서라고 할 수 있다. 이 책에서는 12율관의 둘레와 길이 등의 문제를 삼분손익법에 근거하여 상하상생을 이야기하고 있다.

　　황종의 길이는 9치, 그 둘레는 9푼이다. 11율관의 둘레도 모두 이와 같다. 황종의 길이는 삼분손일하여 임종을 하생한다. 대려의 길이는 4치 1푼 8리 3호이고, 삼분익일하여 이칙을 상생한다. 2배수인 8치 3푼 7리 6호이다. 태주의 길이는 8치이고, 삼분손일하여 남려를 하생한다. 협종의 길이는 3치 6푼 6리 3호 6사이고, 삼분익일하여 무역을 상생한다. 2배수인 7치 4푼 3리 7호 3사이다. 고선의 길이는 7치 1푼이고, 삼분손일하여 응종을 하생한다. 중려의 길이는 3치 2푼 8리 6호 2사 3홀이고, 2배수인 6치 5푼 8리 3호 4사 6홀이다. 729를 곱한 것의 삼분익일은 변황종(變黃鍾)이다. 유빈의 길이는 6치 2푼 8리이고, 삼분손일하여 대려를 하생한다. 임종의 길이는 6치이고, 삼분익일하여 태주를 상생한다. 이칙의 길이는 5치 5푼 5리 1호이고, 삼분손일하여 협종을 하생한다. 남려의 길이는 5치 3푼이고, 삼분익일하여 고선을 상생한다. 무역의 길이는 4치 8푼 8리 4호 8사이고, 삼분손일하여 중려를 하생한다. 응종의 길이는 4치 6푼 6리이고, 삼분익일하여 유빈을 상생한다.76 (『악학궤범』 권1. 10ab)

　『악학궤범』에 의하면 황종의 율관 길이는 9치이고, 둘레는 9푼이다. 양률은 삼분손일하여 8률 높아지고 음려를 하생하고, 음려는 삼분익일하여 6률 낮아지고 양률을 상생한다. 그리고 대려, 협종, 중려의 율관 길이는 청성(淸聲)의 길이이고, 그 수를 2배로 하여 정성(正聲)의 길이도 같이 나타내고 있다. 12율은 삼분손익에 의해 황종＼임종／태주＼남려／고선＼응종／유빈＼대려／이칙＼협종／무역＼중려／변황종의 순서로 상생한다. 이와 같이 『악학궤범』의 12율관 길이의 삼분손익과 상하상생을 도표로 나타내면 다음과 같다.

도표 18) 『악학궤범』 12율의 삼분손익과 상하상생

2律	律의 길이	三分損益	上下相生
黃鍾	9치	三分損一	下生林鍾
林鍾	6치	三分益一	上生太簇
太簇	8치	三分損一	下生南呂
南呂	5치 3푼	三分益一	上生姑洗
姑洗	7치 1푼	三分損一	下生應鍾
應鍾	4치 6푼 6리	三分益一	上生蕤賓
蕤賓	6치 2푼 8리	三分損一	下生大呂
大呂	4치 1푼 8리 3호	三分益一	上生夷則
夷則	5치 5푼 5리 1호	三分損一	下生夾鍾
夾鍾	3치 6푼 6리 3호 6사	三分益一	上生無射
無射	4치 8푼 8리 4호 8사	三分損一	下生仲呂
仲呂	3치 2푼 8리 6호 2사 3홀	三分益一	上生變黃鍾

(6) 『증보문헌비고』

『증보문헌비고』(增補文獻備考)77에 의하면 12율의 길이와 둘레에 따른 삼분손익은 『악학궤범』과 같다. 즉, 12율은 삼분손익에 의해 황종＼임종／태주＼남려／고선＼응종／유빈＼대려／이칙

＼협종／무역＼중려／변황종의 순서로 상생한다.

(7) 「율려추보」

조선조의 유학자인 식산(息山) 이만부(李萬敷, 1664~1732)가 지은 음악 이론서인 「율려추보」(律呂推步)에서는 12율을 생성 순서에 따라 12지(支)에 배합하고, 삼분손익에 의한 12율의 길이와 상하상생을 이야기하고 있다.

생각하건대 황종은 11률을 생(生)한다. 자(子), 인(寅), 진(辰), 오(午), 신(申), 술(戌)의 6양신(陽辰)은 모두 하생하고, 축(丑), 묘(卯), 사(巳), 미(未), 유(酉), 해(亥)의 6음신(陰辰)은 모두 상생한다. 황종[子]은 9치이고 삼분손일하여 임종을 하생한다. 임종[丑]은 6치이고 삼분익일하여 태주를 상생한다. 태주[寅]는 8치이고 반성(半聲)은 4치이며 삼분손일하여 남려를 하생한다. 남려[卯]는 5치 3푼이고 삼분익일하여 고선을 상생한다. 고선[辰]은 7치 1푼이고 반성은 3치 5푼이며, 삼분손일하여 응종을 하생한다. 응종[巳]은 4치 6푼 6리이고 삼분익일하여 유빈을 상생한다. 유빈[午]은 6치 2푼 8리이고 반성은 3치 1푼 4리이며 삼분손일하여 대려를 하생한다. 대려[未]는 8치 3푼 7리 6호이고 반성은 4치 1푼 8리 3호이며 삼분익일하여 이칙을 상생한다. 이칙[申]은 5치 5푼 5리 1호이고 반성은 2치 7푼 2리 5호이며 삼분손일하여 협종을 하생한다. 협종[酉]은 7치 4푼 3리 7호 3사이고 반성은 3치 6푼 6리 3호 6사이며 삼분익일하여 무역을 상생한다. 무역[戌]은 4치 8푼 8리 4호 8사이고 반성은 2치 4푼 4리 2호 4사이며 삼분손일하여 중려를 하생한다. 중려

[亥]는 6치 5푼 8리 3호 4사 6홀이고 3등분하여 더 이상 나뉘지 않는다.78 (「율려추보」,『식산속집』 권10)

「율려추보」에 의하면 12율은 생성 순서에 따라 12지(支)에 배합되어 있다. 자, 인, 진, 오, 신, 술의 6양신은 모두 하생하고, 축, 묘, 사, 미, 유, 해의 6음신은 모두 상생한다. 그러므로 12율은 황종[子]↘임종[丑]↗태주[寅]↘남려[卯]↗고선[辰]↘응종[巳]↗유빈[午]↘대려[未]↗이칙[申]↘협종[酉]↗무역[戌]↘중려[亥]의 생성 순서에 따른다. 그리고 12율의 길이는 정성(正聲)과 반성(半聲)으로 나뉘어 있고, 그 길이와 삼분손익은 『율려신서』와 같다.

위에서 『사기』, 『한서』, 『진서』, 『율려신서』, 『악학궤범』, 『증보문헌비고』, 「율려추보」를 살펴보았는데 12율은 12지에 배분되고, 율려의 상생(相生)은 황종↘임종↗태주↘남려↗고선↘응종↗유빈↘대려↗이칙↘협종↗무역↘중려의 순서로 되어 있다. 그러나 이러한 방법으로는 대려, 협종, 중려 등의 3려는 청성(淸聲)이 되므로 12율이 한 옥타브에 정성(正聲)으로 배열되지 못하는 문제점을 안고 있다.

4)『악서고존』

『악서고존』(樂書孤存)에 의하면 삼분익일을 사용하지 않고 삼분손일만으로 율에서 여를 산출하는 독특한 방법을 채택하고 있는데 그 내용은 다음과 같다.

율(律)에는 하나의 근본이 있는데 황종(黃鍾)이라고 말한다. 하나이면서 셋으로 하면 율에는 3기(三紀)가 있다. 대율(大律)은 황종이라고 말하고, 중률(中律)은 고선(姑洗)이라고 말하고, 소율(小律)은 이칙(夷則)이라고 말한다. 대개 상고(上古)에는 3률(三律)이 있을 뿐이다. 상률(上律)의 수는 81이고 중률(中律)의 수는 75이고 소율(小律)의 수는 69이니, 대(大), 중(中), 소(小) 사이의 거리는 6의 차이가 난다. 6이라는 것은 3의 배수이다. 3으로 벼리를 나눈다는 것은 이것을 이르는 것이 아닌가? 각 율의 거리가 너무 멀면 높거나 낮게 되고 느리고 빠른 정도가 동떨어져 이에 고르지 않다. 그래서 3기(三紀) 아래에 각기 하나의 율을 만들어 그 소리를 고르게 하는데 대평(大平)은 태주라고 말하고, 중평(中平)은 유빈이라고 말하고, 소평(小平)은 무역이라고 말한다. 3평(三平)이 3기(三紀) 사이에 있어 각각 3의 차이가 나 6률이 열(列)을 이룬다. 3으로 벼리를 나누고 6으로 고르게 한다는 것은 이것을 이르는 것이 아닌가? 6률이 이미 이루어지면 성음(聲音)은 완전히 갖추어진 것이다. 그리하여 성음의 도(道)는 크면 맛이 없고, 작으면 더욱 아름답고, 낮으면 변화가 적고 높으면 이에 감동하기 쉽다. 이 6률은 삼분손일하여 각각 하나의 여(呂)를 만들어 원래의 성(聲)에 짝하게 한다. 여(呂)란 짝한다는 뜻이니 음은 양을 짝한다. 6으로 고르게 하니 12율에서 이루어진다는 것은 이것을 이르는 것이 아닌가? 율에는 3기가 있어 비록 이렇게 하여 한 사내가 일어나서 6률의 근본을 말한다고 하여도 이미 논란이 정해져서 가히 더 논할 것이 없다.[79] (『악서고존』 7-2ab)

6률은 3기6평(三紀六平)에 의거한다. 3기는 황종[大律, 율수 81], 고선[中律, 75], 이칙[小律, 69]의 3률로 나뉘고, 그 3률의 사이에 태주[大平], 유빈[中平], 무역[小平]의 3평(平)이 들어가면 6률이 완성되어 6평(平)이 되는데, 이 6률을 율수와 관련하여 도표로 나타내면 다음과 같다.

도표 19) 3기6평도[80]

六律	3紀 6平	律의 수
黃鍾	大律	81
太簇	大平	78
姑洗	中律	75
蕤賓	中平	72
夷則	小律	69
無射	小平	66

위 도표 19)와 같이 황종의 율수는 81, 태주는 78, 고선은 75, 유빈은 72, 이칙은 69, 무역은 66 등 6률은 율수 3의 차이로 고르게 배열된다. 그리고 이 6률은 삼분손일하여 각각 하나의 여(呂)를 만들어 6려가 된다. 6률과 6려의 율수를 삼분손일에 의해 살펴보면 다음의 도표와 같다.

도표 20) 6률개삼분손일생6려도(六律皆三分損一生六呂圖)[81]

六律의 율수	三分損一	六呂의 율수
黃鍾 81	三分損一	大呂 54
太簇 78	三分損一	夾鍾 52
姑洗 75	三分損一	中呂 50
蕤賓 72	三分損一	林鍾 48

夷則 69	三分損一	南呂 46
無射 66	三分損一	應鍾 44

6률은 모두 삼분손일하여 6려를 낳는다. 완전히 3을 얻는다는 것은 양성(陽聲)의 삼천(參天)이고, 손일(損一)을 하여 완전히 2를 얻는다는 것은 음성(陰聲)의 양지(兩地)이다. 삼천양지(參天兩地)라는 것은 음양의 큰 이치이다. 이것은 각자 짝을 이루어 여(呂)가 되니 성인이 만든 것이 아닌가?[82] (『악서고존』 7-5ab)

위와 같이 6양률은 삼천양지에 의해 삼분손일하여 6음려를 낳는다. 황종[율수 81]은 삼분손일하여 대려[54]를 낳고, 태주[78]는 삼분손일하여 협종[52]을 낳고, 고선[75]은 삼분손일하여 중려[50]를 낳고, 유빈[72]은 삼분손일하여 임종[48]을 낳고, 이칙[69]은 삼분손일하여 남려[46]를 낳고, 무역[66]은 삼분손일하여 응종[44]을 낳는다. 6양률의 율수는 각각 3의 차이가 나고, 6음려의 율수는 각각 2의 차이가 난다. 3은 양성(陽聲)의 삼천이고, 2는 음성(陰聲)의 양지를 의미한다. 삼천양지라는 것은 음양의 큰 뜻이다. 이상으로 『악서고존』의 율려 산출 방법은 다음 세 가지로 요약할 수 있다.

첫째, 『악서고존』에서는 삼분익일에 대하여는 말하지 않는다. 다만 삼분손일만을 사용함으로써 율은 여를 낳을 수 있지만, 여는 율을 낳을 수 없게 되어 상호 수수(授受) 작용을 할 수 없는 것으로 보인다.

둘째, 삼분손일에 의한 율수와 여의 높이 관계이다. 대개 앞에서 언급한 다른 악서들에 의하면 삼분손일은 3등분하여 하나를 빼는 것으로 율수나 길이는 2/3로 줄어들고, 율의 높이는 8률 위의 율을 낮게 되는데 비해『악서고존』에서는 삼분손일은 3등분하여 하나를 빼는 것으로 율수는 2/3가 된다. 그러나 율의 높이는 2율 위의 율을 낮게 되어 여의 산출 방법은『악서고존』만의 독특한 방법이다. 즉, 황종[율]은 삼분손일하여 대려[여]를 낳고, 태주[율]는 삼분손일하여 협종[여]을 낳고, 고선[율]은 삼분손일하여 중려[여]를 낳고, 유빈[율]은 삼분손일하여 임종[여]을 낳고, 이칙[율]은 삼분손일하여 남려[여]를 낳고, 무역[율]은 삼분손일하여 응종[여]를 낳는다. 그러나 필자는 삼분손일하면 율수나 길이가 2/3로 줄어드는 만큼 율의 높이도 8률 높게 되어야 한다고 생각한다.

  셋째, 율수에 따른 율려의 높이가 맞지 않는다는 것이다. 대개 율수가 많으면 율의 높이는 낮게 되고, 율수가 적으면 율의 높이는 높게 된다. 그러나『악서고존』에 의하면 황종[율수 81], 대려[54], 태주[78], 협종[52], 고선[75], 중려[50], 유빈[72], 임종[48], 이칙[69], 남려[46], 무역[66], 응종[44] 등으로 율수와 율의 높이는 무관한 것으로 나타난다. 예를 들면 대려는 태주보다 낮은 소리가 나지만 대려의 율수 54는 태주의 78에 비해 매우 적다. 다른 율도 마찬가지이다.『악서고존』의 삼분손일에 의한 율수는 앞에서 언급한 악서들의 삼분손익에 의한 12율의 율수와 매우 다르다는 것을 알 수 있다.

  이상으로『악서고존』에 의하면 3기6평에 의해 6률 사이의 간격은 3, 6려 사이의 간격은 2로 삼천양지에 의거하고 삼분손일을 사용하여 양률은 음려를 낳지만 음려는 양률을 낳지 않는 방법으로 다른 악서들의 삼분손익법과 다른 방법을 사용하였다. 그러나 실제 음악에 적용하는 경우에 율수와 율의 높이의 문제에 관해 많은 문제점을 가지고 있는 것으로 보인다.

위에서 4가지의 삼분손익법에 대하여 살펴보았는데 최초로 춘추시대에 『국어』「주어」하 편에서 이미 12율은 삼분손익법에 의해 산출되는 문제를 이야기하고 있다. 삼분손익법은 12율의 생성 원리로서 양률은 반드시 음려를 낳고, 음려는 반드시 양률을 낳으므로 상하상생법이나 취처생자법과 관련되어 있는데, 이들은 『주역』의 음양 사상에 근거하고 있다. 황종을 중심으로 하여 삼분손일과 삼분익일을 하는데, 삼분손일은 3등분하여 그 중 하나를 빼서 2/3가 되고 삼분익일은 3등분하여 그 중 하나를 더하여 4/3가 된다. 삼분손일은 하생이고 삼분익일은 상생에 해당한다.

첫째, 『국어』, 『주례』, 『여씨춘추』, 『회남자』, 『후한서』, 『통전』, 『시악화성』 등의 악서에 의하면, 율려의 상생(相生)은 황종↘임종↗태주↘남려↗고선↘응종↗유빈↘대려↗이칙↘협종↗무역↘중려의 순서로 되어 있어 '5하6상'(五下六上)으로 5회 하생하고 6회 상생한다. 그러므로 유빈에서 거듭 상생하는데 그 이유를 살펴보면 자(子)에서 사(巳)에 이르기까지 양(─)은 하나에서 여섯으로 늘어가고, 음(--)은 상대적으로 줄어들기 때문에 율은 여를 하생하고, 여는 율을 상생한다. 반면 오(午)에서 해(亥)에 이르기까지 음은 하나에서 여섯으로 늘어가고, 양은 상대적으로 줄어들기 때문에 율은 여를 상생(上生)하고 여는 율을 하생(下生)한다. 이것은 주자의 대음양(大陰陽)에 해당한다. 그러므로 위와 같은 삼분손익법에 의해 12율은 한 옥타브 안에 정성(正聲)으로 산출되는데 이 방법이 삼분손익법에서 가장 합리적인 방법으로 보인다.

둘째, 『관자』에 의하면 삼분손익에 의해 5음의 율수는 궁(황종, 81)↗치(108)↘상(72)↗우(96)↘각(64) 등의 순서로 산출된다. 여기에서 5음을 구할 때 삼분익일(↗)을 먼저 하는 것이 특징적이다. 이러한 방법은 『관자』만이 가지고 있는 독특한 방법이지만 5음 중 치와 우는 탁성(濁聲)이 되고, 정성(正聲)이 되지 못하여 먼저 삼분익일하는 『관자』의 방법에 불합리한 요소들을 가지고 있다고 생각한다.

셋째, 『사기』, 『한서』, 『진서』, 『율려신서』, 『악학궤범』, 『증보문헌비고』, 「율려추보」 등의 악서에 의하면 율려의 상생(相生)은 황종↘임종↗태주↘남려↗고선↘응종↗유빈↘대려↗이칙↘협종↗무역↘중려의 순서로 되어 있다. 양률은 삼분손일하여 8률 높아져 음려를 하생하고, 음려는 삼분익일하여 6률 낮아져 양률을 상생한다. 그러나 이러한 방법으로는 대려, 협종, 중려 등은 청성(淸聲)이 되므로 12율이 한 옥타브에 정성(正聲)으로 배열되지 못하는 문제점을 가지게 된다.

넷째, 『악서고존』에서는 3기6평에 의해 6률을 만들고 삼분손일을 사용하여 양률은 음려를 낳지만 음려는 양률을 낳지 않는데, 이것은 실제 음악에 적용할 경우 율수와 율의 높이의 측면에서 많은 문제점이 발생한다고 본다.

위의 분석을 통해 볼 경우 삼분손익법에서 『국어』 등에서와 같이 유빈에서 거듭 상생하는 삼분손익법이 가장 합리적인 방법으로 보는 것이 가장 타당할 것으로 보인다.

2. 격팔상생법과 음양

격팔상생법(隔八相生法)이란 8률을 건너 6양률과 6음려를 얻는 방법을 말한다. 즉, 양률은 양률로부터 8번째의 음려를 낳고, 다시 음려는 음려로부터 8번째의 양률을 얻는 율려의 생성 방법이다. 한 번은 음려가 되고 한 번은 양률이 되는 격팔상생법은 『주역』 「계사전」의 한 번은 음하고 한 번은 양하게 하는 것을 도(道)라고 말한다[83]고 하는 뜻에 부합된다. 또한 율의 격팔상생에서 상생이나 하생 등의 '생생'(生生)의 의미는 노자가 "도(道)는 1을 낳고 1은 2를 낳고, 2는 3을 낳고, 3은 만물을 낳는다"라고 말하는 '생생'의 의미와 연관된다. 이것은 특히 『주역』의 '생생'에 대한 의미를 통하여 잘 드러나는데 바로 낳고 낳는 것을 역(易)이라고 말한다[84]고 하는 말이 바로 여기에 해당하다. 『주역』의 '생생'에서 앞의 '생'(生)은 선천적(先天的)으로 천도(天道)가 만물을 낳는 것이고, 뒤의 '생'(生)은 후천적(後天的)으로 지도(地道)가 만물을 성장시키는 것을 말한다. 이것은 양이 음을 낳는 '양생음'(陽生陰)과 음이 양을 낳는 '음생양'(陰生陽)을 의미하고, 건(乾)은 시생(始生)하고 곤(坤)은 성장하는 건·곤의 변화를 나타낸다. 그리고 천지의 큰 덕은 생(生: 낳는 것)이라고 말한다[85]고 하는 '생'의 의미에 해당한다고 볼 수 있다. 그리고 격팔상생에서 8의 의미는 만물의 수 3에 5성의 수 5를 더한 수이고, 『주역』 팔괘의 '격팔호변'(隔八互變)과 그 의미가 부합된다고 할 수 있다. 아래에서는 격팔상생에 대한 여러 관점을 구체적으로 살펴보도록 하자.

1) 『회남자』

12율은 8률씩 건너 양률은 음려를 낳고, 음려는 양률을 낳는다. 『회남자』는 격팔상생에 대하여 다음과 같이 말하고 있다.

> 만물은 3으로 이루어지고 음(音)은 5로 이루어진다. 3에 5를 더하면 8이 된다. 그러므로 알을 낳는 것이 8에 그치니 율(律)을 처음 낳는 것이다. 봉황의 소리를 본받아 음은 8률씩 건너 생(生)하고 황종(黃鍾)은 궁(宮)이 된다.86 (『회남자』 권3. 「천문훈」 16b)

12율은 황종을 중심음으로 하여 8률씩 건너 양률은 음려를 낳고 음려는 양률을 낳는다. 12율은 황종 → 임종 → 태주 → 남려 → 고선 → 응종 → 유빈 → 대려 → 이칙 → 협종 → 무역 → 중려의 순으로 격팔상생에 의해 생성된다. 격팔의 8이라는 수는 만물의 수인 3과 5성의 수인 5를 합하여 이루어진다. 노자가 "도(道)는 1을 낳고, 1은 2를 낳고, 2는 3을 낳고, 3은 만물을 낳는다"라고 한 것처럼 3은 만물의 수이다. 그리고 5성은 궁·상·각·치·우를 말한다.

2) 『한서』 「율력지」

『한서』(漢書) 「율력지」(律曆志)에 의하면 12율의 음양 상생은 황종으로부터 시작하는데 8번째로 좌선하여 8은 율려의 짝이 된다. 이 격팔상생은 삼분손익과 상하상생과 배합되어 있다는 것을 알 수 있다.

> 9치는 황종(黃鐘)의 길이이다. 황종을 삼분손일하여 임종(林鐘)을 하생(下生)하고, 임종을 삼분익일하여 태주(太族)를 상생(上生)하고, 태주를 삼분손일하여 남려(南呂)를 하생하고, 남려를 삼분익일하여 고선(姑洗)을 상생하고, 고선을 삼분손일하여 응종(應鐘)을 하생하고, 응종을 삼분익일하여 유빈(蕤賓)을 상생하고, 유빈을 삼분손일하여 대려(大呂)를 하생하고, 대려를 삼분익일하여 이칙(夷則)을 상생하고, 이칙을 삼분손일하여 협종(夾鐘)을 하생하고, 협종을 삼분익일하여 망역(亡射)을 상생하고, 망역을 삼분손일하여 중려(中呂)를 하생한다. 음양의 상생은 황종으로부터 시작하는데 8번째로 좌선하여 8이 짝이 된다.87 (『한서』 권21. 「율력지」 제1상-11ab)

격팔상생은 8번째 율을 얻어 음양 상생한다. 격팔하게 되면 원래의 자리 수를 포함해서 8이므로 7을 더해서 그 수에 맞는 율을 구하게 된다. 그런데 계산한 수가 12보다 많은 수가 나오면, 12율이 12번째 율까지 구성되어 있으므로 12를 빼서 수를 구한다. 그러므로 12율 안에서 율을 구하게 되고, 이것은 순환의 의미를 가지고 있다는 것을 알 수 있다. 격팔상생의 산출은 다음의 도표와 같다.

도표 21) 격팔상생의 산출 방법

律名(순서)	隔八産出	隔八相生
黃鐘(1)	1+7=8	下生林鐘(8)
林鐘(8)	8+7=15, 15-12=3	上生太族(3)
太族(3)	3+7=10	下生南呂(10)
南呂(10)	10+7=17, 17-12=5	上生姑洗(5)
姑洗(5)	5+7=12	下生應鐘(12)
應鐘(12)	12+7=19, 19-12=7	上生蕤賓(7)
蕤賓(7)	7+7=14, 14-12=2	下生大呂(2)
大呂(2)	2+7=9	上生夷則(9)
夷則(9)	9+7=16, 16-12=4	下生夾鐘(4)
夾鐘(4)	4+7=11	上生亡射(11)
亡射(11)	11+7=18, 18-12=6	下生中呂(6)
中呂(6)		

위와 같이 12율은 격팔상생에 의해 황종(1)↘임종(8)↗태주(3)↘남려(10)↗고선(5)↘응종(12)↗유빈(7)↘대려(2)↗이칙(9)↘협종(4)↗망역(11)↘중려(6)의 순으로 생성된다.

3) 『금지』

『금지』(琴旨)에 의하면 12율은 12월에 배합되고, 율려의 격팔상생에 대해 다음과 같이 설명하고 있다.

격팔상생은 황종에서 시작하여 중려에서 마치니 12율을 12월에 배합할 수 있다. 현음(絃音)의 5성(聲)과 2변(二變)은 그 중에 운행하니 조금의 차이도 없다. 그러므로 당(唐) 이후에는 율려

를 가지고 금(琴)을 논하는데, 성(聲)을 취하여 생(生)하고
나뉘는 것이 같지 않다는 것을 어느 누구도 알지 못하는 이가
없다.[88] [『금지』 권상. 7ab]

도표 22) 『금지』 율려격팔상생지도

12율은 12월에 배합되고 5성과 2변과도 배합된다. 5성은 궁·
상·각·치·우가 되고, 2변은 변치(變徵), 변궁(變宮)이 된다.
12율은 황종을 중심음으로 하여 계속 8률씩 건너 양률과 음려를
상하상생한다. 격팔상생은 상하상생이 배합되어 있다. 즉, 12율은
황종[宮, 11월]↘임종[徵, 6월]↗태주[商, 정월]↘남려[羽, 8월]
↗고선[角, 3월]↘응종[變宮, 10월]↗유빈[變徵, 5월]↗대려[12
월]↘이칙[7월]↗협종[2월]↘무역[9월]↗중려[4월]의 순으로

100 율려와 주역

격팔상생에 의해 생성된다. 유빈에서 거듭 상생한다.

4) 『율려성서』

『율려성서』(律呂成書)에 의하면 12율은 12지(支)에 배합되고 12율의 길이는 삼분손익(三分損益)과 상하상생(上下相生)을 배합하여 율려를 격팔상생하고 있다.『율려성서』의 '격팔상생도'(隔八相生圖)는 다음과 같다.

도표 23)『율려성서』격팔상생도[89]

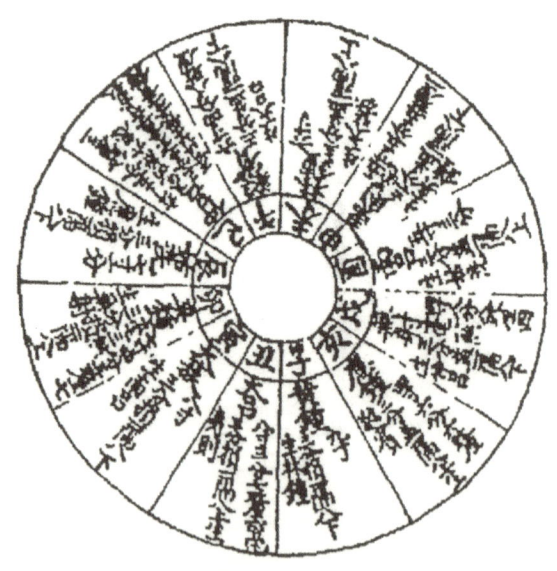

황종의 길이는 9치이다. 양률은 삼분손일하여 음려를 격팔하생하고, 음려는 삼분익일하여 양률을 격팔상생한다. 12율은 황종[子]↘임종[未]↗태주[寅]↘남려[酉]↗고선[辰]↘응종[亥]↗

제2장 율려와 음양 101

유빈[午]↘대려[丑]↗이칙[申]↘협종[卯]↗무역[戌]↘중려
[巳]의 순으로 격팔상생한다.

5) 『율려천미』

『율려천미』(律呂闡微)36)에 의하면 하도(河圖)의 수를 격팔(隔
八)하여 5성이 상생(相生)한다. 격팔상생에 대하여 다음의 도표와
같이 기술하고 있다.

도표 24) 하도함격팔상생지도(河圖含隔八相生之圖)90)

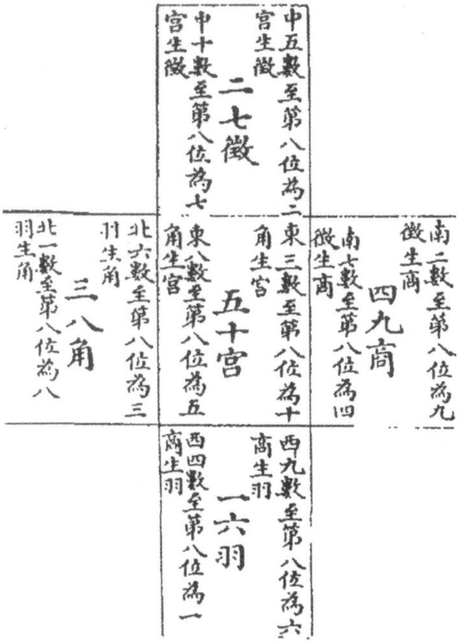

---

36) 청대(淸代)의 경학자(經學者) 강영(江永, 1681~1762)이 찬한 음악 이론
서.

하도(河圖)의 위수(位數)는 5성과 합하여 상생한다. 그러나 하도의 수(數) 10과 12율의 수 12는 서로 합하지 않는 것 같으나 율은 격팔상생한다. 격팔은 그 본래의 위수를 포함하므로 실제로는 격칠(隔七)이 된다. 하도의 중(中)의 수 5 이후의 수는 8번째 자리로 상생(相生)하고 다시 한 바퀴를 돌아 5로 거듭해서 돌아와 끝없이 순환하는 것이다. 12율 또한 이와 같다. 구법(舊法)에 삼분손익을 사용하여 재생(再生)할 수 없다. 그러나 신법(新法)에 끝없이 순환하는 것이 하도의 이수(理數)와 더불어 합하는 것이 바르다.91 (『율려천미』 권6. 17a)

격팔(隔八)은 그 본래의 위수(位數)를 포함하므로 실제로는 격칠(隔七)이 되기 때문에 7을 더한다. 그리고 하도의 수는 1에서 10까지이므로 10보다 많은 수가 나오면 여기에서 10을 빼서 수를 구하고 이에 해당하는 5성(聲)을 낳게 된다. 즉, 궁(宮, 5, 10)은 5에 격팔하면 7을 더하여 12가 되고, 12에서 10을 빼면 2가 되고, 10에 격팔하면 7을 더하여 17이 되고, 17에서 10을 빼면 7이 되어 치(徵, 2·7)를 낳는다. 이와 같이 하여 치(2·7)는 격팔하여 상(商, 4·9)을 낳고, 상(4·9)은 격팔하여 우(羽, 1·6)를 낳고, 우(1·6)는 격팔하여 각(角, 3·8)을 낳는다. 12율에서도 마찬가지이다. 그러므로 하도의 수를 격팔하여 궁(5·10) → 치(2·7) → 상(4·9) → 우(1·6) → 각(3·8)의 순서로 5성이 상생(相生)하는 것은 아직까지 학계에 소개되지 않은 매우 새로운 사실이다.

6) 『원락지락』

『원락지락』(苑洛志樂)에 의하면 12율은 격팔하여 율려를 상하상생한다. 『원락지락』의 '12율격팔상생지도'(十二律隔八相生之圖)는 다음과 같다.

도표 25) 『원락지락』 12율격팔상생지도

양률은 격팔하여 음려를 하생하고, 음려는 격팔하여 양률을 상생한다. 즉, 12율은 황종\임종/태주\남려/고선\응종/유빈\대려/이칙\협종/무역\중려의 순으로 격팔상생에 의해 생성되는 것으로 말하고 있다.

7) 『악학궤범』

『악학궤범』(樂學軌範)에 의하면 양률은 여덟을 헤아려 음려에 이르고, 음려는 여덟을 헤아려 양률에 이르러 순환하여 상생한다. 『악학궤범』은 12율의 격팔상생을 다음의 도표를 통하여 설명하고 있다.

도표 26) 율려격팔상생응기도(律呂隔八相生應氣圖)[92]

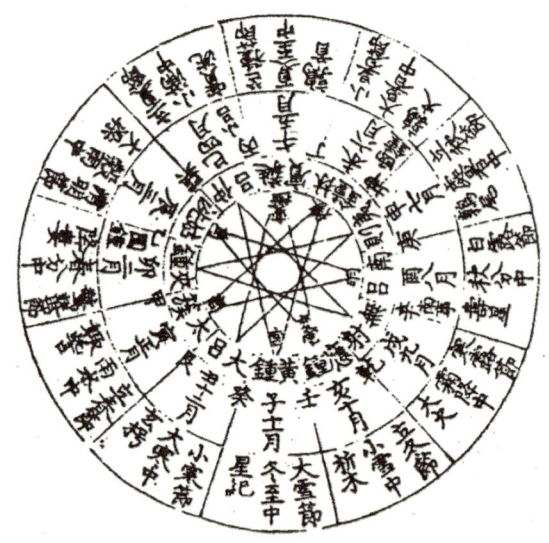

무릇 12율이 상생(相生)하는 자리는 황종의 율에서 여덟을 헤아려 임종에 이르고, 임종에서 여덟을 헤아려 태주에 이르고, 태주에서 여덟을 헤아려 남려에 이르고, 남려에서 여덟을 헤아려 고선에 이르고, 고선에서 여덟을 헤아려 응종에 이르고, 응종에서 여덟을 헤아려 유빈에 이르는데 두루 미쳐 처음으로 돌아온다.[93] (『악학궤범』 권1. 6b)

『악학궤범』에 의하면 12율은 7성(聲), 12달, 절후와 간지(干支)에 배합되어있다. 12율은 황종[宮, 11월, 子] → 임종[徵, 6월, 未] → 태주[商, 정월, 寅] → 남려[羽, 8월, 酉] → 고선[角, 3월, 辰] → 응종[變宮, 10월, 亥] → 유빈[變徵, 5월, 午] → 대려[12월, 丑] → 이칙[7월, 申] → 협종[2월, 卯] → 무역[9월, 戌] → 중려[4월, 巳]의 순으로 격팔상생한다.

8) 「율려추보」

식산 이만부는 『식산속집』(息山續集)에 수록된 「율려추보」에서 '6률6려상하상생지도'(六律六呂上下相生之圖)에 의하면 도표를 통하여 상하상생과 배합하여 격팔상생을 이야기하고 있다.

도표 27) 6률6려상하상생지도[94]

6률은 8률을 건너 하생(下生)하고 양(陽)의 자리에 있다. 6려는 8률을 건너 상생(上生)하고 음(陰)의 자리에 있다. 황종은 자(子)이고 대려는 축(丑)인데 응종에 이르러서 질서 있게 차례를 극진히 하는 것이 주역(周易)의 후천(後天)이 있는 것과 같다.95 (「율려추보」,『식산속집』 권10. 12b)

6률은 8률을 건너 음려를 하생하는데 양의 자리에 있다. 6려는 8률을 건너 양률을 상생하는데 음의 자리에 있다. 위의 그림은 12율의 차서(次序)에 따라 배열되어 있다. 6률은 양의 자리, 6려는 음의 자리로서 격팔상생과 더불어 양률은 음려를 하생하고 음려는 양률을 상생하는 것을 나타내고 있다. 즉, 12율은 황종↘임종↗태주↘남려↗고선↘응종↗유빈↘대려↗이칙↘협종↗무역↘중려의 순으로 격팔상생에 의해 생성된다. 이 생성 순서는 『주역』의 선천에 해당하고, 위 도표 27)과 같이 12지(支)에 배합하여 황종[子] → 대려[丑] → 태주[寅] → 협종[卯] → 고선[辰] → 중려[巳] → 유빈[午] → 임종[未] → 이칙[申] → 남려[酉] → 무역[戌] → 응종[亥]의 순서로 12율의 차서는 주역의 후천(後天)에 해당한다. 후천도(後天圖)는 선천도(先天圖) 이후에 나타난 것으로 문왕팔괘(文王八卦)라고도 한다. 문왕팔괘는 인사(人事)와 5행(行)의 원리를 중요시한다. 즉, 아버지와 어머니를 중심으로 하는 3남과 3녀의 관계를 나타낸다. 이에 대해서는 「설괘전」(說卦傳)이 잘 이야기하고 있다.

건(乾)은 하늘을 상징하는 것이므로 아버지라고 한다. 곤(坤)은 땅을 상징하여 어머니라고 부르는 것이다. 진(震)은 한 번 구하여 남자를 얻어 장남(長男)이라고 한다. 손(巽)은 건이 한 번 구하여 여자를 얻으니 장녀(長女)라고 한다. 감(坎)은 두 번 구하여 남자를 얻으니 둘째 아들이라고 한다. 이(離)는 두 번 구하여 여자를 얻으니 둘째 딸이라고 한다. 간(艮)은 세 번 구하여 남자를 얻으니 셋째 아들이라고 한다. 태(兌)는 세 번 구하여 여자를 얻으니 셋째 딸이라고 한다.96 (『주역』「설괘전」 제10장)

순양효(純陽爻, 乾爻)인 건괘☰는 아버지, 초효(初爻)가 양[乾]인 진괘☳는 장남(長男), 중효(中爻)가 양인 감괘☵는 중남(中男), 상효(上爻)가 양인 간괘☶는 소남(少男)에 해당한다. 순음효(純陰爻, 坤爻)인 곤괘☷는 어머니, 초효가 음[坤]인 손괘☴는 장녀이고, 중효가 음인 이괘☲는 중녀, 상효가 음인 태괘☱는 소녀로 가족 관계인 인사적인 면을 강조하고 있다. 문왕팔괘는 북방의 감괘, 서남방의 곤괘, 동방의 진괘, 동남방의 손괘, 서북방의 건괘, 서방의 태괘, 동북방의 간괘, 남방의 이괘로 이루어져 있다. 부모육자(父母六子) 괘서(卦序)의 건, 곤, 진, 손, 감, 리, 간, 태의 배열 순서는 가정의 생성 서열, 즉 먼저 부모가 있고 다시 장남이 있고 장녀 다시 중남, 중녀, 마지막으로 소남, 소녀의 순서를 말하고 있다. 현재의 통행본(通行本)「설괘전」의 제 7, 8, 9, 10, 11의 다섯 장은 모두 건, 곤, 진, 손, 감, 리, 간, 태를 순서로 하고 있다. 건곤을 부모로 삼고, 진, 손, 감, 리, 간, 태를 3남 3녀로 하는 이런 모형은 가정 속의 생성의 선후 서열이라는 관점에서 팔괘의 배열 순서를 말하고 있다. 이런 생성 서열의 모형인 괘서에 따라 「설괘전」은 7, 8, 9장에서 사물의 동태적 측면을 설명하고 있다. 또 11장에서 여러 가지 사물에 대해 종합적인 서술을 하고 있다. 건괘를 예로 들면 "건(乾)은 천(天)이고, 환(圜)이고, 군(君)이고, 부(父)이고, 옥(玉)이고, ……, 박마(駁馬)이고, 목과(木果)이다"라고 말한다.97 (정병석, 「설괘전의 팔괘 괘상설에 나타난 우주의 해석 체계」)

9) 『오주연문장전산고』

『오주연문장전산고』(五洲衍文長箋散稿)에 의하면 격팔상생은 12벽괘와 관련하여 양은 음과 배합하여 8번째 음려를 낳고, 음은 양과 배합하여 8번째 양률을 낳는 격팔상생의 의미를 『주역』 팔괘의 격팔호변(隔八互變)에 비유하여 다음과 같이 설명하고 있다.

1양은 1음과 교합하여 2음을 낳아서 율(律)이 아내를 맞이하고, 여(呂)가 아들을 낳는 것은 황종과 유빈이 교합하여 임종을 낳는 것에 근거를 둔 것이니, 그 다음부터는 이와 같은 선례이다. 일어난 데에서부터 그치는 데까지를 연결시킨다면 격팔이 된다. 격팔상생의 설에 이르러서는, 성률의 높낮음이 순환하면서 서로 생하여 다시 본래의 음으로 돌아가는데, 격팔을 하므로 이 정리(定理)는 역시 『주역』 팔괘의 격팔호변(隔八互變)하여, 팔괘가 모두 변하여 7괘가 되고 8에 이르러서 다시 본래의 괘를 이룬다는 데에서 나왔다. 이는 마치 악공이 피리를 불어 슬(瑟)에 화(和)하여 8성(聲)에 이르러서 도로 본음(本音)으로 돌아가는 것과 같은 것이니, 12율의 격칠(隔七)의 의리(義理)는

자명(自明)한 것이다.98 [『오주연문장전산고』 제17집. 「경사」 (經史) 악(樂)1a~2a.]

『오주연문장전산고』에 의하면 1양과 1음이 교합하여 2음을 낳는다고 하였는데, 여기에서 1양, 1음, 2음이라는 것은 괘를 나타내는 것으로 제4장 제1절의 12벽괘에서 자세히 설명하려고 한다. 양률인 황종은 음려인 임종을 낳는데 두 율의 거리는 8률이 되니 다른 율도 마찬가지이다. 이 격팔상생에 의한 12율의 산출은 주역 팔괘가 격팔호변하는 것과 같이 팔괘가 모두 변하여 7괘가 되고 8에 이르러서 다시 본래의 괘를 이루는 데서 나왔다. 예를 들어 건괘☰는 상효가 변하면 태괘☱가 되고, 중효가 변하면 이괘☲가 되고, 초효가 변하면 손괘☴가 되고, 상효와 중효가 변하면 진괘☳가 되고, 초효와 상효가 변하면 감괘☵가 되고, 초효와 중효가 변하면 간괘☶가 되고, 상효, 중효, 초효 3효가 변하면 곤괘☷가 된다. 8번째에는 건괘☰로 돌아온다.

위에서 말한 것처럼 격팔상생법은 양률에서 격팔하여 음려를 낳고, 음려에서 격팔하여 양률을 낳아 양률과 음려가 번갈아 가며 12율이 생성되는 것이다. 이러한 격팔상생은 『주역』의 "생생지위역"(生生之謂易)에서 '생생'(生生)의 의미와 부합된다. 위의 악서들 중 『회남자』, 『율려천미』, 『악학궤범』, 『오주연문장전산고』 등에서는 양률은 격팔하여 음려를 낳고, 음려는 격팔하여 양률을 낳는다. 그리고 그 외의 다른 악서에서는 삼분손익이나 상하상생을 배합하여 격팔상생(隔八上生)과 격팔하생(隔八下生)으로 설명하고 있다. 즉, 『한서』「율력지」, 『율려성서』, 『원락지락』, 「율려추보」 등의 악서에 의하면 양률은 음려를 격팔하생하고 음려가 양률을 격팔상생한다. 즉, 12율은 황종\임종／태주\남려／고선\응종／유빈\대려／이칙\협종／무역\중려 등의 순으로 '6하5상'(六下五上)하여 격팔상생한다. 반면에 『금지』에 의하면 황종에서 응종까지 양률은 음려를 격팔하생하고 음려가 양률을 격팔상생하는데 유빈에서부터 양률은 음려를 격팔상생하고 음려가 양률을 격팔하생함으로써 유빈에서 거듭 상생(上生)하게 된다. 즉, 12율은 황종\임종／태주\남려／고선\응종／유빈／대려\이칙／협종\무역／중려의 순으로 '5하6상'(五下六上)하여 격팔상생한다. 이 율려의 격팔상생은 주역 팔괘의 '격팔호변'에 비유된다.

3. 율려와 삼천양지

율려의 길이와 율수는 『주역』의 삼천양지(參天兩地)와 밀접한 관계를 가지고 있다. 『주역』「계사전」에는 하도의 수 10을 천수(天數)와 지수(地數)로 나누어 다음과 같이 설명하고 있다.

천(天)1, 지(地)2, 천3, 지4, 천5, 지6, 천7, 지8, 천9, 지10이다. 천수는 다섯이고 지수도 다섯이니, 5위(位)를 서로 얻어 각각 합해져서 천수는 25이고 지수는 30이다. 무릇 천지의 수는 55이다. 이것은 변화를 이루고 귀신을 행하는 까닭이다.[99] (『주역』「계사전」상 제9장)

『주역』이 말하는 수(數)는 천수와 지수로 나눌 수 있다. 천수는 양수이고 홀수이며, 지수는 음수이고 짝수이다. 이 중에서 1에서 5까지의 수를 살펴보면 천1, 지2, 천3, 지4, 천5로 천수는 1, 3, 5의 셋이고, 지수는 2와 4의 둘이다. 천수는 3이고 지수는 2로 삼천양지에 해당한다. 이 삼천양지라는 말은 『주역』「설괘전」의 "옛날에 성인(聖人)이 역(易)을 지을 때 그윽하게 신명(神明)을 도와 시초(蓍草)를 낳고, 하늘의 수는 3으로 하고 땅의 수는 2로 해서 숫자에 의지한다"[100]라는 말에서 나왔다. 즉, 「설괘전」은 하늘은 3으로 하고 땅은 2로 해서 숫자에 의지한다고 말한다. 삼천양지의 관점에 의하여 노양(老陽)의 수 9가 나오고, 노음(老陰)의 수인 6이 나온다. 그러므로 『주역』에서 효(爻)는 9와 6으로 나타낸다. 9는 3×3으로 양효를 나타내고, 6은 2×3으로 음효를 나타낸다. 그러므로 9와 6은 자연의 변화하는 이치를 가지고 있고, 3과 2로 나타낼 수 있으므로 삼천양지에 해당한다. 그리고 율(律)은 양효인 9로 나타내고, 여(呂)는 음효인 6으로 나타내므로 율려는 삼천양지에 해당한다. 그리고 율수에 있어서도 양률과 음려의 비가 3:2라는 관점에서 삼천양지가 그대로 적용된다.

1) 『한서』「율력지」

『한서』「율력지」는 『주역』에서 말하는 삼천양지의 관점에 대해 이야기하고 있다.

실제로 삼천양지의 원칙에 따라 하나의 황종 초구(初九)를 얻으니 율(律)의 우두머리이고 양(陽)의 변(變)이다. 6효가 모두 9를 법으로 삼는다. 임종 초육(初六)을 얻으니 여(呂)의 우두머리이고 음(陰)의 변(變)이다. 모두 삼천양지의 법이다. 6률을 상생(上生)하는 것은 그 수를 더한다는 것이고, 6려를 하생(下生)한다는 것은 그 수를 빼는 것인데 모두 9로서 법이 된다. 9와 6은 음양이고 부부와 자모(子母)의 도(道)이다. 율(律)은 처에게 장가들고 여(呂)는 자(子)를 낳는 것은 천지의 정(情)이다. 6률과 6려이고 12신(辰)이 세워진다.101 (『한서』 권21상. 「율력지」 제1상 25b~26a)

『한서』「율력지」에 의하면 6률은 건괘의 6효에 해당하고, 6려는 곤괘의 6효에 해당한다. 황종은 율의 우두머리이고 임종은 여의 우두머리로서 황종은 건괘의 초구효에 해당하고, 임종은 곤괘의 초육효에 해당한다. 황종[건괘초구], 태주[건괘구이], 고선[건괘구삼], 유빈[건괘구사], 이칙[건괘구오], 망역[건괘상구]의 6률은 노양수(老陽數) 9에 해당되고, 임종[곤괘초육], 남려[곤괘육이], 응종[곤괘육삼], 대려[곤괘육사], 협종[곤괘육오], 중려[곤괘상육]의 6려는 노음수(老陰數) 6에 해당된다. 9는 3·3이고 6은 2·3이므로 9와 6은 삼천양지에 해당한다.

2) 『후한서』「율력지」

『후한서』의 「율력지」에서도 율려를 삼천양지와 관련하여 이야기하고 있다.

양(陽)은 동그라미의 형체를 가지고 있고 그 본성은 움직이는 것에 있다[動]. 음(陰)은 네모를 자신의 마디로 삼는데 그 본성은 고요한데 있다[靜]. 동(動)은 3의 수이고, 정(靜)은 2의 수이다. 양은 2/3의 수로 하여 음을 낳고, 음은 4/3의 수로 하여 양을 낳는다. 모두 3이고 1이다. 양이 음을 낳는 것을 하생이라 말하고, 음이 양을 낳는 것을 상생이라고 말한다. 상생은 황종의 청탁(淸濁)을 넘을 수 없고, 하생은 황종의 실수(實數)에 미칠 수가 없다. 모두 삼천양지이다. 원(圓)은 덮어주고 방(方)은 반전되어 여섯 개의 짝수가 하나의 홀수를 이어받는 방법이다.102 (『후한서』 권11. 「율력지」 3b~4a)

양률과 음려는 동(動)과 정(靜), 천원지방(天圓地方)에 해당한다. 여기에서 말하는 천원지방은 고대 우주관의 전형적인 모습으로 하늘은 둥글고 땅은 네모나다는 말이다. 양률은 3의 수이고 음려는 2의 수라는 것은 바로 삼천양지를 나타낸다.

3) 『악서고존』

『악서고존』에서도 율려와 관련된 삼천양지의 문제에 대하여 이야기하고 있다.

도표 28) 6률개삼분손일생6려도(六律皆三分損一生六呂圖)103

六律의 수	三分損一	六呂의 수
黃鍾 81	三分損一	大呂 54
太簇 78	三分損一	夾鍾 52
姑洗 75	三分損一	仲呂 50
蕤賓 72	三分損一	林鍾 48

夷則 69	三分損一	南呂 46
無射 66	三分損一	應鍾 44

6률은 모두 삼분손일하여 6려를 낳는다. 완전히 3을 얻는다는 것은 양성(陽聲)의 삼천(參天)이고, 손일(損一)을 하여 완전히 2를 얻는다는 것은 음성(陰聲)의 양지(兩地)이다. 삼천양지라는 것은 음양의 큰 이치이다. 이것은 각자 짝을 이루어 여(呂)가 되니 성인(聖人)이 만든 것이 아닌가?104 (『악서고존』 7-5a)

위와 같이 6양률 사이의 율수는 3의 차이가 있고, 6음려 사이의 율수는 2의 차이가 있다. 3은 양성의 삼천을 의미하고, 2는 음성의 양지를 의미한다. 위 도표 28)과 같이 6률의 율수는 81[황종] → 78[태주] → 75[고선] → 72[유빈] → 69[이칙] → 66[무역] 등으로 3의 차이가 난다. 그리고 6려의 율수는 54[대려] → 52[협종] → 50[중려] → 48[임종] → 46[남려] → 44[응종] 등으로 2의 차이가 난다. 그리고 6양률은 삼분손일하여 6음려를 낳는다. 황종[율수 81]은 삼분손일하여 대려[54]를 낳고, 태주[78]는 삼분손일하여 협종[78]을 낳고, 고선[78]은 삼분손일하여 중려[50]를 낳고, 유빈[72]은 삼분손일하여 임종[48]을 낳고, 이칙[69]은 삼분손일하여 남려[46]를 낳고, 무역[66]은 삼분손일하여 응종[44]을 낳는다. 이와 같이 삼분손일에 의한 율려의 율수를 중심으로 비율을 보면 황종[율수 81]:대려[54], 태주[78]:협종[78], 고선[78]:중려[50], 유빈[72]:임종[48], 이칙[69]:남려[46], 무역[66]:응종[44] 등은 율과 여가 3:2로서 삼천양지에 해당한다.

이상에서 율려와 삼천양지에 대하여 살펴보았다. 6률은 건괘의 6효로 노양수 9에 해당되고, 6려는 곤괘의 6효로 노음수 6에 해당된다. 9와 6은 음양이고, 삼천양지에 해당한다. 하늘은 3으로 양을 나타내고, 땅은 2로 음을 나타낸다. 율려의 산출에서도 삼분손일은 3:2로서 삼천양지의 관점이 그대로 응용되고 있다.

제3장
율려와 괘효

1. 율려와 십이벽괘
2. 율려와 팔괘
3. 율려와 육효

율려와 괘효

1. 율려와 12벽괘

 율려는 12벽괘(辟卦)에 배합된다. 한대(漢代)의 맹희(孟喜)가 말하는 12벽괘는 양이 극하면 음으로 변하고 음이 극하면 양으로 변하는 음양소식(陰陽消息) 원리에 따라 분배되어 있다. 맹희는 음양소식을 근거로 하는 '괘기'(卦氣)를 말하는데, 이는 64괘 384효를 배합하여 1년 중의 4계절[四時], 12월, 24절기, 72후(候), 365일의 일수를 이야기하고 있다. 즉, 어떤 계절은 그 계절의 특성에 맞게 구름, 비, 바람, 서리 등의 적합한 배합을 가져야 한다. 다시 말하면 양기와 음기의 적당한 배합과 질서가 없으면, 수재(水災)나 가뭄이 발생하여 오곡이 성장할 수 없게 되어 인간의 생명에 직접적인 영향을 주게 된다. 그러므로 맹희의 시도는 순환 왕복하는 시간의 질서에 인간의 질서를 대응시키면서 또 다른 창조를 도모한 것이라 볼 수 있다.[105] 12벽괘는 다음의 도표와 같다.

도표 29) 12벽괘

䷗	䷒	䷊	䷡	䷪	䷀	䷫	䷠	䷋	䷓	䷖	䷁
復	臨	泰	大壯	夬	乾	姤	遯	否	觀	剝	坤
十一月	十二月	正月	二月	三月	四月	五月	六月	七月	八月	九月	十月

　위에서 보이는 것처럼 12벽괘는 12월에 12개의 괘를 배합시킨 것으로 지뢰복괘(地雷復卦䷗)는 11월에 해당하고, 지택림괘(地澤臨卦䷒)는 12월에 해당하고, 지천태괘(地天泰卦䷊)는 정월에 해당하고, 뇌천대장괘(雷天大壯卦䷡)는 2월에 해당하고, 택천쾌괘(澤天夬卦䷪)는 3월에 해당하고, 중천건괘(重天乾卦䷀)는 4월에 해당하고, 천풍구괘(天風姤卦䷫)는 5월에 해당하고, 천산돈괘(天山遯卦䷠)는 6월에 해당하고, 천지비괘(天地否卦䷋)는 7월에 해당하고, 풍지관괘(風地觀卦䷓)는 8월에 해당하고, 산지박괘(山地剝卦䷖)는 9월에 해당하고, 중지곤괘(重地坤卦䷁)는 10월에 해당한다.『주역도설』,『주역참동계』(周易參同契),『율려신서』,『악서』,「율려추보」,『오주연문장전산고』등에 전하는 12율과 12벽괘의 관계를 살펴보면 다음과 같다.

1)『주역도설』

　『주역도설』(周易圖說)의 '12괘월분도'(十二卦月分圖)는 12벽괘를 12지(支) 그리고 12달에 배분하고 있다.

도표 30) 『주역도설』 12괘월분도

　도표 30)에 의하면 복괘(復卦☷☳, 11월, 子) → 임괘(臨卦☷☱, 12월, 丑) → 태괘(泰卦☷☰, 정월, 寅) → 대장괘(大壯卦☳☰, 2월, 卯) → 쾌괘(夬卦☱☰, 3월, 辰) → 건괘(乾卦☰☰, 4월, 巳) 등 복괘☷☳에서 건괘☰☰까지는 양이 점차 자라나서 음이 점차 물러나고, 구괘(姤卦☰☴, 5월, 午) → 돈괘(遯卦☰☶, 6월, 未) → 비괘(否卦☰☷, 7월, 申) → 관괘(觀卦☴☷, 8월, 酉) → 박괘(剝卦☶☷, 9월, 戌) → 곤괘(坤卦☷☷, 10월, 亥) 등 구괘☰☴에서 곤괘☷☷까지는 음이 점차 자라나서 양이 점차 물러나는 음양소식의 원리에 근거하여 설명하고 있다.

2) 『주역참동계』

　12율은 12벽괘와 12지(支)에 해당하는데 12율과 12벽괘의 관계를 잘 설명한 도식이 바로 '12소식괘도'(十二消息卦圖)이다.

122 율려와 주역

도표 31) 『주역참동계』 12소식괘도[106]

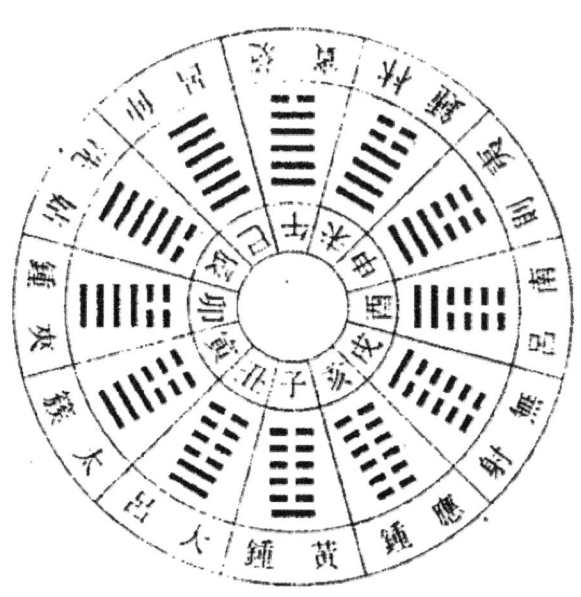

위의 12소식괘는 음과 양이 소멸하고 성장하는 조화를 나타낸다. 1년 12달로 보면 11월의 복괘☷☳에서 일어나고 10월의 곤괘☷☷로 마친다. 그리고 12율은 12지에 따른 12소식괘에 배열되어 있다. 즉, 황종(黃鍾, 복괘☷☳, 子) → 대려(大呂, 임괘☷☱, 丑) → 태주(太簇, 태괘☷☰, 寅) → 협종(夾鍾, 대장괘☳☰, 卯) → 고선(姑洗, 쾌괘☱☰, 辰) → 중려(仲呂, 건괘☰☰, 巳) 등 황종에서 중려까지는 양이 점차 자라나서 음이 점차 물러나고, 유빈(蕤賓, 구괘☰☴, 午) → 임종(林鍾, 돈괘☰☶, 未) → 이칙(夷則, 비괘☰☷, 申) → 남려(南呂, 관괘☴☷, 酉) → 무역(無射, 박괘☶☷, 戌) → 응종(應鍾, 곤괘☷☷, 亥) 등 유빈에서 응종까지는 음이 점차 자라나서 양이 점차 물러나는 음양소식의 원리로 되어 있다.

제3장 율려와 괘효 123

3) 『율려신서』

12벽괘는 음양소식을 말하고 있다. 양은 지뢰복괘☷☳에서 나오고 음은 천풍구괘☰☴에서 나온다. 『율려신서』에서는 다음과 같이 말하고 있다.

양은 지뢰복괘☷☳에서 나오고 음은 천풍구괘☰☴에서 나와 고리와 같아 끝이 없다.107 [『율려신서』「율려본원」(律呂本源) 후기(候氣) 제10]

양은 지뢰복괘☷☳ → 지택림괘☷☱ → 지천태괘☷☰ → 뇌천대장괘☳☰ → 택천쾌괘☱☰ → 중천건괘☰☰ 등으로 양은 점점 늘어가고 음은 점점 줄어들고, 음은 천풍구괘☰☴ → 천산돈괘☰☶ → 천지비괘☰☷ → 풍지관괘☴☷ → 산지박괘☶☷ → 중지곤괘☷☷ 등으로 음이 점점 늘어가고 양은 점점 줄어든다. 이와 같이 양이 극(極)하면 음으로 바뀌고, 음이 극하면 양으로 바뀌어 음양소식의 원리로 끝없이 순환한다.

4) 『악서』

12율은 12지와 12월에 따른 12벽괘와 건·곤괘의 6효에 해당한다. 『악서』(樂書)에서는 12율과 12벽괘의 관계를 다음과 같이 말하고 있다.

황종(黃鍾)은 월건(月建) 자(子)의 기(氣)인즉 건괘의 초구효이고 괘로는 복괘이다. 임종(林鍾)은 곤괘의 초육효이고 괘로는

124 율려와 주역

구괘(姤卦)37)이고 월건 미(未)의 기이다. 태주(太簇)는 건괘의 구이효이고 괘로는 임괘이고 월건 인(寅)의 기이다. 남려(南呂)는 곤괘의 육이효이고 괘로는 돈괘이고 월건 유(酉)의 기이다. 고선(姑洗)은 건괘의 구삼효이고 괘로는 태괘이고 월건 진(辰)의 기이다. 응종(應鍾)은 곤괘의 육삼효이고 괘로는 비괘이고 월건 해(亥)의 기이다. 유빈(蕤賓)은 건괘의 구사효이고 괘로는 대장괘이고 월건 오(午)의 기이다. 대려(大呂)는 곤괘의 육사효이고 괘로는 관괘이고 월건 축(丑)의 기이다. 이칙(夷則)은 건괘의 구오효이고 괘로는 쾌괘이고 월건 신(申)의 기이다. 협종(夾鍾)은 곤괘의 육오효이고 괘로는 박괘이고 월건 묘(卯)의 기이다. 무역(無射)은 건괘의 상구효이고 괘로는 건괘이고 월건 술(戌)의 기이다. 중려(仲呂)는 곤괘의 상육효이고 괘로는 곤괘이다.108 (『악서』 권101. 6ab)

율려의 생성 순서에 따라 황종[子]은 복괘☷이고, 임종[未]은 구괘☰이고, 태주[寅]는 임괘☷이고, 남려[酉]는 돈괘☰이고, 고선[辰]은 태괘☷이고, 응종[亥]은 비괘☰이고, 유빈[午]은 대장괘☷이고, 대려[丑]는 관괘☰이고, 이칙[申]은 쾌괘☷이고, 협종[卯]은 박괘☰이고, 무역[戌]은 건괘☰ 등으로 양이 극하면 음이 되고 음이 극하면 양이 되는 음양소식의 원리에 따른다.

5) 「율려추보」

12율은 12벽괘와 12지에 해당한다. 「율려추보」에서는 율려와

---

37) 원문의 "始卦"는 천풍구괘(天風姤卦)의 '姤卦'로 고쳐야 한다.

제3장 율려와 괘효 125

12벽괘를 다음의 도표와 같이 서술하고 있다.

도표 32) 「율려추보」 율려와 12벽괘

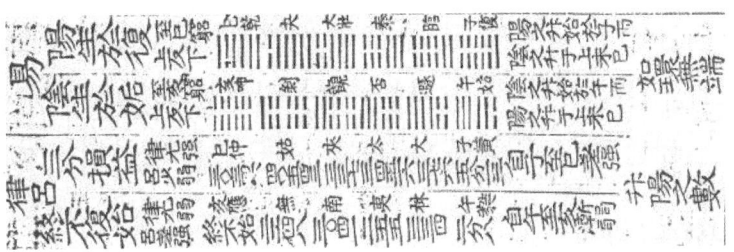

율(律)이라는 것은 양기(陽氣)의 움직임이고 양성(陽聲)의 시작이다. 반드시 성(聲)이 조화롭고 기(氣)가 응한 뒤에 천지의 마음을 나타낼 수 있다. 그러나 역수(曆數)에서 자세하지 않으면 절기 또한 역(易)에 바르지 못한 것이다. 역에서는 양은 복괘[子]에서 시작해서 건괘[巳]에 이르러 이미 궁극에 다 올라가면 반대로 내려가게 되고, 음은 구괘[午]에서 시작하여 곤괘[亥]에 이르러 다 올라가면 반대로 내려가게 된다. 양의 오름은 자(子)에서 시작하고, 음의 오름은 사(巳)에까지 미치지 못하며, 음의 오름은 오(午)에서 시작하고, 양의 오름은 해(亥)38)에까지 미치지 못하는데 고리가 끝이 없는 것과 같다. 율려에서는 삼분손익은 12율이 끝나면 다시 시작하지 않는다. 황종(黃鍾, 子)에서 중려(仲呂, 巳)까지 율(律)이 강해지면 여(呂)는 점차 약해져 자(子)로부터 사(巳)에 이르러 점차 강해진다. 유빈(蕤賓, 午)에서 응종(應鍾, 亥)까지 율이 약해지면 여는 점차 강해져 오(午)로부터 해(亥)에 이르러 점차 약해지는데,

---

38) 위 도표 32)의 문장에는 '巳'로 되어 있는데 '亥'로 바뀌어야 한다.

이것이 양이 오르는 수(數)이다.109 [「율려추보」,『식산속집』(息山續集) 권10. 32a]

율이라는 것은 양기의 움직임이고 양성의 시작이고 여는 음기의 움직임이고 음성의 시작이다. 황종[子]은 복괘☷☳, 대려[丑]는 임괘☷☱, 태주[寅]는 태괘☱☱, 夾鍾[卯]은 대장괘☳☰, 고선[辰]은 쾌괘☱☰, 중려[巳]는 건괘☰에 해당되어 황종에서 중려까지는 양이 하나에서 여섯까지 점점 성해지고, 반면에 유빈[午]은 구괘☰☴, 임종[未]은 돈괘☰☶, 이칙[申]은 비괘☰☷, 남려[酉]는 관괘☴☷, 무역[戌]은 박괘☶☷, 응종[亥]은 곤괘☷에 해당되어 유빈[午]에서 응종[亥]까지는 음이 하나에서 여섯까지 점점 성해지는 음양소식을 나타내고 있다. 이것은 주자의 대음양(大陰陽)에 해당한다.

6)『오주연문장전산고』

『오주연문장전산고』(五洲衍文長箋散稿)에 의하면 악률(樂律)은 악성(樂聲)으로『주역』에 바탕을 두어 12율이 각각 한 괘를 주장한다. "함소(含少) 율관의 길이는 3치 9푼이다"라고 한『여람』(呂覽)39)의 내용을 12벽괘와 괘를 구성하는 6효의 수를 합한 것으로 해석하고 있다. 또한 율려의 생성에 있어 양률이 음려를 낳고 음려가 양률을 낳는 것을 12벽괘와 연관지어 설명하고 있는데, 다른 문헌에서 찾아볼 수 없는 독특한 해석 방법이다.『오주연문장전산고』에서는 12율과 12벽괘의 관계에 대하여 다음과 같이 설명

---

39)『여씨춘추』(呂氏春秋)를 말한다.

제3장 율려와 괘효 127

하고 있다.

　악률(樂律)은 악성(樂聲)의 근본이다. 그 근본은 『주역』에 바탕을 두어 12율이 각각 한 괘를 주장한다. 『여람』에 함소(含少)는 3치 9푼이라고 하였다. 단지 벽괘의 양효(陽爻)의 9, 음효(陰爻)의 6의 수로 계산되는데, 이것은 자연의 법칙이지 인위적으로 만든 것이 아니다. 황종(黃鍾)은 복괘가 되어 5음획(陰劃)이 30의 수가 되고, 1양획이 9의 수가 되니 3촌 9푼이 아니겠는가? 유빈(蕤賓)은 구괘가 되어 5양획이 45의 수가 되고, 1음획이 6의 수가 되니 5촌 1푼이 아니겠는가? 황종과 서로 합치면 9치가 된다. 대려(大呂)는 임괘가 되어 4음획이 24의 수가 되고, 2양획이 18의 수가 되니 4촌 2푼이 아니겠는가? 임종(林鍾)은 돈괘가 되어 4양획이 36의 수가 되고, 2음획이 12의 수가 되니 4촌 8푼이 아니겠는가? 대려와 서로 합치면 9치가 된다. 태주(太簇)는 태괘가 되어 3음획이 18의 수가 되고, 3양획이 27의 수가 되니 4촌 5푼이 아니겠는가? 이칙(夷則)은 비괘가 되어 3양획이 27의 수가 되고, 3음획이 18의 수가 되니 4촌 5푼이 아니겠는가? 태주와 서로 합치면 9치가 된다. 협종(夾鍾)은 대장괘가 되어 2음획이 12의 수가 되고, 4양획이 36의 수가 되니 4촌 8푼이 아니겠는가? 남려(南呂)는 관괘가 되어 2양획이 18의 수가 되고, 4음획이 24의 수가 되니 4촌 2푼이 아니겠는가? 협종과 서로 합치면 9치가 된다. 고선(姑洗)은 쾌괘가 되어 1음획이 6의 수가 되고, 5양획이 45의 수가 되니 5촌 1푼이 아니겠는가? 무역(無射)은 박괘가 되어 1양획이 9의 수가 되고, 5음획이 30의 수가 되니 3촌 9푼이 아니겠는가? 고선과 서로 합치면

9치가 된다. 중려(仲呂)는 건괘가 되어 6양획이 54의 수가 되니 5촌 4푼이 아니겠는가? 응종(應鍾)은 곤괘가 되어 6음획이 36의 수가 되니 3촌 6푼이 아니겠는가? 중려와 서로 합치면 9치가 된다. …… 1양·1음이 교합하여 2음을 낳아서, 율(律)이 아내를 맞이하고 여(呂)가 아들을 낳는 것은 황종과 유빈이 교합하여 임종을 낳는 것에 근거를 둔 것이니, 그 다음부터는 이와 같은 선례(旋例)이다. …… 12벽괘는 영원히 배합하는 단기(端幾)가 되니 선천도(先天圖)와 같은 것이고, 이를 소관(簫管)에 쓰면 스스로 영허(盈虛)가 있으니 후천도(後天圖)와 같은 것이다.110 [『오주연문장전산고』 제17집, 「경사」(經史) 악1a]

황종은 복괘▤, 대려는 임괘▤, 태주는 태괘▤, 협종은 대장괘▤, 고선은 쾌괘▤, 중려는 건괘▤에 해당되며 황종에서 중려까지는 양이 하나에서 여섯까지 점점 성해지고, 반면에 유빈은 구괘▤, 임종은 돈괘▤, 이칙은 비괘▤, 남려는 관괘▤, 무역은 박괘▤, 응종은 곤괘▤에 해당되어 유빈에서 응종까지는 음이 하나에서 여섯까지 점점 성해지는 음양소식을 나타내고 있다. 『여람』에 함소(含少)는 3치 9푼이라고 하였다. 율관의 길이는 12벽괘를 구성하는 6효의 수를 합친 것으로 양효(—)의 수는 9로 음효(--)의 수는 6으로 계산한다. 주역의 6효의 수를 9와 6으로 한다는 것은 자연의 법칙이다. 그리고 교합하는 두 율관의 길이의 합은 9치가 된다. 이것을 자세히 설명하면 황종은 1양인 복괘▤에 해당되고 율관의 길이는 (9×1)+(6×5)=39로 3치 9푼이며, 유빈은 1음인 구괘▤에 해당되고 율관의 길이는 (6×1)+(9×5)=51로 5치 1푼이다. 황종 율관과 유빈 율관 길이의 합은 9치이다. 대려는 2양인 임괘☳에 해당되고 율관의 길이는 (9×2)+(6×4)=42로 4치 2푼이며, 임종은 2음인 돈괘☶에 해당되고 율관의 길이는 (6×2)+(9×4)=48로 4치 8푼이다. 대려 율관과 임종 율관 길이의 합은 9치이다. 태주는 3양인 태괘☰에 해당되고 율관의 길이는 (9×3)+(6×3)=45로 4치 5푼이며, 이칙은 3음인 비괘☶에 해당되고 율관의 길이는 (6×3)+(9×3)=45로 4치 5푼이다. 태주 율관과 이칙 율관의 길이의 합은 9치이다. 협종은 4양인 대장괘☳에 해당되고 율관의 길이는 (9×4)+(6×2)=48로 4치 8푼이며, 남려는 4음인 관괘☴에 해당되고 율관의 길이는 (6×4)+(9×2)=42로 4치 2푼이다. 협종 율관과 남려 율관 길이의 합은 9치이다. 고선은 5양인 쾌괘☱에 해당되고 율관의 길이는 (9×5)+(6×1)=51로 5치 1푼이며, 무역은 5음인 박괘☶에 해당되고 율관의 길이는 (6×5)+(9×1)=39로 3치 9푼이다. 고선 율관과 무역 율관 길이의 합은 9치이다. 중려는 6양인 건괘☰에 해당되고 율관의 길이는 9×6=54로 5치 4푼이며, 응종은 6음인 곤괘☷에 해당되고 율관의 길이는 6×6=36으로 3치 6푼이다. 중려 율관과 응종 율관 길이의 합은 9치이다. 이처럼 양률이 음려를 낳고 음려가 양률을 낳는 율려의 생성 문제는 12벽괘와 연관되어 있다. 양률의 괘는 음려의 괘와 교합하여 음려의 괘를 낳고 음려의 괘는 양률의 괘와 교합하여 양률의 괘를 낳는다. 즉, 1양인 복괘☳의 황종은 1음인 구괘☴의 유빈과 교합하여 2음의 임종을 낳는다. 2음인 돈괘☶의 임종은 2양인 임괘☳의 대려와 교합하여 3양의 태주를 낳고, 3양인 태괘☰의 태주는 3음인 비괘☶의 이칙과 교합하여 4음의 남려를 낳고, 4음인 관괘☴의 남려는 4양인 대장괘☳의 협종과 교합하여 5양의 고선을 낳고, 5양인 쾌괘䷪의 고선은 5음인 박괘䷖의 무역과 교합하여 6음의 응종을 낳고, 6음인 곤괘䷁의 응종은 6양인 건괘䷀의 중려와 교합하여 1음의 유빈을 낳는다. 1음인 구괘䷫의 유빈은 1양인 복괘䷗의 황종과 교합하여 2양의 대려를 낳고, 2양인 임괘䷒의 대려는 2음인 돈괘䷠의 임종과 교합하여 3음의 이칙을 낳고, 3음인 비괘䷋의 이칙은 3양인 태괘䷊의 태주와 교합하여 4양의 협종을 낳고, 4양인 대장괘䷡의 협종은 4음인 관괘䷓의 남려와 교합하여 5음의 무역을 낳고, 5음인 박괘䷖의 무역은 5양인 쾌괘䷪의 고선과 교합하여 6양인 건괘䷀의 중려를 낳는다. 이와 같은 12율의 생성 과정은 삼분손익법이나 격팔상생법, 3기6평에 의한다고 하는 기본적인 개념과 다르다. 즉, 12율은 12벽괘에 따라 음양의 교합에 맞추어 양은 음과 교합하면 음을 낳고, 음은 양과 교합하면 양을 낳는다. 이러한 12벽괘는 선천도와 같다. 선천도는 북송(北宋)의 소옹(邵雍, 1011~1077)이 선천역(先天易)이라고 하는 역학(易學) 사상을 바탕으로 해서 만든 그림이다.

이상으로 율려와 12벽괘에 대하여 살펴보았다. 12율은 음양소식의 원리에 근거하고 있는데 바로 12벽괘에 해당한다. 이러한 12율과 12벽괘의 관계는 『주역도설』, 『주역참동계』, 『율려신서』, 『악서』, 「율려추보」, 『오주연문장전산고』 등에 전한다. 『주역도설』에서는 12벽괘를 12지와 12월에 배분하였고, 『율려신서』에서는 12벽괘를 음양으로 설명하고 있고, 12율은 12벽괘에 따라 율려 생성 순서와 율려 차서의 두 가지로 배합된다. 『악서』에서는 율려 생성 순서에 따라 12율을 12벽괘로 배분하였는데 다른 악서와 차별된다. 즉,

제3장 율려와 괘효 131

율려의 생성 순서에 따라 6률 중 황종은 복괘☷☳, 태주는 임괘☷☱, 고선은 태괘☱☰, 유빈은 대장괘☳☰, 이칙은 쾌괘☱☰, 무역은 건괘☰☰에 해당한다. 그리고 6려 중 임종은 구괘☰☴, 남려는 돈괘☰☶, 응종은 비괘☰☷, 대려는 관괘☴☷, 협종은 박괘☶☷, 중려는 곤괘☷☷에 해당한다. 6률과 6려는 양이 극하면 음이 되고 음이 극하면 양이 되는 음양소식의 원리에 따른다. 반면에 『주역참동계』, 「율려추보」, 『오주연문장전산고』 등 한국의 악서에서는 12율이 율려의 차서에 따라 12벽괘에 배분되는데 황종은 복괘☷☳, 대려는 임괘☷☱, 태주는 태괘☱☰, 협종은 대장괘☳☰, 고선은 쾌괘☱☰, 중려는 건괘☰☰, 유빈은 구괘☰☴, 임종은 돈괘☰☶, 이칙은 비괘☰☷, 남려는 관괘☴☷, 무역은 박괘☶☷, 응종은 곤괘☷☷ 등에 해당되어 음양소장(陰陽消長)의 원리로 되어 있다. 이것은 주자의 대음양(大陰陽)에 해당한다. 이상과 같이 12율과 12벽괘를 나타내면 다음의 도표와 같다.

도표 33) 12율과 12벽괘

12律	①	黃鍾	太簇	姑洗	蕤賓	夷則	無射	林鍾	南呂	應鍾	大呂	夾鍾	仲呂
	②	黃鍾	大呂	太簇	夾鍾	姑洗	仲呂	蕤賓	林鍾	夷則	南呂	無射	應鍾
12辟卦		地雷復卦	地澤臨卦	地天泰卦	雷天大壯卦	澤天夬卦	重天乾卦	天風姤卦	天山遯卦	天地否卦	風地觀卦	山地剝卦	重地坤卦
12月		11월	12월	1월	2월	3월	4월	5월	6월	7월	8월	9월	10월
12支		子	丑	寅	卯	辰	巳	午	未	申	酉	戌	亥

(①은 율려의 생성 순서에 따른 12율이고, ②는 율려의 차서에 따른 12율이다)

2. 율려와 팔괘

율려는 팔괘(八卦)와 팔풍(八風), 팔음(八音)에 배속된다. 팔괘는 앞에서 설명한 것처럼 사상(四象)에서 음과 양으로 분화되어 건(乾☰), 태(兌☱), 이(離☲), 진(震☳), 손(巽☴), 감(坎☵), 간(艮☶), 곤(坤☷)의 팔괘로 이루어져 있다. 팔풍은 팔방에서 불어오는 바람으로 광막풍(廣莫風: 북방), 융풍(融風, 條風: 동북방), 명서풍(明庶風: 동방), 청명풍(淸明風: 동남방), 양풍(凉風: 서남방), 창합풍(閶闔風: 서방), 부주풍(不周風: 서북방), 경풍(景風: 남방)이다. 그리고 팔음은 악기의 재료에 따른 분류 방법으로 금(金: 쇠), 석(石: 돌), 사(絲: 실), 죽(竹: 대나무), 포(匏: 바가지), 토(土: 흙), 혁(革: 가죽), 목(木: 나무) 등으로 이루어져 있다. 율려와 팔괘에 대하여 『주례』, 『사기』, 『한서』, 『통전』, 『악서』, 『율려천미』, 『악학궤범』, 『증보문헌비고』 등을 중심으로 살펴보면 다음과 같다.

1) 『주례』

『주례』(周禮)에 의하면 팔음을 악기를 통하여 자세히 설명하고 있다.

> 팔음(八音)이라는 것은, 금(金)은 종(鍾)과 박(鎛)이고, 석(石)은 경(磬)이고, 토(土)는 훈(塤)이고, 혁(革)은 고(鼓)와 도(鼗)이고, 사(絲)는 금(琴)과 슬(瑟)이고, 목(木)은 축(柷)과 어(敔)이고, 포(匏)는 생(笙)이고, 죽(竹)은 관(管)과 소(簫)이다.111

(『주례』권23. 17b)

위와 같이 팔음은 금(金), 석(石), 사(絲), 죽(竹), 포(匏), 토(土), 혁(革), 목(木) 등으로 이루어져 있다. 쇠로 만든 악기는 종(鍾)과 박(鎛)이고, 돌로 만든 악기는 경(磬)이고, 흙으로 만든 악기는 훈(塤)이고, 가죽으로 만든 악기는 고(鼓)와 도(鼗)이고, 실로 만든 악기는 금(琴)과 슬(瑟)이고, 나무로 만든 악기는 축(柷)과 어(敔)이고, 바가지로 만든 악기는 생(笙)이고, 대나무로 만든 악기는 관(管)과 소(簫)이다.

2) 『사기』「율서」

『사기』(史記)「율서」(律書)에 의하면 율려와 팔풍에 대하여 다음과 같이 설명하고 있다.

부주풍(不周風)은 서북방에 있고 주로 생기(生氣)를 죽인다. 10월은 율(律) 중에 응종(應鐘)이 되고 12지(支)로는 해(亥)가 된다. 광막풍(廣莫風)은 북방에 있는데 광막(廣莫)이라는 것은 양기가 아래에 있어 음이 없고, 양이 광대하기 때문에 광막이라고 말한다. 11월은 율 중에 황종(黃鐘)이 되고, 12지로는 자(子)가 된다. 12월은 율 중에 대려(大呂)가 되고, 12지로는 축(丑)이 된다. 조풍(條風)은 동북방에 있고 주로 만물을 낳는다. 조(條)라는 것은 만물을 다스리고 만물을 낳는 것을 말하기 때문에 조풍이라고 말한다. 정월은 율 중에 태주(泰簇)가 되고, 12지로는 인(寅)이 된다. 명서풍(明庶風)은 동방에 있고, 명서(明庶)라는 것은 만물이 모두 나오는 것을 말한다. 2월은 율 중에 협종(夾鐘)이 되고, 12지로는 묘(卯)가 된다. 3월은 율 중에 고선(姑洗)이 되고, 12지로는 진(辰)이 된다. 청명풍(淸明風)은 동남방에 있고 주로 만물에 바람을 불게 하는 것이다. 4월은 율 중에 중려(中呂)가 되고, 12지로는 사(巳)가 된다. 5월은 율 중에 유빈(蕤賓)이 되고, 12지로는 오(午)가 된다. 경풍(景風)은 남방에 있고, 경(景)이라는 것은 양기가 끝에 이르는 것을 말하기 때문에 경풍이라고 말한다. 양풍(涼風)은 서남방에 있고 오직 땅을 주관한다. 6월은 율 중에 임종(林鐘)이 되고, 12지로는 미(未)가 된다. 7월은 율 중에 이칙(夷則)이 되고, 12지로는 신(申)이 된다. 8월은 율 중에 남려(南呂)가 되고, 12지로는 유(酉)가 된다. 창합풍(閶闔風)은 서방에 있고, 창(閶)이라는 것은 인도한다는 것이고, 합(闔)이라는 것은 감추는 것이다. 양기가 만물을 인도하여 황천(黃泉)에 감추는 것이라고 말한다. 9월은 율 중에 무역(無射)이 되고, 12지로는 술(戌)이 된다.112
[『사기』 권25.「율서」(律書) 제3-5a~9b]

12율은 8풍과 8방, 12지, 12달 등에 배합하고 있다. 12율 중 황종[子: 11월]과 대려[丑: 12월]는 광막풍으로 북방에 있고, 태주[寅: 정월]는 조풍으로 동북방에 있고, 협종[卯: 2월]과 고선[辰: 3월]은 명서풍으로 동방에 있고, 중려[巳: 4월]와 유빈[午: 5월]은 청명풍으로 동남방에 있고, 경풍은 남방에 있고, 임종[未: 6월], 이칙[申: 7월], 남려[酉: 8월] 등은 양풍으로 서남방에 있고, 무역[戌: 9월]은 창합풍으로 서방에 있고, 응종[亥: 10월]은 부주풍으로 서북방에 있다. 12율과 8풍은 다음의 도표와 같다.

도표 34) 『사기』「율서」12율과 8풍

12律	黃鐘	大呂	泰簇	夾鐘	姑洗	中呂	蕤賓	林鐘	夷則	南呂	無射	應鐘
12月	11월	12월	정월	2월	3월	4월	5월	6월	7월	8월	9월	10월
12支	子	丑	寅	卯	辰	巳	午	未	申	酉	戌	亥
8風	廣莫風		條風		明庶風		清明風	景風	涼風		閶闔風	不周風
8方	북방		동북방		동방		동남방	남방	서남방		서방	서북방

3) 『한서』「율력지」

『한서』「율력지」는 팔음에 대하여 다음과 같이 설명하고 있다.

> 팔음(八音)에 토(土)는 훈(塤)을 이르고, 포(匏)는 생(笙)을 이르고, 피(皮)는 고(鼓)를 이르고, 죽(竹)은 관(管)이라고 이르고, 사(絲)는 현(絃)이라고 이르고, 석(石)은 경(磬)이라고 이르고 금(金)은 종(鐘)이라고 이르고, 목(木)은 축(柷)이라고 이른다.113 (『한서』권21.「율력지」제1상-3b)

『한서』「율력지」에 의하면 팔음은 토(土), 포(匏), 피(皮), 죽(竹), 사(絲), 석(石), 금(金), 목(木) 등 악기를 만드는 재료인 8가지를 가리킨다. 이 중에 피(皮)는 다른 악서에는 혁(革)으로 되어 있지만 뜻은 같다. 토(土)음은 훈(塤), 포(匏)음은 생(笙), 피(皮)음은 고(鼓), 죽(竹)음은 관(管), 사(絲)음은 현(絃), 석(石)음은 경(磬), 금(金)음은 종(鐘), 목(木)음은 축(柷) 등에 해당한다.

4) 『통전』

『통전』(通典)에는 팔음을 팔괘, 팔풍과 배합하여 다음과 같이 설명하고 있다.

팔음이라는 것은 팔괘의 음(音)이다. 괘에는 각각 풍(風)이 있는데 팔풍(八風)이라고 이른다. 첫째, 건괘의 음(音)은 석(石)이고 그 바람은 부주풍이다. 둘째, 감괘의 음은 혁(革)이고 그 바람은 광막풍이다. 셋째, 간괘의 음은 포(匏)이고 그 바람은 융풍(融風)이다. 넷째, 진괘의 음은 죽(竹)이고 그 바람은 명서풍이다. 다섯째, 손괘의 음은 목(木)이고 그 바람은 청명풍이다. 여섯째, 이괘의 음은 사(絲)이고 그 바람은 경풍이다. 일곱째, 곤괘의 음은 토(土)이고 그 바람은 양풍이다. 여덟째, 태괘의 음은 금(金)이고 그 바람은 창합풍이다.114 (『통전』 권143. 악 3-4b~5a)

팔음은 문왕팔괘에 배분된다. 팔음 중 석(石)음은 건괘☰와 부주풍, 혁(革)음은 감괘☵와 광막풍, 포(匏)음은 간괘☶와 융풍, 죽(竹)음은 진괘☳와 명서풍, 목(木)음은 손괘☴와 청명풍, 사(絲)음은 이괘☲와 경풍, 토(土)음은 곤괘☷와 양풍, 금(金)음은 태괘☱와 창합풍에 배분된다.

5) 『악서』

『악서』(樂書)는 율려와 팔괘의 관계를 다음과 같이 설명하고 있다.

제3장 율려와 괘효 137

도표 35) 팔음종팔풍(八音從八風)115

팔음은 팔괘와 팔풍에 배합된다. 금(金)은 태괘와 창합풍, 석(石)은 건괘와 부주풍, 사(絲)는 이괘와 경풍, 죽(竹)은 진괘와 명서풍, 포(匏)는 간괘와 융풍, 토(土)는 곤괘와 양풍, 혁(革)은 감괘와 광막풍, 목(木)은 손괘와 청명풍에 배합된다.116 (『악서』 권104. 4b~5a)

12율은 문왕팔괘와 팔음 그리고 팔풍(八風), 팔방(八方) 등에 배합된다. 황종은 감괘와 팔음 중 혁(革) 그리고 광막풍(북풍)에 배분되고, 대려와 태주는 간괘와 포(匏) 그리고 융풍(동북풍)에 배분되고, 협종은 진괘와 죽(竹) 그리고 명서풍(동풍)에 배분되고, 고선과 중려는 손괘와 목(木) 그리고 청명풍(동남풍)에 배분되고, 유빈은 이괘와 사(絲) 그리고 경풍(남풍)에 배분되고, 임종과 이칙은 곤괘와 토(土) 그리고 양풍(서남풍)에 배분되고, 남려는 태괘와 금(金) 그리고 창합풍(서풍)에 배분되고, 무역과 응종은 건괘와 석(石) 그리고 부주풍(서북풍)에 배분된다. 이것을 종합하여 도표로 나타내면 다음과 같다.

도표 36) 『악서』 12율과 문왕팔괘

律呂	黃鍾	大呂 太簇	夾鍾	姑洗 仲呂	蕤賓	林鍾 夷則	南呂	無射 應鍾
八卦	☵	☶	☳	☴	☲	☷	☱	☰
卦名	坎	艮	震	巽	離	坤	兌	乾
八音	革	匏	竹	木	絲	土	金	石
12節侯	冬至	大寒 啓蟄	春分	穀雨 小滿	夏至	大暑 處暑	秋分	霜降 小雪
八風	廣莫風	融風	明庶風	淸明風	景風	凉風	閶闔風	不周風
八方	북	동북	동	동남	남	서남	서	서북

6) 『율려천미』

『율려천미』(律呂闡微)는 청대(淸代)의 경학자 강영(江永, 1681~1762)이 찬한 음악 이론서인데 아직까지 음악학계에 소개된 적이 전혀 없는 문헌이다. 낙서(洛書)와 12율의 관계를 다음의 도표와 같이 설명하고 있다.

도표 37) 낙서응12율도(洛書應十二律圖)[117]

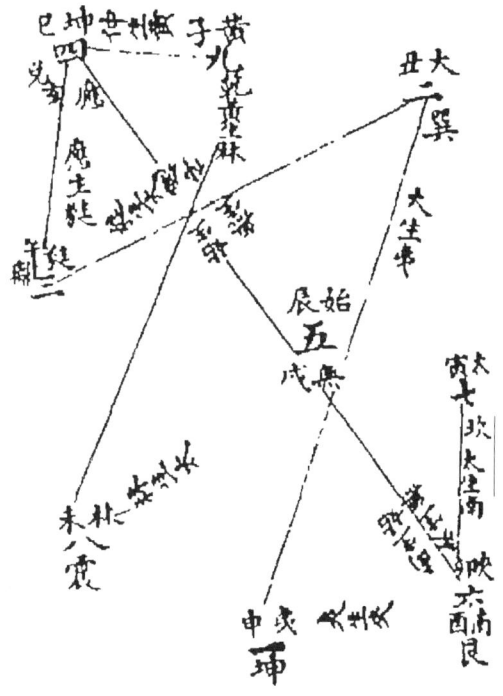

　12율은 낙서(洛書)와 복희팔괘(伏羲八卦) 그리고 12지(支)에 배합되어 있다. 그리고 12율의 상생 관계를 나타내고 있다. 즉, 황(黃)은 낙서수(洛書數) 9(건괘☰, 남방)에 해당하고, 대(大)는 낙서수 2(손괘☴, 서남방)에 해당하고, 태(太)는 낙서수 7(감괘☵, 서방)에 해당하고, 협(夾)과 남(南)은 낙서수 6(간괘☶, 서북방)에 해당하고, 고(姑)와 무(無)는 중앙에 해당하고, 중(仲)과 응(應)은 낙서수 4(태괘☱, 동남방)에 해당하고, 유(蕤)는 낙서수 3(이괘☲, 동방)에 해당하고, 임(林)은 낙서수 8(진괘☳, 동북방)에 해당하고, 이(夷)는 낙서수 1(곤괘☷, 북방)에 해당한다. 그리고 황(黃,

140 율려와 주역

낙서수 9) → 임(林, 낙서수 8) → 태(太, 낙서수 7) → 남(南,
낙서수 6) → 고(姑, 낙서수 5) → 응(應, 낙서수 4) → 유(蕤,
낙서수 3) → 대(大, 낙서수 2) → 이(夷, 낙서수 1) → 협(夾,
낙서수 6) → 무(無, 낙서수 5) → 중(仲, 낙서수 4) 등의 순으로
율려가 상생한다. 이것을 도표로 나타내면 다음과 같다.

도표 38) 『율려천미』 12율과 복희팔괘

洛書數	12律	地支	伏羲八卦	八方	律呂相生
1	夷	申	坤 ☷	북	夷生夾
2	大	丑	巽 ☴	서남	大生夷
3	蕤	午	離 ☲	동	蕤生大
4	仲	巳	兌 ☱	동남	仲生黃
	應	亥			應生蕤
5	姑	辰		中	姑生應
	無	戌			無生仲
6	夾	卯	艮 ☶	서북	夾生無
	南	酉			南生姑
7	太	寅	坎 ☵	서	太生南
8	林	未	震 ☳	동북	林生太
9	黃	子	乾 ☰	남	黃生林

7) 『악학궤범』

『악학궤범』에 의하면 팔음을 팔풍, 8절후, 간지(干支)와 관련하여 다음과 같이 설명하고 있다.

도표 39) 팔음도(八音圖)[118]

위와 같이 율려는 문왕팔괘와 팔음, 팔풍, 8절후, 간지(干支)에 속한다. 황종은 감괘≡≡와 도(鼗)와 고(鼓)의 혁음(革音)으로 광막풍, 북방, 동지(冬至)의 음(音)이고 임(壬)·계(癸)와 자(子)에 속한다. 대려와 태주는 간괘≡≡와 생(笙)과 우(竽)의 포음(匏音)으로 융풍, 동북방, 입춘(立春)의 음이고 인(寅)과 축(丑)에 속한다. 협종은 진괘≡≡와 관(管)과 약(籥)의 죽음(竹音)으로 명서풍, 동방, 춘분(春分)의 음이고 갑(甲)·을(乙)과 묘(卯)에 속한다. 고선과 중려는 손괘≡≡와 축(柷)과 어(敔)의 목음(木音)으로 청명풍, 동남방, 입하(立夏)의 음이고 진(辰)·사(巳)에 속한다. 유빈은 이괘≡≡와 금(琴)과 슬(瑟)의 사음(絲音)으로 경풍, 남방, 하지(夏至)의 음이고 병(丙)·정(丁)과 오(午)에 속한다. 임종과 이칙은 곤괘≡≡

와 훈(壎)과 부(缶)의 토음(土音)으로 양풍, 서남방, 입추(立秋)의 음이고 미(未)·신(申)에 속한다. 남려는 태괘≡와 종(鍾)의 금음(金音)으로 창합풍, 서방, 추분(秋分)의 음이고, 경(庚)·신(辛)과 유(酉)에 속한다. 무역과 응종은 건괘≡와 경(磬)의 석음(石音)으로 부주풍, 서북방, 입동(立冬)의 음이고 술(戌)·해(亥)에 속한다.

8) 『증보문헌비고』

『증보문헌비고』(增補文獻備考)에 의하면 팔음의 뜻은 다음과 같다.

군자가 음을 들으면 생각하는 바가 있다. 금성(金聲)은 갱갱하니, 갱갱은 호령(號令)을 일으키고 호령은 기운을 충만하게 하는데, 기운이 충만하면 무(武)를 세운다. 군자가 종(鍾) 소리를 들으면 무신(武臣)을 생각한다. 갱갱하다는 것은 호령의 상(象)이 있고, 광(橫)은 성(盛)한 기운이 충만하다는 뜻인데, 호령이 엄하고 기운이 씩씩하다는 것은 무(武)를 세우는 도(道)이다. 그러므로 군자가 이 소리를 듣고 무신을 생각하는 것이다. 석성(石聲)은 경(磬)이니, 경은 변별(辨別)을 일으키고 변별은 죽음에 이르게 한다. 군자가 경소리를 들으면 나라를 위해서 죽는 신하를 생각한다. 그러므로 군자가 경소리를 듣고 생각할 바를 아는 것이다. 사성(絲聲)은 슬프니 애(哀)는 곧은 마음을 일으키고 곧은 마음은 뜻을 세우므로 군자가 금(琴)·슬(瑟)의 소리를 들으면 옳은 일에 뜻을 둔 신하를 생각한다. 사람의 마음가짐이 비록 방탕할 때를 당하더라도 갑자기 슬퍼하고, 원망하는 소리를 들으면 반드시 측은한 생각이 들어 방탕한

마음을 거두게 되니, 이것은 애(哀)가 능히 곧은 마음을 일으키
는 것이다. 사성은 처절하여 심하게 결단하여 처리하는 뜻이
있으니, 사람이 곧은 데가 있으면 뜻이 욕심에 유혹되지 아니하
므로 선비가 연고가 없으면 금·슬을 버리지 아니하는 것이다.
죽성(竹聲)은 넘치니 남(濫)은 모임을 일으키고, 이 모임은
군중을 모으므로 군자가 생(笙), 우(竽), 소(簫), 관(管)의 소리
를 들으면 모여드는 신하를 생각한다. 군자가 죽성을 들으면
백성을 용납하고 많은 사람을 기르는 신하를 생각하는 것이다.
포음(匏音)은 작은 소리이니, 추(啾)는 맑은 마음을 일으키며
맑은 마음은 충성하고 근신한다. 포음이 바르면 사람은 공손하
고 사랑함을 생각한다. 토음(土音)은 탁(濁)하니, 탁한 소리는
크게 일으키며 크게 포용하여 기른다. 토음이 바르면 사람이
너그럽고 후함을 생각한다. 혁성(革聲)은 시끄러우니 시끄러움
은 움직임을 일으키며, 움직임은 무리를 나아가게 하므로 군자
가 고(鼓), 비(鼙)의 소리를 들으면 장수(將帥)의 신하를 생각한
다. 목음(木音)은 바르니 바름은 바른 마음을 일으킨다. 바른
마음은 너그러우므로 목음이 바르면 사람이 깨끗하게 할 것을
생각한다.119 (『증보문헌비고』권90. 19b~20b)

위와 같이 팔음은 금(金: 鍾), 석(石: 磬), 사(絲: 琴과 瑟), 죽(竹:
笙·竽·簫·管), 포(匏), 토(土), 혁(革: 鼓와 鼙), 목(木)으로 구성
되어 있다.

다음에는 팔괘(八卦)에 대하여 살펴보기로 하자. 복희팔괘에
대하여 『주역』「계사전」은 다음과 같이 말하고 있다.

옛날에 포희씨(包犧氏)가 천하에 왕 노릇할 때 우러러보아 하늘에서 상(象)을 보고, 구부려서 땅에서 법(法)을 보며, 새와 짐승의 무늬와 땅의 마땅함을 보며, 가깝게는 몸에서 취하고 멀리서는 물건에서 취하여 이에 비로소 팔괘를 지어 신령스럽고 밝은 덕(德)에 통하고 만물의 정(情)을 분류하였다.120 (『주역』「계사전」하 제2장)

위에서 말하려는 것은 팔괘 형성의 출발점은 기본적으로 현실 세계 속의 변화 현상과 사물 간의 존재 양상을 다양한 각도를 통하여 관찰하는 것에서 시작하는 것이다. 이것이 바로 '관물'(觀物)하여 '설괘'(設卦)하는 과정이다. 비록 그 출발점은 단순히 현상 세계를 돌아보는 데에서 출발하지만, 궁극적 목적은 세계를 전체적으로 이해하고 해석하려는 것에 있다. 만약 시각적인 바라보기에만 머물러 세계의 다양성과 무수한 변화 현상을 마치 스케치하듯이 묘사하고 기술만 하려고 하였다면, 그것은 아무런 의미도 가질 수 없었을 것이다. 이런 점에서 『주역』은 현상 세계의 실상을 체계적으로 표현하고 해석하기 위한 방식에서 우주 만물의 변화를 가능하게 하는 어떤 원리나 법칙을 발견하려는 시도를 하고 있는 것으로 볼 수 있다. 이런 관점에서 팔괘가 성립되고, 그것을 통하여 우주 내의 변화와 현상을 체계적으로 설명하려고 한다. 말하자면 괘효(卦爻)의 철학적 부호(符號) 체계를 통하여 세계의 모든 변화와 현상을 말하고 그것을 유비적(類比的)121으로 적용하여 '천하의 복잡한 상태들'122을 설명하려고 한다.123 즉, 『주역』을 지은 작역자(作易者)의 한 사람인 복희씨, 즉 포희씨가 자연 세계의 제 현상을 관찰하여 팔괘를 만들어 나가는 과정을 설명하고 있다. 즉, 그는 하늘에서 상(象)을 보고 천문지리(天文地理)와 자연의 법칙이 가지고 있는 보편적 법칙을 발견하여 그것에 따라 팔괘를 만든 것으로 보인다. 또 『주역』「계사전」에서는 팔괘에 대하여 다음과 같이 말하고 있다.

> 역(易)에 태극(太極)이 있으니 태극은 양의(兩儀)를 낳고 양의는 사상(四象)을 낳고 사상은 팔괘를 낳는다.124 (『주역』「계사전」상 제11장)

역에 태극이 있으니 태극은 양의, 즉 음(--)과 양(-)을 낳고, 양의는 음(--)과 양(-)으로 분화하여 태양(太陽, ═), 소음(少陰, ═), 소양(少陽, ═), 태음(太陰, ═) 등의 사상을 낳고, 사상은 다시 음(--)과 양(-)으로 분화하여 건(乾☰), 태(兌☱), 이(離☲), 진(震☳), 손(巽☴), 감(坎☵), 간(艮☶), 곤(坤☷)의 팔괘를 낳는다. 그리고 『주역』「설괘전」에서는 팔괘에 대하여 다음과 같이 말하고 있다.

> 건☰은 강건함이고, 곤☷은 순함이고, 진☳은 움직임이고, 손☴은 들어감이고, 감☵은 빠짐이고, 이☲는 걸림이고, 간☶은 그침이고, 태☱는 기뻐함이다.125 (『주역』「설괘전」제7장)

건은 말이 되고, 곤은 소가 되고, 진은 용이 되고, 손은 닭이 되고, 감은 돼지가 되고, 이는 꿩이 되고, 간은 개가 되고, 태는 양이 된다.126 건은 머리가 되고, 곤은 배가 되고, 진은 발이 되고, 손은 다리가 되고, 감은 귀가 되고, 이는 눈이 되고, 간은 손이 되고, 태는 입이 된다.127 (『주역』「설괘전」 제9장)

건은 하늘이다. 그러므로 아버지라고 부른다. 곤은 땅이다. 그러므로 어머니라고 부른다. 진은 한 번 구하여 아들을 얻어 장남이라고 이르고, 손은 한 번 구하여 딸을 얻어 장녀이라고 이르고, 감은 두 번 구하여 아들을 얻어 중남이라고 이르고, 이는 두 번 구하여 딸을 얻어 중녀이라고 이르고, 간은 세 번 구하여 아들을 얻어 소남이라고 이르고, 태는 세 번 구하여 딸을 얻어 소녀이라고 이른다.128 (『주역』「설괘전」 제10장)

건은 하늘이 되고, 곤은 땅이 되고, 진은 우레가 되고, 손은 바람이 되고, 감은 물이 되고, 이는 불이 되고, 간은 산이 되고, 태는 못이 된다.129 (『주역』「설괘전」 제11장~제18장)

위와 같이 팔괘의 덕성(德性)과 동물과 신체 부위 그리고 가족의 구성원인 부모와 6자녀 그리고 자연 등에 비유하여 설명하고 있다. 이것을 종합하여 팔괘의 괘명(卦名), 괘상(卦象), 괘덕(卦德)을 도표로 나타내면 다음과 같다.

도표 40) 팔괘의 괘명·괘상·괘덕

차례	卦名	卦象	卦德	동물	신체	가족	자연
1	乾	☰	健(굳건함)	말	머리	아버지	하늘
2	兌	☱	說(기뻐함)	양	입	소녀	연못

3	離	☲	麗(걸 림)	꿩	눈	중녀	불
4	震	☳	動(움직임)	용	발	장남	우레
5	巽	☴	入(들어감)	닭	다리	장녀	바람
6	坎	☵	陷(빠 짐)	돼지	귀	중남	물
7	艮	☶	止(그 침)	개	손	소남	산
8	坤	☷	順(유순함)	소	배	어머니	땅

팔괘는 복희팔괘와 문왕팔괘로 나뉜다. 복희팔괘는 선천팔괘(先天八卦)라고 하고, 문왕팔괘는 후천팔괘(後天八卦)라고 한다. 중요한 것은 실물(實物)은 비록 달라도 그 성질은 동일하다는 사실이다. 그러므로 「설괘전」에서 팔괘의 성질을 규정할 때 말하는, 예를 들면 "乾, 健也. 坤, 順也"(건, 건야. 곤, 순야)의 '也'(야)와 제8~11장에서 말하는 팔괘 괘상의 실물을 말하는, 예를 들면 "乾爲馬, 乾爲首"(건위마, 건위수)에서 말하는 '爲'(위)는 다르다. 즉, '也'의 뜻은 '~이다'는 말로 어떤 고정된 의미를 뜻한다. 여기에 비해 '爲'의 뜻은 '~으로 변하다'의 뜻으로 고정된 것을 말하는 것은 아니다. 예를 들면 "乾, 健也"의 뜻은 乾(건)은 健(건)이지 다른 무엇이 아니라는 것이다. 제8장의 "乾爲馬"(건위마)에서 乾(건)은 말[馬]이 될 수도 있지만, 또한 천(天)으로, 부(父)로, 머리로도 될 수 있는 것으로 고정 불변한 것이 아니라는 말이다.[130] 복희팔괘는 음양의 원리를 중요시하는데 다음의 도표에 자세히 나타나 있다.

148 율려와 주역

도표 41) 복희팔괘차서도와 복희팔괘방위도[131]

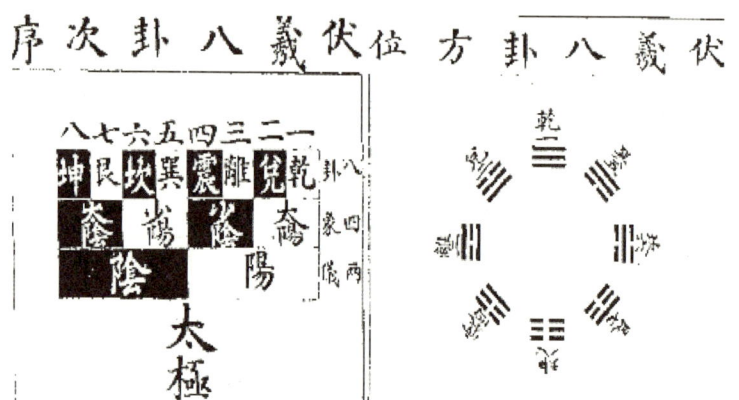

위 도표 41)에 의하면 복희팔괘는 태극에서 양의, 양의에서 사상, 사상에서 팔괘로 건(乾)과 곤(坤)을 상하로 하여 자연의 이치에 따른 음양의 원리를 바탕으로 8방(方)에 배열되어 있고 선천팔괘 혹은 선천도라고도 한다. 복희팔괘는 음양의 순서에 따라 1건괘≡ → 2태괘≡ → 3이괘≡ → 4진괘≡ → 5손괘≡ → 6감괘≡ → 7간괘≡ → 8곤괘≡≡로 배열된다. 즉, 건괘≡와 태괘≡는 사상 중 노양(═) 위에 양(─)이 있으면 건괘≡로 나타나고, 노양(═) 위에 음(--)이 있으면 태괘≡로 나타난다. 그리고 이괘≡와 진괘≡는 사상 중 소음(══) 위에 양(─)이 있으면 이괘≡로 나타나고, 소음(══) 위에 음(--)이 있으면 진괘≡로 나타난다. 그리고 손괘≡와 감괘≡는 사상 중 소양(══) 위에 양(─)이 있으면 손괘≡로 나타나고, 소양(══) 위에 음(--)이 있으면 감괘≡로 나타난다. 그리고 간괘≡와 곤괘≡는 사상 중 노음(══) 위에 양(─)이 있으면 간괘≡로 나타나고, 노음(══) 위에 음(--)이 있으면 곤괘≡로

제3장 율려와 괘효 149

나타난다. 복희팔괘의 차서(次序)와 방위(方位)를 도표로 나타내면 다음과 같다.

도표 42) 복희팔괘의 차서와 방위

方位		1 남	2 동남	3 동	4 동북	5 서남	6 서	7 서북	8 북
次序	八卦	乾☰	兌☱	離☲	震☳	巽☴	坎☵	艮☶	坤☷
	四象	太陽═		少陰═		少陽═		太陰═	
	兩儀	陽 ―				陰 --			
	太極	太極							

또한 문왕팔괘는 인사(人事)와 5행(行)의 원리를 바탕으로 8방(方)에 배열되어 있고, 복희팔괘보다 뒤에 나타났다고 하여 후천팔괘 혹은 후천도(後天圖)라고도 한다. 또한 「설괘전」에서도 문왕팔괘의 방위를 알 수 있다.

만물은 진(震)에서 나오고, 진은 동방이다. 손괘(巽卦)에서 가지런하고, 손(巽)은 동남방이다. 가지런하다는 것은 만물이 깨끗하게 가지런하다는 말이다. 이(離)는 밝은 것이다. 만물이 서로 보게 되니 남방의 괘이다. 성인(聖人)이 남쪽을 향하여 천하의 말을 들어서 밝은 것을 향해서 다스리니 모두 이에서 취한다. 곤(坤)은 땅이다. 만물이 다 길러지기 때문에 곤에서 일을 이룬다. 태(兌)는 가을이다. 만물이 기뻐하는 바이기 때문에 태에서 기쁘게 말한다고 이른다. 건(乾)에서 싸운다는 것은 건은 서북방의 괘이니 음양이 서로 부딪친다고 말한다. 감(坎)은 물이다. 정북방의 괘이다. 위로하는 괘이다. 만물이 돌아오는

150 율려와 주역

바이니 감에서 위로한다고 말했다. 간(艮)은 동북방의 괘이다. 만물이 끝을 이루고 시작을 이루는 바이다. 그러므로 간에서 이른다고 말한다.132 (『주역』「설괘전」 제6장)

위와 같이 복희팔괘에 대하여 살펴보면 진괘는 동방, 손괘는 동남방, 이괘는 남방, 곤괘는 서남방, 태괘는 서방, 건괘는 서북방, 감괘는 북방, 간괘는 동북방에 자리한다는 것을 알 수 있다. 문왕팔괘에 대하여 살펴보면 다음의 도표와 같다.

도표 43) 문왕팔괘차서도와 문왕팔괘방위도133

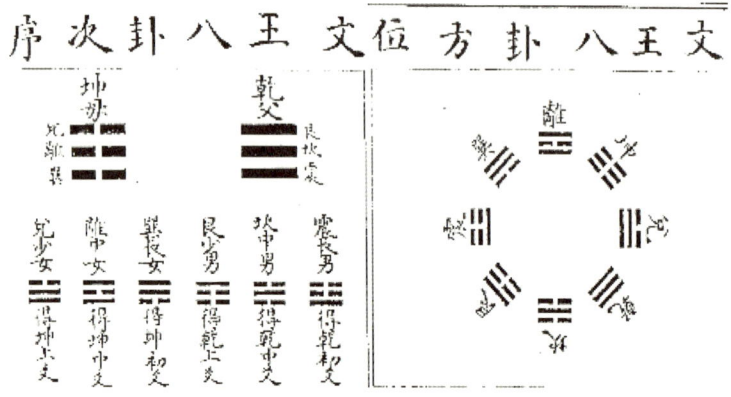

문왕팔괘는 인사와 5행의 원리를 중요시하여 후천도라고도 한다. 즉, 아버지와 어머니를 중심으로 하는 3남과 3녀의 관계를 나타낸다. 3효가 모두 양효[乾爻]인 건괘☰는 아버지이고, 초효가 양효인 진괘☳는 장남이고, 중효가 양효인 감괘☵는 중남이고, 상효가 양효인 간괘☶는 소남이다. 3효가 모두 음효[坤爻]인 곤괘

☷는 어머니이고, 초효가 음효인 손괘☴는 장녀이고, 중효가 음효인 이괘☲는 중녀이고, 상효가 음효인 태괘☱는 소녀로 가족 관계인 인사적인 면을 강조하고 있다. 문왕팔괘는 북방의 감괘☵, 서남방의 곤괘☷, 동방의 진괘☳, 동북방의 손괘☴, 서북방의 건괘☰, 서방의 태괘☱, 동북방의 간괘☶, 남방의 이괘☲로 이루어져 있다. 문왕팔괘의 방위와 차서를 도표로 나타내면 다음과 같다.

도표 44) 문왕팔괘의 방위와 차서

方位	서북	동	북	동북	서남	동남	남	서
八卦	乾☰	震☳	坎☵	艮☶	坤☷	巽☴	離☲	兌☱
次序	乾三爻	乾初爻	乾中爻	乾上爻	坤三爻	坤初爻	坤中爻	坤上爻
	父	長男	中男	小男	母	長女	中女	少女

위와 같이 건삼효(乾三爻)는 3효가 모두 양효[乾爻]로 이루어져 있는 것이고, 곤초효(坤初爻)는 아래에 있는 효[初爻]가 음효[坤爻]로 되어 있다는 것이고, 중효(中爻)는 가운데 효이고, 상효(上爻)는 위에 있는 효를 가리킨다. 문왕팔괘와 낙서(洛書)의 관계를 살펴보면 다음과 같다. 『서경』(書經)의 「홍범」(洪範)에 의하면 약 4,000년 전에 중국이 홍수를 다스리지 못하게 되었을 때 우(禹)임금이 5행(行)의 원리를 터득하여 이에 적용하였다. 이때 낙수(洛水)에서 신령한 거북이가 나왔는데 등에 9궁(九宮)의 수를 짊어지고 나온 것을 낙서(洛書)라고 하고, 우 임금이 그것을 보고서 정전법(井田法)을 실시하고 세상을 다스리는 홍범구주(洪範九州)를 폈다고 한다. 문왕팔괘와 낙서는 다음의 도표와 같다.

152 율려와 주역

도표 45) 문왕팔괘와 낙서[134]

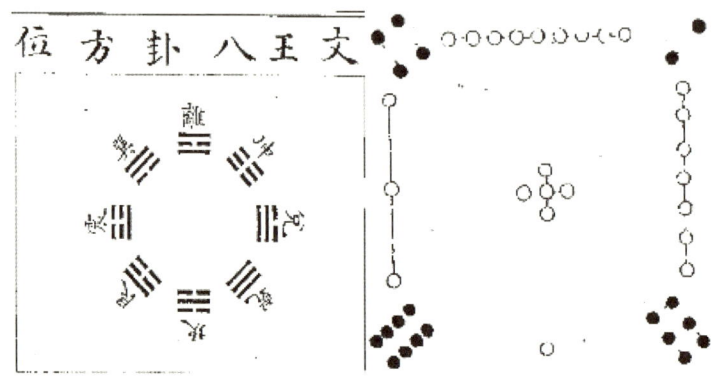

　문왕팔괘의 감괘☵는 낙서수 1의 자리에 있고, 문왕팔괘의 곤괘
☷는 낙서수 2의 자리에 있고, 문왕팔괘의 진괘☳는 낙서수 3의
자리에 있고, 문왕팔괘의 손괘☴는 낙서수 4의 자리에 있고, 문왕팔
괘의 건괘☰는 낙서수 6의 자리에 있고, 문왕팔괘의 태괘☱는
낙서수 7의 자리에 있고, 문왕팔괘의 간괘☶는 낙서수 8의 자리에
있고, 문왕팔괘의 곤괘☷는 낙서수 9의 자리에 있다. 따라서 낙서는
문왕팔괘에 배합된다. 즉, 문왕팔괘는 북방의 1감괘, 서남방의
2곤괘, 동방의 3진괘, 동북방의 4손괘, 서북방의 6건괘, 서방의
7태괘, 동북방의 8간괘, 남방의 9이괘로 이루어져 있다. 문왕팔괘
와 5행의 관계를 살펴보면 1감괘와 6건괘는 1·6으로 5행 중 수
(水), 2곤괘와 7태괘는 2·7로 5행 중 화(火), 3진괘와 8간괘는
3·8로 5행 중 목(木), 4손괘와 9이괘는 5행 중 금(金), 5중(中)은
5행 중 토(土)에 해당한다. 그리고 이 문왕팔괘와 낙서는 목극토(木
克土), 토극수(土克水), 수극화(水克火), 화극금(火克金), 금극목
(金克木)의 5행 상극(相克)의 원리에 의해 구성되어 있다. 낙서수

와 팔괘의 관계는 다음의 도표와 같다.

도표 46) 낙서수와 문왕팔괘

洛書數	1	6	2	7	3	8	4	9	5
天地數	天數	地數	地數	天數	天數	地數	地數	天數	天數
文王八卦	☵	☰	☷	☱	☳	☶	☴	☲	
五行	水		火		木		金		土

율려와 팔괘의 관계는 위에서 분석한 것처럼 두 가지로 해석된다는 것을 알 수 있다. 아직 음악학계에 연구된 바 없는 『율려천미』에 의하면 12율은 낙서와 복희팔괘에 배합된다. 즉, 황(黃)은 건괘☰[낙서수 9, 남방]에 해당하고, 대(大)는 손괘☴[2, 서남방]에 해당하고, 태(太)는 감괘☵[7, 서방]에 해당하고, 협(夾)과 남(南)은 간괘☶[6, 서북방]에 해당하고, 고(姑)와 무(無)는 중앙에 해당하고, 중(仲)과 응(應)은 태괘☱[4, 동남방]에 해당하고, 유(蕤)는 이괘☲[3, 동방]에 해당하고, 임(林)은 진괘☳[8, 동북방]에 해당하고, 이(夷)는 곤괘☷[1, 북방]에 해당한다. 그리고 또 하나는 『악서』와 『악학궤범』에 의하면 12율은 낙서와 문왕팔괘에 배합된다. 즉, 황종은 감괘[팔음 중 革, 鼗·鼓, 廣莫風, 北方, 冬至, 壬·癸·子]에 속하고, 대려와 태주는 간괘[匏, 笙·竽, 融風, 東北方, 立春, 寅·丑]에 속하고, 협종은 진괘[竹, 管·簫, 明庶風, 東方, 春分, 甲·乙, 卯]에 속하고, 고선과 중려는 손괘[木, 祝·敔, 淸明風, 東南方, 立夏, 辰·巳]에 속하고, 유빈은 이괘[絲, 琴·瑟, 景風, 南方, 夏至, 丙·丁, 午]에 속하고, 임종과 이칙은 곤괘[土, 壎·缶, 凉風, 西南方,

立秋, 未·申]에 속하고, 남려는 태괘[金, 鍾, 閶闔風, 西方, 秋分, 庚·辛, 酉]에 속하고, 무역과 응종은 건괘[石, 磬, 不周風, 西北方, 立冬, 戌·亥]에 속한다. 이상으로 12율과 복희팔괘, 문왕팔괘와 비교하면 다음의 도표와 같다.

도표 47) 12律과 8卦

	12律	黃鍾	大呂	太簇	夾鍾	姑洗	仲呂	蕤賓	林鍾	夷則	南呂	無射	應鍾
복희팔괘	8괘	☰ 乾卦	☴ 巽卦	☵ 坎卦	☶ 艮卦		☱ 兌卦	☲ 離卦	☳ 震卦	☷ 坤卦	☶ 艮卦		☱ 兌卦
	낙서수	9	2	7	6	中	4	3	8	1	6	中	4
	방위	남	서남	서	서북		동남	동	동북	북	서북		동남
문왕팔괘	8괘	☵ 坎卦	☶ 艮卦	☳ 震卦		☴ 巽卦	☲ 離卦		☷ 坤卦	☱ 兌卦		☰ 乾卦	
	낙서수	1	8	3		4	9		2	7		6	
	방위	북	동북	동		동남	남		서남	서		서북	

3. 율려와 육효

『주역』에서 효는 음과 양을 나타내는 부호인데 양효는 '―'로 음효는 '--'로 나타낸다. 『주역』「계사전」은 효에 대하여 다음과 같이 말하고 있다.

효(爻)라는 것은 천하의 움직임을 본받는 것이다.135 (『주역』 「계사전」하 제3장)

제3장 율려와 괘효 155

효(爻)라는 것은 천하의 움직임을 모방한 것이다. 효(爻)는 본받을 효(效)의 뜻으로 모방하여 모델로 삼는다는 의미를 가지고 있다. 효가 모여 괘를 이루는데 소성괘(小成卦)인 팔괘는 3효로 이루어져 있고, 대성괘(大成卦)인 64괘는 6효로 이루어져 있다. 6효의 순서는 아래에서부터 초효(初爻) → 이효(二爻) → 삼효(三爻) → 사효(四爻) → 오효(五爻) → 상효(上爻) 등의 순으로 위로 올라간다. 『주역』에서 6효 중 양효는 노양수인 9, 음효는 노음수인 6으로 나타내고 있다.

12율은 6률과 6려로 나뉘어 율려의 생성 순서에 따라 6효의 위치가 결정된다. 6률은 건괘☰의 6효에 해당하고, 6려는 곤괘☷의 6효에 해당한다. 이렇게 6률과 6려를 건괘와 곤괘의 6효에 비유한 이유는 건괘와 곤괘는 64괘 중 가장 기본이 되고 중요한 괘이기 때문이다. 건괘의 6효는 순 양(陽)이므로 순서대로 6양률에 해당하고, 곤괘의 6효는 순 음(陰)이므로 순서대로 6음려에 해당한다. 그리고 양률은 음려를 낳고 음려는 양률을 낳아 12율을 생성하므로 건효(양효:—)와 곤효(음효:--)를 번갈아 가며, 하나는 양이 되고 하나의 양 사이에 하나의 음이 있어 앞에서 말한 주자의 소음양(小陰陽)에 해당한다. 율려와 6효의 관계를 살펴보면 다음과 같다.

1) 『국어』「주어」하

『국어』(國語) 「주어」하(周語下) 편에 의하면 12율은 12달에 배합되고, 건괘 6효와 곤괘 6효에 해당하는데 다음과 같이 설명하고 있다.

6기(氣)와 9덕(德)으로 베풀기 때문에 황종이라고 말한다. 11월
은 황종으로 건괘(乾卦)의 초구효이다. 황종은 초구효이고 6률
의 머리이다. 정월은 태주라고 말하고 건괘의 구이효이다. 3월은
고선으로 말하고 건괘의 구삼효이다. 5월은 유빈으로 말하고
건괘의 구사효이다. 7월은 이칙이라 말하고 건괘의 구오효이다.
9월은 무역이라고 말하고 건괘의 상구효이다. 12월은 대려라고
말하고 곤괘(坤卦)의 육사효이다. 2월은 협종이라고 말하고
곤괘의 육오효이다. 4월은 중려라고 말하고 곤괘의 상육효이다.
6월은 임종이라고 말하고 곤괘의 초육효이다. 8월은 남려라고
말하고 곤괘의 육이효이다. 10월은 응종이라고 말하고, 곤괘의
육삼효이다.136 (『국어』 권3. 「주어」하 24a~26b)

『국어』「주어」하에서는 율려의 개념이 『주역』의 건·곤괘 6효
에 배합되어 있음을 말하고 있는데, 이는 율려가 주역의 바탕
위에 성립되어 있다는 것을 처음으로 직접적으로 언급하고 있는
매우 중요한 자료임을 말해 준다. 6양률은 건괘의 6효에 해당하고,
6음려는 곤괘의 6효에 해당한다. 그리고 율려의 생성 순서에 따라
효의 자리가 정해진다. 즉, 6양률은 황종[건괘☰ 초구효, 11월]
→ 태주[건괘 구이효, 정월] → 고선[건괘 구삼효, 3월] → 유빈[건
괘 구사효, 5월] → 이칙[건괘 구오효, 7월] → 무역[건괘 상구효,
9월]의 순으로 배열되고, 6음려는 임종[곤괘☷ 초육효, 6월] →
남려[곤괘 육이효, 8월] → 응종[곤괘 육삼효, 10월] → 대려[곤괘
육사효, 12월] → 협종[곤괘 육오효, 2월] → 중려[곤괘 상육효,
4월]의 순으로 배열된다.

2) 『주례』

『주례』(周禮)에 의하면 12율은 건·곤괘 6효에 해당된다는 것을 말하고 있다.

황종은 초구(初九)이고 임종의 초육(初六)을 하생(下生)한다. 임종은 또 태주의 구이(九二)를 상생(上生)하고, 태주는 또 남려의 육이(六二)를 하생하고, 남려는 또 고선의 구삼(九三)을 상생하고, 고선은 또 응종의 육삼(六三)을 하생하고, 응종은 또 유빈의 구사(九四)를 상생하고, 유빈은 또 대려의 육사(六四)를 상생하고, 대려는 또 이칙의 구오(九五)를 하생하고, 이칙은 또 협종의 육오(六五)를 상생하고, 협종은 또 무역의 상구(上九)를 하생하고, 무역은 중려의 상육(上六)을 상생한다.137 [『주례』 권23. 16b]

『주례』에 의하면 율려는 건·곤괘 6효에 배분되어 상하상생하는데, 율려의 생성 순서에 따라 6률은 건괘의 6효에 배합되고, 6려는 곤괘의 6효에 배합된다. 12율은 황종[건괘▅ 초구효] → 임종[곤괘▦ 초육효] → 태주[건괘▅ 구이효] → 남려[곤괘▦ 육이효] → 고선[건괘▅ 구삼효] → 응종[곤괘▦ 육삼효] → 유빈[건괘▅ 구사효] → 대려[곤괘▦ 육사효] → 이칙[건괘▅ 구오효] → 협종[곤괘▦ 육오효] → 무역[건괘▅ 상구효] → 중려[곤괘▦ 상육효] 등 율려의 생성 순서로 효의 자리가 정해진다.

3) 『한서』「율력지」

『한서』「율력지」에서도 역시 양률과 음려를 건괘와 곤괘에 배합하고 있다.

실제로 삼천양지의 원칙에 따라 하나의 황종 초구를 얻으니 율(律)의 우두머리이고 양(陽)의 변(變)이다. 6효가 모두 9를 법(法)으로 삼는다. 임종의 초육을 얻으니 여(呂)의 우두머리이고 음(陰)의 변(變)이다. 모두 삼천양지의 법이다. 상생(上生)하여 그 수를 배로 하고 6려를 하생하여 그 수를 빼니 모두 9를 법으로 삼는다. 9(九)와 6(六)은 음양이고 부부(夫婦)와 자모(子母)의 도(道)이다. 율(律)이 처(妻)에게 장가들고, 여(呂)가 자(子)를 낳는 것은 천지의 정(情)이다. 6률과 6려이고 12신(辰)이 세워진다. 11월은 건(乾)의 초구이고, 6월은 곤(坤)의 초육이다.138 (『한서』「율력지」권21. 제1상 25b~27a,)

위와 같이 12율의 생성 순서에 따라 황종은 첫 번째 양률(陽律)이므로 초구(初九)에 해당하고 율(律)의 우두머리가 되고, 임종은 첫 번째 음려(陰呂)이므로 초육(初六)에 해당하고 여(呂)의 우두머리이다. 9(九)는 노양수이고, 6(六)은 노음수이다. 12율은 12월에 배분되어 율려 순서에 따라 효의 자리가 정해진다. 6양률은 황종[건괘 초구효, 11월] → 태주[건괘 구이효, 정월] → 고선[건괘 구삼효, 3월]→ 유빈[건괘 구사효, 5월]→ 이칙[건괘 구오효, 7월] → 망역[건괘 상구효, 9월]의 순으로 배열되고, 6음려는 임종[곤괘 초육효, 6월] → 남려[곤괘 육이효, 8월] → 응종[곤괘

육삼효, 10월] → 대려[곤괘 육사효, 12월] → 협종[곤괘 육오효, 2월] → 중려[곤괘 상육효, 4월]의 순으로 배열된다.

4) 『악서』

『악서』(樂書)에는 율려와 6효의 관계를 다음과 같이 설명하고 있다. 특히, 여기에서는 여(呂)를 동(同)으로 표현하고 있다.

> 건효(乾爻)에 근본한 것은 6률(律)이 되고, 곤효(坤爻)에 근본한 것은 6동(同)이 된다. 6률은 좌선(左旋)하여 6동(同), 즉 6려(呂)를 낳은즉 자리를 같이하여 부부의 관계를 상징한다. 6동은 우전(右轉)하여 6률을 낳고 자리를 달리해서 자모(子母)의 관계를 상징한다.139 (『악서』 권40. 6b)

무릇 건(乾)은 천하에 지극히 굳세고 6양(陽)의 근본이다. 무릇 곤(坤)은 천하에 지극히 순(順)하고 6음(陰)의 근본이다. 그러나 음(陰)은 홀로 낳지 않고 양(陽)은 홀로 낳지 않아 기(氣)가 반드시 합한 뒤에 생(生)한다. 그러므로 건·곤괘의 6효로 서로 짝을 낳는다. 황종은 월건 자(子)의 기(氣)인즉 건괘의 초구효이고 괘로는 복괘(復卦)이고 임종을 하생(下生)한다. 즉, 임종은 곤괘의 초육효이고 괘로는 구괘(姤卦)이고, 이것을 율이 첫 번째 처에게 장가든다고 이른다. 황종은 양(陽)으로 9(九)이고, 임종은 음(陰)으로 6(六)이다. 9(九)로 6(六)을 생하여 양이 음을 불러 조화를 이루는 뜻을 밝히는 것이다. 임종은 월건 미(未)의 기이고 태주를 상생(上生)한다. 즉, 태주는 건괘의 구이효이고 괘로는 임괘(臨卦)이고, 이것을 여(呂)가 첫 번째 아들을 낳는다고 이른다. 태주는 월건 인(寅)의 기이고 남려를 하생한다. 즉, 남려는 곤괘의 육이효이고 괘로는 돈괘(遯卦)이고, 이것을 율이 두 번째 처에게 장가든다고 이른다. 남려는 월건 유(酉)의 기이고 고선을 상생한다. 고선은 건괘의 구삼효이고 괘로는 태괘(泰卦)이고, 이것을 여(呂)가 두 번째 아들을 낳는다고 이른다. 고선은 월건 진(辰)의 기이고 응종을 하생한다. 즉, 응종은 곤괘의 육삼효이고 괘로는 비괘(否卦)이고, 이것을 율이 세 번째 처에게 장가든다고 이른다. 응종은 월건 해(亥)의 기이고 유빈을 상생한다. 유빈은 건괘의 구사효이고 괘로는 대장괘(大壯卦)이고, 이것을 여(呂)가 세 번째 아들을 낳는다고 이른다. 유빈은 월건 오(午)의 기이고 대려를 상생한다. 즉, 대려는 곤괘의 육사효이고 괘로는 관괘(觀卦)이고, 이것을 율이 네 번째 처에게 장가든다고 이른다. 대려는 월건 축(丑)의 기이고 이칙을 하생한다. 이칙은 건괘의 구오효이고 괘로는 쾌괘(夬卦)이고, 이것을 여(呂)가 네 번째 아들을 낳는다고 이른다. 이칙은 월건 신(申)의 기이고 협종을 상생한다. 즉, 협종은 곤괘의 육오효이고 괘로는 박괘(剝卦)이고, 이것을 율이 다섯 번째 처에게 장가든다고 이른다. 협종은 월건 묘(卯)의 기이고 무역을 하생한다. 무역은 건괘의 상구효이고 괘로는 건괘이고, 이것은 여(呂)가 다섯 번째 아들을 낳는다고 이른다. 무역은 월건 술(戌)의 기이고 중려를 상생한다. 즉, 중려는 곤괘의 상육효이고 괘로는 곤괘이고, 이것을 율이 여섯 번째 처에게 장가든다고 이른다.140 (『악서』 권101. 5b~6b)

『악서』에 의하면 12율을 12벽괘와 건·곤괘 6효로 배합하고

제3장 율려와 괘효 161

있는데 12율과 12벽괘에 대해서는 3장 1절에서 자세히 다루었다. 그리고 12율과 건·곤괘의 6효를 정리하면 다음과 같다. 건효(乾爻)에 근본한 것은 6률이 되어 6률은 건괘의 초구(初九), 구이(九二), 구삼(九三), 구사(九四), 구오(九五), 상구(上九) 등 6효에 해당하고, 곤효(坤爻)에 근본한 것은 6동(同)이 되어 6려(呂)는 곤괘의 초육(初六), 육이(六二), 육삼(六三), 육사(六四), 육오(六五), 상육(上六) 등 6효에 해당한다. 건효는 건괘의 6효라는 뜻으로 양효(—)로서 6양률을 나타내고, 노양의 수 9(九)로 나타낸다. 곤효는 곤괘의 6효로서 음효(--)로서 6음려를 나타내고 노음의 수 6(六)으로 나타낸다. 12율은 황종[건괘 초구효, 子] → 임종[곤괘 초육효, 未] → 태주[건괘 구이효, 寅] → 남려[곤괘 육이효, 酉] → 고선[건괘 구삼효, 辰] → 응종[곤괘 육삼효, 亥] → 유빈[건괘 구사효, 午] → 대려[곤괘 육사효, 丑] → 이칙[건괘 구오효, 申] → 협종[곤괘 육오효, 卯] → 무역[건괘 상구효, 戌] → 중려[곤괘 상육효, 巳] 등으로 율의 생성 순서에 따라 효의 자리가 정해진다.

5) 『악학궤범』

『악학궤범』(樂學軌範)에서는 12율을 다음과 같이 건·곤괘 6효에 배합하여 설명하고 있다.

> 황종은 건괘의 초구이다. 대려는 곤괘의 육사이다. 태주는 건괘의 구이이다. 협종은 곤괘의 육오이다. 고선은 건괘의 구삼이다. 중려는 곤괘의 상육이다. 유빈은 건괘의 구사이다. 임종은 곤괘

의 초육40)이다. 이칙은 건괘의 구오이다. 남려는 곤괘의 육이이다. 무역은 건괘의 상구이다. 응종은 곤괘의 육삼이다.141 (『악학궤범』 권1. 6b~8a)

『악학궤범』에 의하면 12율의 6양률은 건괘의 6효에 해당하고 6음려는 곤괘의 6효에 해당한다. 즉, 황종은 건괘☰의 6효 중 초구효, 대려는 곤괘☷의 6효 중 육사효, 태주는 건괘 구이효, 협종은 곤괘 육오효, 고선은 건괘 구삼효, 중려는 곤괘 상육효, 유빈은 건괘 구사효, 임종은 곤괘 초육효, 이칙은 건괘 구오효, 남려는 곤괘 육이효, 무역은 건괘 상구효, 응종은 곤괘 육삼효에 해당된다.

위에서 언급한 64괘 중 순양괘인 건괘☰와 순음괘인 곤괘☷의 6효의 괘사(卦辭)와 효사(爻辭)의 내용에 대해 살펴보면 다음과 같다.

건(乾)은 원(元)코 형(亨)코 이(利)코 정(貞)하니라. 초구(初九)는 잠긴 용(龍)이니 쓰지 마라. 구이(九二)는 나타난 용이 밭에 있으니 대인(大人)을 봄이 이롭다. 구삼(九三)은 군자가 종일토록 굳세고 굳세니 저녁에 두려워하면 위태로우니 허물이 없다. 구사(九四)는 혹 뛰어 못에 있으니 허물이 없다. 구오(九五)는 나는 용이 하늘에 있으니 대인을 보는 것이 이롭다. 상구(上九)는 높은 용이니 뉘우침이 있다.142 (『주역』「상경」 중천건괘)

곤(坤)은 원(元)코 형(亨)코 이(利)코 암컷 말의 정(貞)이니

---

40) 『악학궤범』에 '六二'라고 기록되어 있으나 율의 생성 과정에서 임종은 음(陰)으로 처음 얻은 것이기에 '初六'으로 정정해야 한다.

군자가 갈 바가 있다. 앞서하면 아득하고 뒤에 하면 얻으리니 이(利)를 주장할 것이다. 음(陰)에 해당하는 서남(西南)은 벗을 얻게 되고 양(陽)에 해당하는 동북(東北)은 벗을 잃게 되니 편안하고 바르게 하면 길하게 된다. 초육(初六)은 서리를 밟으면 굳은 얼음이 이르게 된다. 육이(六二)는 곧고 모가 나고 크니 익히지 않아도 이롭지 아니함이 없다. 육삼(六三)은 음이 빛나는 것을 머금어 가히 곧게 하니, 혹 왕의 일을 좇으면 이룸은 없으나 마침은 있다. 육사(六四)는 주머니를 닫으면 허물도 없고 명예로움도 없게 된다. 육오(六五)는 황색의 치마면 크게 길하다. 상육(上六)은 용(龍)이 들에서 싸우니 그 피가 검고 누렇다.143 (『주역』「상경」중지곤괘)

건괘☰는 여섯 개의 양효로만 구성되어 있는 순양괘이고, 곤괘☷는 여섯 개의 음효로만 구성되어 있는 순음괘이다. 이 두 괘를 사실상의 『주역』 전체에 대한 총론 부분에 해당되는 것으로 본다면 나머지 62괘는 『주역』에 대한 각론이라고 할 수 있다. 이처럼 건괘와 곤괘가 『주역』에서 가지고 있는 중요성은 엄청난 것이다. 그러므로 건과 곤은 천(天)과 지(地), 부(父)와 모(母), 남(男)과 여(女), 강(剛)과 유(柔), 양(陽)과 음(陰), 말[馬]과 소[牛], 이지(易知)와 간능(簡能), 원(元)과 정(貞) 등은 상대적이면서 보완적인 관계에 놓여 있다. 이 때문에 『주역』에서는 건괘와 곤괘에 특별히 근원 또는 중심을 의미하는 원(元)이라는 말을 붙여 건원(乾元)과 곤원(坤元)이라고 말한다. 12율을 건괘와 곤괘의 12효로 표현하는 것은 바로 이런 이유에서이다.

위에서 살펴본 바와 같이 12율은 건·곤괘의 6효에 해당하는데 이것을 비교하면 다음의 도표와 같다.

도표 48) 12율과 6효

六律	六爻	乾卦	坤卦	六爻	六呂
無射	上九爻			上六爻	中呂
夷則	九五爻			六五爻	夾鐘
蕤賓	九四爻			六四爻	大呂
姑洗	九三爻			六三爻	應鐘
太簇	九二爻			六二爻	南呂
黃鐘	初九爻			初六爻	林鐘

이상으로 율려와 6효에 대하여 살펴보았다. 『국어』「주어」하는 율려가 최초로 『주역』의 건·곤괘 6효에 배합되어 있다는 것을 말해준다. 이것은 율려가 『주역』의 바탕 위에 성립되어 있다는 것을 증명해 주는 최초의 자료라고 생각된다. 『국어』「주어」하를 비롯해 『주례』, 『한서』「율력지」, 『악서』, 『악학궤범』 등에 의하면 12율 중 6양률은 건괘의 6효에 해당하고 6음려는 곤괘의 6효에 해당한다. 12율은 율려의 생성 순서에 따라 효의 자리가 결정된다. 즉, 12율은 황종[건괘䷀ 초구효] → 임종[곤괘䷁ 초육효] → 태주[건괘䷀ 구이효] → 남려[곤괘䷁ 육이효] → 고선[건괘䷀ 구삼효] → 응종[곤괘䷁ 육삼효] → 유빈[건괘䷀ 구사효] → 대려[곤괘䷁ 육사효] → 이칙[건괘䷀ 구오효] → 협종[곤괘䷁ 육오효] → 무역[건괘䷀ 상구효] → 중려[곤괘䷁ 상육효] 등의 율려의 생성 순서에

따라 건·곤괘 6효의 자리가 정해진다. 이 율려의 생성 순서는 삼분손익법과 상하상생법에 의거한다는 것을 알 수 있다.

제4장
율려와 오행

1. 하도·낙서와 오성
2. 율려와 오성
3. 오성과 오행

율려와 오행

1. 하도·낙서와 오성

「계사전」에 황하(黃河)에서 도(圖)가 나오고 낙수(洛水)에서 서(書)가 나오니 성인(聖人)이 이를 본받았다144고 하였다. 이 하도(河圖)와 낙서(洛書)는 5성(聲)과 어떠한 관계를 가지고 있는지 살펴보기로 한다.

1) 하도와 오성

하도는 지금으로부터 5,000여 년 전 복희씨가 처음으로 왕이 되어 백성을 다스릴 적에 황하에서 머리는 용이고 몸은 말의 형상을 한 용마(龍馬)가 나왔다. 그 용마의 등에는 1에서 10에 이르는 수를 나타낸 무늬의 그림이 나왔는데 그것을 하도(河圖)라고 이른다145고 하였다. 이런 하도를 바탕으로 하여 팔괘의 획을 그었다고 한다. 하도는 다음의 도표와 같다.

도표 49) 하도[146]

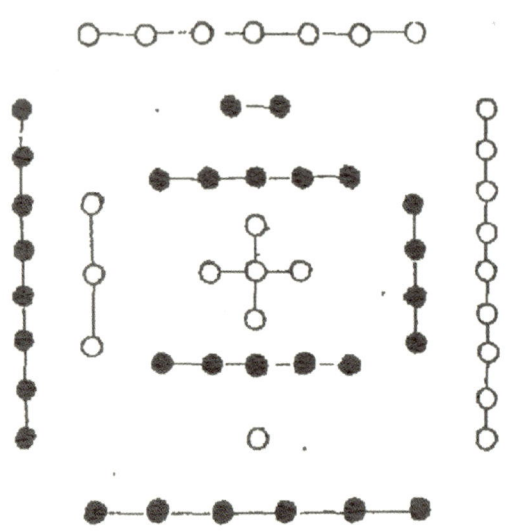

위의 도표 49)와 같이 하도는 1에서 10까지의 수로 이루어져 있다. 생수(生數) 1·2·3·4·5 등은 안쪽에 있고, 성수(成數) 6·7·8·9·10 등은 바깥쪽에 있으며, 1·3·5·7·9 등의 양수(陽數)는 흰 점으로 나타내고, 2·4·6·8·10 등의 음수(陰數)는 검은 점으로 되어 있다. 그리고 하도수가 음양 배합이 되어 5방(方)에 위치한다. 즉, 생수 1(양수)과 성수 6(음수)은 합하여 북방에 있고, 생수 2(음수)와 성수 7(양수)은 합하여 남방에 있고, 생수 3(양수)과 성수 8(음수)은 합하여 동방에 있고, 생수 4(음수)와 성수 9(양수)는 합하여 서방에 있고, 생수 5(양수)와 성수 10(음수)은 합하여 중앙에 있다. 하도의 수 1에서 10까지 합하면 55가 된다. 하도의 구성은 5행 상생의 원리로 되어 있는데 하도와 5행 상생의 관계를 살펴보면 다음과 같다.

도표 50) 하도와 5행 상생(五行相生)[147]

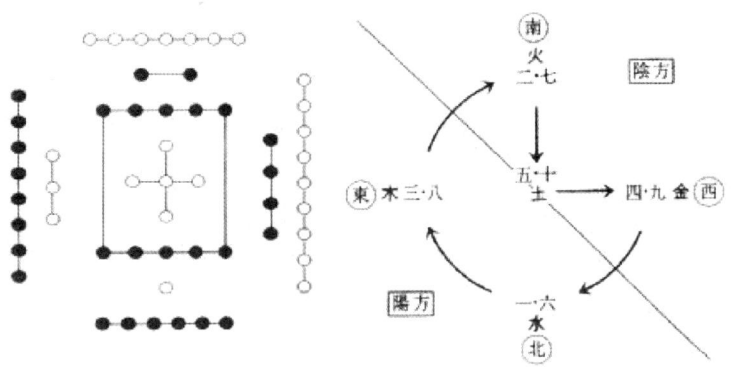

위와 같이 5행은 또한 하도수의 음양 배합과 연관되어 해석되기도 한다. 생수 1과 성수 6은 합하여 수(水: 북방)가 되고, 생수 2와 성수 7이 합하여 화(火: 남방)가 되고, 생수 3과 성수 8이 합하여 목(木: 동방)이 되고, 생수 4와 성수 9가 합하여 금(金: 서방)이 되고, 생수 5와 성수 10이 합하여 토(土: 중앙)가 되는데 이와 같이 5행은 음양 배합에 의해 이루어진다. 위의 화살표에서 알 수 있듯이 하도는 수생목(水生木), 목생화(木生火), 화생토(火生土), 토생금(土生金), 금생수(金生水)로서 5행 상생의 이치에 근거하고 있다. 하도와 5행의 관계를 나타내면 다음의 도표와 같다.

도표 51) 하도수와 5행

河圖數	1	6	2	7	3	8	4	9	5	10
天地數	天數	地數	地數	天數	天數	地數	地數	天數	天數	地數
生成數	生數	成數	生數	成數	生數	成數	生數	成數	生數	成數
五行	水		火		木		金		土	

172 율려와 주역

方 位	北	南	東	西	中

『율려천미』는 이런 하도의 수를 5성과 관련시켜 설명하고 있는데 그 관계를 도표로 설명하면 아래와 같다.

도표 52) 하도5성본수도(河圖五聲本數圖)[148]

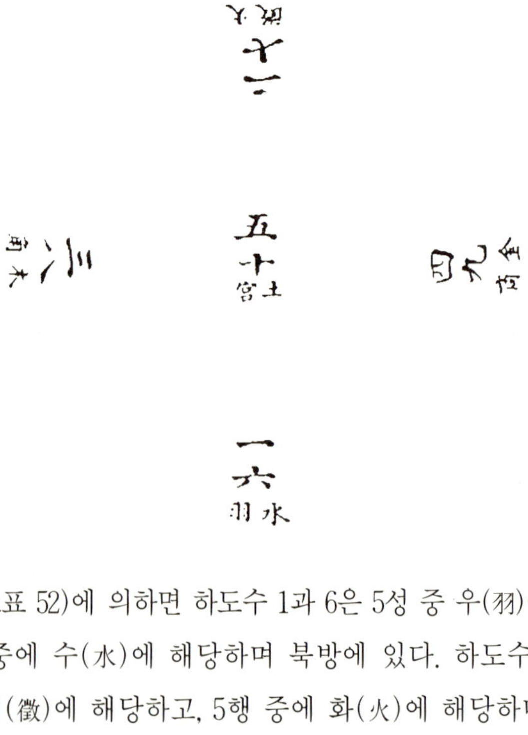

위의 도표 52)에 의하면 하도수 1과 6은 5성 중 우(羽)에 해당하고, 5행 중에 수(水)에 해당하며 북방에 있다. 하도수 2와 7은 5성 중 치(徵)에 해당하고, 5행 중에 화(火)에 해당하며 남방에 있다. 하도수 3과 8은 5성 중 각(角)에 해당하고, 5행 중에 목(木)에 해당하며 동방에 있다. 하도수 4와 9는 5성 중 상(商)에 해당하고, 5행 중에 금(金)에 해당하며 서방에 있다. 하도수 5와 10은 5성 중 궁(宮)에 해당하고, 5행 중에 토(土)에 해당하며 중앙에 있다.

제4장 율려와 오행   173

이것을 도표로 나타내면 다음과 같다.

도표 53) 하도수와 5성・5행

河圖數	1・6	2・7	3・8	4・9	5・10
五 聲	羽	徵	角	商	宮
五 行	水	火	木	金	土
五 方	北	南	東	西	中

다음에는 하도와 5성이 어떠한 순서에 의해 상생(相生)하고 있는지를 하도5성순서상생도(河圖五聲順序相生圖)를 통해 살펴보도록 하자.

도표 54) 하도5성순서상생도[149]

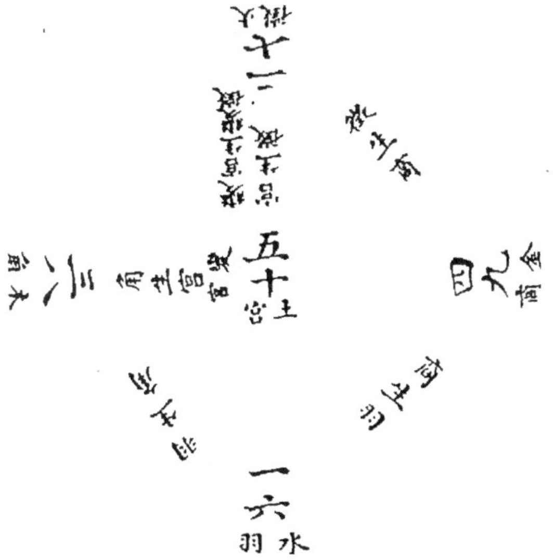

5성(聲)은 대소(大小)의 순서가 있다. 5방(方)의 자리이다. 그런즉 상생(相生)의 순서가 있게 된다. 중앙으로부터 남방으로 가고, 남방은 서방으로 가고, 서방은 북방으로 가고, 북방은 동방으로 가고, 동방은 중앙으로 돌아오고, 남방으로 돌아오는 것은 자연의 수(數)이지 삼분손익과 관계되는 것이 아니다. 5행 상생은 또한 하도에 따라 좌선하고, 이와 같지 않다는 것은 5행은 중앙으로부터 서방이고, 5성은 중앙으로부터 남방이니 서로 한 위(位)의 차이가 나는데 각각 나름대로 도리가 있는 것이다.150 (『율려천미』 권6. 11a)

위와 같이 하도에 의해 5성 상생의 순서는 5행 상생의 순서와 한 자리의 차이가 생긴다는 것을 알 수 있다. 하도의 수 1과 6은 5성 중 우(羽)에 해당하고 북방에 있다. 2와 7은 5성 중 치(徵)에 해당하고 남방에 있다. 3과 8은 5성 중 각(角)에 해당하고 동방에 있다. 4와 9는 5성 중 금(金)에 해당하고 서방에 있다. 5와 10은 5성 중 토(土)에 해당하고 중앙에 있다. 5성 상생은 궁생치(宮生徵), 치생상(徵生商), 상생우(商生羽), 우생각(羽生角), 각생궁(角生宮)으로 중앙[宮] → 남방[徵] → 서방[商] → 북방[羽] → 동방[角] → 중앙[變宮]의 방위로 상생하고, 5행 상생은 토생금(土生金), 금생수(金生水), 수생목(水生木), 목생화(木生火), 화생토(火生土)로 중앙[土] → 서방[金] → 북방[水] → 동방[木] → 남방[火] → 중앙[土]의 방위로 상생하여 5성 상생과 5행 상생은 서로 한 자리씩 차이가 생긴다.

그리고 위 도표 24) 하도함격팔상생지도(河圖含隔八相生之圖)

에서 살펴본 것처럼 하도의 수를 격팔하여 5성이 상생한다는 것을 알 수 있다.

하도의 위수(位數)는 5성과 합하여 상생한다. 그러나 하도의 수 10과 12율의 수 12는 서로 합하지 않는 것 같으나 율은 격팔상생(隔八相生)한다. 격팔(隔八)은 그 본래의 위수를 포함하므로 실제로는 격칠(隔七)이 된다. 하도의 중앙 5 이후의 수는 제8번째 자리로 상생하고, 다시 한 바퀴를 돌아 5로 거듭해서 돌아와 끝없이 순환하는 것이다. 12율 또한 이와 같다. 구법(舊法)에 삼분손익을 사용하여 재생(再生)할 수 없다. 그러나 신법(新法)에 끝없이 순환하는 것이 하도의 이수(理數)와 더불어 합하는 것이 바르다.151 (『율려천미』 권6. 17a)

『율려천미』에 의하면 5성이 하도의 수를 격팔하여 상생한다. 5성이 궁(宮: 5와 10, 중앙) → 치(徵: 2와 7, 남방) → 상(商: 4와 9, 서방) → 우(羽: 1과 6, 북방) → 각(角: 3과 8, 동방) → 궁(宮: 5와 10, 중앙) 등의 순서에 의해 궁생치(宮生徵), 치생상(徵生商), 상생우(商生羽), 우생각(羽生角), 각생궁(角生宮)으로 5성이 상생한다. 이와 같이 5성의 상생 순서가 하도의 수를 격팔하여 상생하는 것과 관련이 되어 있다는 것은 매우 새로운 사실이다. 궁은 5와 10으로 중앙에 있다. 중앙 5의 수가 8번째로 자리하면 5+7-10=2가 되고, 중앙 10의 수가 8번째로 자리하면 10+7-10=7이 된다. 그러므로 궁[5와 10, 중앙]은 치[2와 7, 남방]를 생한다. 치는 2와 7로 남방에 있다. 남방 7의 수가 8번째로 자리하면

7+7-10=4가 되고, 남방 2의 수가 8번째로 자리하면 2+7=9가 된다. 그러므로 치는 상[4와 9, 서방]을 생한다. 상은 4와 9로 서방에 위치한다. 서방 4의 수가 8번째로 자리하면 4+7-10=1이 되고, 서방 9의 수가 8번째로 자리하면 9+7-10=6이 된다. 그러므로 상은 우[1과 6, 북방]를 생한다. 우는 1과 6으로 북방에 위치한다. 북방 6의 수가 8번째로 자리하면 6+7-10=3이 되고, 북방 1의 수가 8번째로 자리하면 1+7=8이 된다. 우는 각[3과 8, 동방]을 생한다. 각은 3과 8로 동방에 위치한다. 동방 8의 수가 8번째로 자리하면 8+7-10=5가 되고, 동방 3의 수가 8번째로 자리하면 3+7=10이 된다. 그러므로 각은 궁을 생한다. 위에서 7을 더하는 이유는 격팔이 그 본래의 위수를 포함하므로 실제로는 격칠이 되기 때문이다. 그리고 하도의 수는 1에서 10까지이므로 위의 계산에서 10 이상의 수가 나오면 10을 빼서 수를 구하고 그에 따른 성(聲)을 생한다. 이렇게 끝없이 순환한다.

2) 낙서와 오성

낙서는 『서경』의 「홍범」에 의하면 약 4,000년 전 중국에 홍수가 났을 때 하우씨(夏禹氏)가 5행의 원리를 터득하여 이에 적용하였다고 한다. 그 당시 낙수에서 신령한 거북이가 나왔는데 등에 9궁(宮)의 수를 짊어지고 나온 것을 낙서라고 하는데 우(禹)가 그것을 보고서 정전법(井田法)을 실시하고 세상을 다스리는 홍범9주(洪範九疇)[41]를 폈다고 한다. 낙서는 1에서 9까지의 수로 이루어

---

41) 9주(九疇)는 ①5행(五行), ②5사(五事), ③8정(八政), ④5기(五紀), ⑤황

제4장 율려와 오행   177

져 있다. 1[북방], 3[동방], 5[중앙], 7[서방], 9[남방] 등의 양수는 흰 점으로 나타내고 정방(正方)에 위치하고 있고, 2[서남방], 4[동남방], 6[서북방], 8[동북방] 등의 음수는 검은 점으로 나타내고 간방(間方)에 위치하고 있다. 낙서의 수는 1에서 9까지 합하면 45가 된다. 낙서와 오성의 수를 배합하면 다음과 같다.

도표 55) 낙서5성본수도(洛書五聲本數圖)152

```
        九
        商
    四           二
    商           徵
        
  三     五         七
  角     宮         徵
        
        八         六
        角         羽
                一
                羽
```

낙서와 오성의 본수(本數)는 2·7의 치(徵)와 1·6의 우(羽)는 궁(宮)의 앞에 있고 서북방에 있으며, 4·9의 상(商)과 3·8의 각(角)은 궁(宮)의 뒤에 있고 동남방에 있다.153 (『율려천미』 권6. 22a)

낙서의 수와 방위에 따라 오성을 배열하면 궁(宮)은 중앙의 5에 해당하고, 상(商)은 동남방의 4와 남방의 9에 해당하고, 각(角)

극(皇極), ⑥3덕(三德), ⑦계의(稽疑), ⑧서징(庶徵), ⑨복극(福極)이다.

은 동방의 3과 동북방의 8에 해당하고, 치(徵)는 서남방의 2와 서방의 7에 해당하고, 우(羽)는 북방의 1과 서북방의 6에 해당한다. 이것을 도표로 나타내면 다음과 같다.

도표 56) 낙서수와 5성

洛書數	1	6	2	7	3	8	4	9	5
五 聲	羽		徵		角		商		宮
五 位	北	西北	西南	西	東	東北	東南	南	中

위 도표 56)와 같이 낙서는 방위에 따라 수와 5성이 배분되고, 5행 상극(五行相克)에 해당하는데 낙서와 5행 상극을 도표로 나타내면 다음과 같다.

도표 57) 낙서와 5행 상극[154]

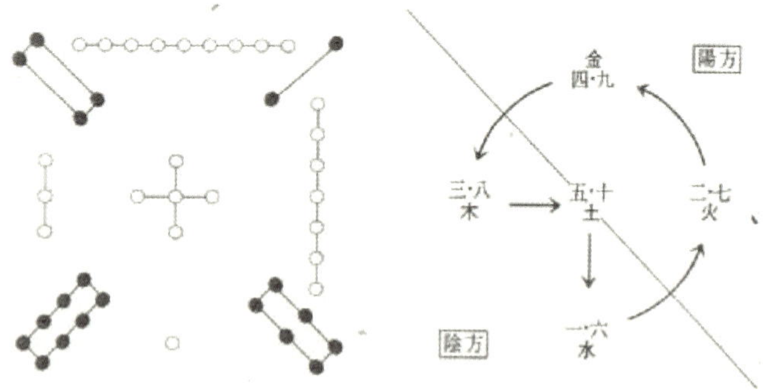

도표 57)에 의하면 생수(生數) 1·성수(成數) 6이 합하여 수(水)가 되고, 생수 2·성수 7이 합하여 화(火)가 되고, 생수 3·성수 8이 합하여 목(木)이 되고, 생수 4·성수 9가 합하여 금(金)이

되고, 생수 5는 토(土)가 된다. 이와 같이 5행은 생수와 성수의 음양배합에 의해 이루어진다. 낙서의 수 1에서 9까지 합하면 45가 된다. 위의 화살표에서 알 수 있듯이 낙서는 수극화(水克火), 화극금(火克金), 금극목(金克木), 목극토(木克土), 토극수(土克水)로서 5행 상극의 이치로 되어 있다. 낙서수와 5행을 도표로 나타내면 다음과 같다.

도표 58) 낙서수와 5행

洛書數	1	6	2	7	3	8	4	9	5
天地數	天數	地數	地數	天數	天數	地數	地數	天數	天數
生成數	生數	成數	生數	成數	生數	成數	生數	成數	生數
五 行	水		火		木		金		土
方 位	北	西北	西南	西	東	東北	東南	西南	中

하도와 낙서에서는 금(金)·화(火) 교역(交易)이 이루어지고 있다. 즉, 금(金)과 화(火)의 방위가 서로 바뀌어 있다. 그러므로 하도는 5행 상생하고 낙서는 5행 상극하는 원리를 바탕으로 하고 있다.『회남자』는 5행 상생과 5행 상극에 관하여 다음과 같이 말하고 있다.

목(木)이 굳세면 수(水)는 늙고, 화(火)는 생(生)하고, 금(金)은 갇히고, 토(土)는 죽는다. 화가 굳세면 목이 늙고, 토는 생하고, 수는 갇히고, 금은 죽는다. 토가 굳세면 화가 늙고 금은 생하고, 목은 갇히고, 수는 죽는다. 금이 굳세면 토가 늙고 수는 생하고, 화는 갇히고, 목은 죽는다. 수가 굳세면 금이 늙고 목은 생하고,

토는 갇히고, 화는 죽는다.155 [『회남자』 권4.「추형훈」(墜形訓) 11a]

5행은 서로 상생하고 상극한다. 목은 화를 생하지만 토를 이기고, 화는 토를 생하지만 금을 이기고, 토는 금을 생하지만 수를 이기고, 금은 수를 생하지만 목을 이기고, 수는 목을 생하지만 화를 이긴다. 이것을 도표로 나타내면 다음과 같다.

도표 59) 하도·낙서와 5행 상생·상극

河圖	五行相生	水生木, 木生火, 火生土, 土生金, 金生水
洛書	五行相克	木克土, 土克水, 水克火, 火克金, 金克木

이상으로 위의 내용을 종합하여 보면 5성(聲)은 하도의 수를 격팔하여 상생(相生)한다. 즉, 5성이 궁(宮: 5·10, 중앙) → 치(徵: 2·7, 남방) → 상(商: 4·9, 서방) → 우(羽: 1·6, 북방) → 각(角: 3·8, 동방) → 궁(宮: 5·10, 중앙)의 순서에 의해 궁생치, 치생상, 상생우, 우생각, 각생궁으로 5성 상생한다. 이러한 5성의 상생 순서가 하도의 수를 격팔하여 상생하는 것과 관련이 되어 있다는 것은 매우 새로운 사실이다. 낙서의 수와 방위에 따라 5성을 배열하면 궁은 중앙의 5에 해당하고, 상은 동남방의 4와 남방의 9에 해당하고, 각은 동방의 3과 동북방의 8에 해당하고, 치는 서남방의 2와 서방의 7에 해당하고, 우는 북방의 1과 서북방의 6에 해당한다. 그래서 5행 중 금과 화가 서로 반대로 위치한 것과 같이 하도와 낙서에 있어 5성 중 치와 상의 방위는 서로 반대로

되어 있다.

2. 율려와 오성

율려와 5성(聲)은 서로 경위(經緯)가 되어 서로 불가분의 관계를 가지고 있다. 맹자(孟子)가 말하기를 "사광(師曠)42)의 귀밝음으로도 6률(律)로써 하지 않으면 5음(音)을 바르게 할 수 없다"156라고 하였는데, 6률의 근본이 바로 서야 5음을 이룰 수 있다는 것이다. 여기서 6률은 6률과 6려를 통칭하고, 5음이라는 명칭은 5성의 의미와 같다. 5성은 궁・상・각・치・우를 말한다. 그러면 율려와 5성에 대하여 살펴보도록 하자.

1)『주례』
『주례』(周禮)「춘관」(春官)은 강신악(降神樂)에서 율려와 5성의 관계에 대하여 말하고 있다.

> 무릇 악(樂)은 원종위궁(圜鍾爲宮), 황종위각(黃鍾爲角), 태주위치(太蔟爲徵), 고선위우(姑洗爲羽) 등이 되고, 뇌고(雷鼓)와 뇌도(雷鼗), 고죽(孤竹)으로 만든 관(管), 운화산(雲和山)의 금(琴)과 슬(瑟), 운문(雲門)의 춤 등으로 동지(冬至)에 지상의 원구(圜丘)에서 연주하는데, 그 악(樂)이 6변(變)하면 천신(天神)이 모두 내려와서 예를 올릴 수 있다. 무릇 악은 함종위궁(函

---

42) 춘추시대(春秋時代) 진(晋) 나라의 악사(樂士).

鍾爲宮), 태주위각(太簇爲角), 고선위치(姑洗爲徵), 남려위우(南呂爲羽) 등이 되고, 영고(靈鼓)와 영도(靈鼗) 그리고 뿌리 끝에서 나오는 손죽(孫竹)으로 만든 관(管), 공상산(空桑山)의 금(琴)과 슬(瑟), 함지(咸池)의 춤 등으로 하지(夏至)에 연못 가운데 방구(方丘)에서 연주하는데, 그 악이 8변(變)하면 지기(地祇)가 모두 올라와 예를 올릴 수 있다. 무릇 악은 황종위궁(黃鍾爲宮), 대려위각(大呂爲角), 태주위치(太簇爲徵), 응종위우(應鍾爲羽) 등이 되고, 노고(路鼓)와 노도(路鼗) 그리고 음지에서 자란 음죽(陰竹)으로 만든 관(管)과 용문산(龍門山)의 금(琴)과 슬(瑟), 구덕(九德)의 노래와 구경(九磬)의 춤으로 종묘(宗廟) 가운데에서 연주하는데, 그 악이 9변(變)하면 인귀(人鬼)에게 모두 올라와 예를 올릴 수 있다.157 [『주례』 권22. 「춘관」 대사악(大司樂) 17ab]

『주례』「춘관」에 의하면 천신의 제사 음악은 원종위궁, 황종위각, 태주위치, 고선위우 등이고, 지기(地祇)의 제사 음악은 함종위궁, 태주위각, 고선위치, 남려위우 등이고, 인귀(人鬼)의 제사 음악은 황종위궁, 대려위각, 태주위치, 응종위우 등이 된다. 그리고 원종(협종)은 천궁(天宮)으로 묘(卯)에 해당하고, 묘(卯)의 수가 6이므로 6변(變)을 하고, 함종(임종)은 지궁(地宮)으로 미(未)에 해당하고 미(未)의 수가 8이므로 8변(變)을 하고, 황종은 인궁(人宮)으로 자(子)에 해당하고, 자(子)의 수가 9가 되므로 9변(變)을 한다. 3대사(三大祀)의 악조(樂調)를 도표로 나타내면 다음과 같다.

도표 60) 『주례』 3대사의 악조

三大祀	樂		調	
天神	圜鍾爲宮	黃鍾爲角	太蔟爲徵	姑洗爲羽
地祇	函鍾爲宮	太蔟爲角	姑洗爲徵	南呂爲羽
宗廟	黃鍾爲宮	大呂爲角	太蔟爲徵	應鍾爲羽

위와 같이 3대사의 악조에 상성(商聲)이 없는 것은 주 나라는 동방의 목덕(木德)으로 왕이 되었기 때문에 금극목(金克木)의 상극을 피하기 위함이고,158 제사에는 부드러운 것을 숭상하는데 상성(商聲)은 금(金)에 해당하는데 견강하기 때문이다.159 5행 상극 중 금극목은 5행 중 금이 목을 이긴다는 것이다.

2) 『예기』

『예기』(禮記)43) 「월령」(月令)에서는 12율과 5성, 12월의 관계를 다음과 같이 설명하고 있다.

맹춘(孟春)의 달은 그 일(日)이 갑(甲)·을(乙)이고, 음(音)이 각(角)이고, 율(律) 중에 태주이고, 수(數)는 8이다. 중춘(仲春)의 달은 그 일이 갑·을이고, 음은 각이고, 율 중에 협종이고,

---

43) 주대말(周代末) 진한(秦漢) 시대에 공자의 제자들을 비롯해 많은 유학자의 학설을 모아놓은 책이다. 5경(五經)의 하나로 곡례(曲禮), 단궁(檀弓), 왕제(王制), 월령(月令), 예운(禮運), 예기(禮器), 교특생(郊特牲), 명당위(明堂位), 학기(學記), 악기(樂記), 제법(祭法), 제의(祭儀), 관의(冠儀), 혼의(婚儀), 향음주의(鄕飮酒儀), 사의(射儀) 등 49편으로 이루어져 있고, 예의 이론과 실제를 논술한 것이다.

수는 8이다. 계춘(季春)의 달은 그 일이 갑·을이고, 음은 각이고, 율 중에 고선이고, 수는 8이다. 맹하(孟夏)의 달은 그 일이 병(丙)·정(丁)이고, 음은 치(徵)이고, 율 중에 중려이고, 수는 7이다. 중하(仲夏)의 달은 그 일이 병·정이고, 음은 치이고, 율 중에 유빈이고, 수는 7이다. 계하(季夏)의 달은 그 일이 병·정이고, 음은 치이고, 율 중에 임종이고, 수는 7이다. 중앙의 토(土)는 그 일이 무(戊)·기(己)이고, 그 음은 궁(宮)이고, 율 중에 황종의 궁이고, 수는 5이다. 맹추(孟秋)의 달은 그 일이 경(庚)·신(辛)이고, 음은 상(商)이고, 율 중에 이칙이고, 수는 9이다. 중추(仲秋)의 달은 그 일이 경·신이고, 음은 상이고, 율 중에 남려이고, 수는 9이다. 계추(季秋)의 달은 그 일이 경·신이고, 음은 상이고, 율 중에 무역이고, 수는 9이다. 맹동(孟冬)의 달은 그 일이 임(壬)·계(癸)이고, 음은 우(羽)이고, 율 중에 응종이고, 수는 6이다. 중동(仲冬)의 달은 그 일이 임·계이고, 음은 우이고, 율 중에 황종이고, 수는 6이다. 계동(季冬)의 달은 그 일이 임·계이고, 음은 우이고, 율 중에 대려이고, 수는 6이다.160 (『예기』 권14~17. 「월령」)

위와 같이 12율은 5성, 사시(四時)와 천간(天干), 수에 배합된다. 즉 태주[맹춘], 협종[중춘], 고선[계춘] 등은 각성(角聲)이고, 갑·을이고 수는 8이다. 중려[맹하], 유빈[중하], 임종[계하] 등은 치성(徵聲)이고 병·정이고 수는 7이다. 이칙[맹추], 남려[중추], 무역[계추] 등은 상성(商聲)이고 경·신이고 수는 9이다. 응종[맹동], 황종[중동], 대려[계동] 등은 우성(羽聲)이고 임·계이고 수는 6이다. 황종의 궁은 궁성(宮聲)이고 그 일(日)은 무·기이고 중앙의 토(土)에 해당하고 그 수는 5이다. 이 중에서 황종의 궁은 중앙에 위치하여 동서남북으로 안 가는 데가 없어 12율의 중심음인 궁으로 해석해야 한다. 그리고 수는 5성의 수 중에서 6・7・8・9의 성수와 5의 생수를 가리킨다. 이 5성의 수는 5행의 수와 배합된다. 그리고 궁성[5]은 5행 중 토(土)에 해당하므로 각성[8]은 5행 중 목(木), 치성[7]은 5행 중 화(火), 상성[9]은 5행 중 금(金), 우성[6]은 5행 중 수(水)에 해당한다는 것을 미루어 알 수 있다. 5성과 5행의 관계는 다음 5성과 5행의 항목에서 자세히 설명하고자 한다. 이 율려와 5성의 관계를 도표로 나타내면 다음과 같다.

도표 61) 『예기』 율려와 5성

12律	12月	四時	五聲	天干	數	五行
			宮	戊・己	5	土
太簇	정월	孟春	角	甲・乙	8	木
夾鍾	2월	仲春				
姑洗	3월	季春				
中呂	4월	孟夏	徵	丙・丁	7	火
蕤賓	5월	仲夏				
林鍾	6월	季夏				
夷則	7월	孟秋	商	庚・辛	9	金
南呂	8월	仲秋				
無射	9월	季秋				
應鍾	10월	孟冬	羽	壬・癸	6	水
黃鍾	11월	仲冬				
大呂	12월	季冬				

186 율려와 주역

위에서 12율과 5성의 관계를 살펴보았는데, 12율과 5성이 경위(經緯)로 합하게 되면 다음과 같이 60조(調)를 이루게 된다. 그리고 『예기』「예운」(禮運)에 의하면 5성과 6률, 12관(管)이 돌아가면서 서로 궁(宮)이 된다161고 하였다.

3) 『관자』「지원」

『관자』(管子)「지원」(地員) 편에서는 5성에 대하여 다음과 같이 말하고 있다.

치(徵)를 들으면 달아맨 돼지가 놀라서 우는 소리와 같다. 우(羽)를 들으면 말이 들에서 우는 소리와 같다. 궁(宮)을 들으면 소가 굴 속에서 우는 소리와 같다. 상(商)을 들으면 양이 무리지어 떠나는 소리와 같다. 각(角)을 들으면 꿩이 나무 위에 올라서 우는 소리와 같다. 무릇 장차 5음(音)이 일어나는 데 먼저 1을 주로 하여 이에 3을 곱하고 4제곱하니 그 합이 9×9=81이다. 이로써 황종의 가장 근본이 되는 수를 낳아서 그 머리를 궁(宮)으로 삼는다. 이것을 3등분하여 이 중 하나를 더하여 108이 되니 치(徵)로 삼는다. 이것을 3등분하여 이 중 하나를 빼면 당연히 그치게 되니 상(商)으로 삼는다. 이것을 3등분하여 이 중 하나를 더하여 우(羽)로 삼는다. 이것을 3등분하여 이 중 하나를 빼면 당연히 그치게 되니 이것으로 각(角)으로 삼는다.162 (『관자』 권19.「지원」, 제58-2ab)

『관자』「지원」 편에 의하면 치성(徵聲)은 돼지, 우성(羽聲)은 말, 궁성(宮聲)은 소, 상성(商聲)은 양, 각성(角聲)은 꿩의 울음 소리에 배합되어 치성이 가장 낮은 소리가 나고, 각성이 가장 높은 소리가 난다. 이와 같은 5성의 높낮이는 율수와도 관련이 있다. 율수가 많을수록 낮은 소리가 나고, 율수가 적을수록 높은 소리가 난다. 황종의 가장 기본이 되는 수는 81로서 5성 중의 궁(宮)에 해당한다. 그러므로 12율 중 황(黃)은 5성 중 궁(宮, 81)이 되고, 임(林)은 치(徵, 108)가 되고, 태(太)는 상(商, 72)이 되고, 남(南)은 우(羽, 96)가 되고, 고(姑)는 각(角, 64)이 된다.

4) 『여씨춘추』

『여씨춘추』(呂氏春秋)에서는 12율과 오성, 12월의 관계를 다음과 같이 설명하고 있다.

> 정월기(正月紀)는 그 일(日)은 갑(甲)·을(乙)이고, 그 음(音)은 각(角)이고, 율(律) 중에 태주이고, 그 수는 8이다. 2월기는 그 일은 갑·을이고, 그 음은 각이고, 율 중에 협종이고, 그 수는 8이다. 3월기는 그 일은 갑·을이고, 그 음은 각이고, 율 중에 고선이고, 그 수는 8이다. 4월기는 그 일은 병(丙)·정(丁)이고, 그 음은 치(徵)이고, 율 중에 중려이고, 그 수는 7이다. 5월기는 그 일은 병·정이고, 그 음은 치이고, 율 중에 유빈이고, 수는 7이다. 6월기는 그 일은 병·정이고, 그 음은 치이고, 율 중에 임종이고, 그 수는 7이다. 중앙의 토(土)는 그 일은 무(戊)·기(己)이고, 그 음은 궁(宮)이고, 율 중에 황종의 궁(宮)이고, 그 수는 5이다. 7월기는 그 일은 경(庚)·신(辛)이고,

음은 상(商)이고, 율 중에 이칙이고, 수는 9이다. 8월기는 그
일은 경·신이고, 음은 상이고, 율 중에 남려이고, 수는 9이다.
9월기는 그 일은 경·신이고, 그 음은 상이고, 율 중에 무역이고
그 수는 9이다. 10월기는 그 일은 임(壬)·계(癸)이고, 그 음은
우(羽)이고, 율 중에 응종이고, 그 수는 6이다. 11월기는 그
일은 임·계이고, 그 음은 우이고, 율 중에 황종이고, 그 수는
6이다. 12월기는 그 일이 임·계이고, 그 음은 우이고, 율 중에
대려이고, 그 수는 6이다.163 (『여씨춘추』 권1~12)

위와 같이 율려는 5성, 12달과 천간 그리고 수에 배합된다. 태주
[정월]과 협종[2월] 그리고 고선[3월] 등은 각(角)이고, 갑·을이
고, 수는 8이다. 중려[4월]와 유빈[5월] 그리고 임종[6월] 등은
치(徵)이고, 병·정이고, 수는 7이다. 이칙[7월]과 남려[8월] 그리
고 무역[9월] 등은 상(商)이고, 경·신이고, 수는 9이다. 응종[10
월]과 황종[11월] 그리고 대려[12월] 등은 우(羽)이고, 임·계이
고, 수는 6이다. 황종의 궁(宮)은 궁성(宮聲)이고, 그 일(日)은
무·기이고, 중앙의 토(土)에 해당하고, 그 수는 5이다. 이것은
『예기』「월령」의 내용과 거의 같다는 것을 알 수 있다.

5) 『회남자』「시칙훈」

『회남자』「시칙훈」(時則訓)에서는 12율과 5성, 5행, 간지(干支),
사시(四時)의 관계를 다음과 같이 설명하고 있다.

맹춘의 달에는 초요(招搖)44)가 인(寅)을 가리키는데, 그 위치

는 동방이고, 그 일(日)은 갑·을이고, 그 성덕(盛德)은 목(木)에 있고, 그 음은 각(角)이고, 율 중에 태주이고, 그 수는 8이다. 중춘의 달에는 초요가 묘(卯)를 가리키는데, 그 위치는 동방이고, 그 일은 갑·을이고, 그 음은 각이고, 율 중에 협종이고, 그 수는 8이다. 계춘의 달에는 초요가 진(辰)을 가리키는데, 그 위치는 동방이고, 그 일은 갑·을이고, 그 음은 각이고, 율 중에 고선이고, 그 수는 8이다. 맹하의 달에는 초요가 사(巳)를 가리키는데, 그 위치는 남방이고, 그 일은 병·정이고, 그 성덕은 화(火)에 있고, 그 음은 치(徵)이고, 율 중에 중려이고, 그 수는 7이다. 중하의 달에는 초요가 오(午)를 가리키는데, 그 위치는 남방이고, 그 일은 병·정이고, 그 음은 치이고, 율 중에 유빈이고, 그 수는 7이다. 계하의 달에는 초요가 미(未)를 가리키는데, 그 위치는 중앙이고, 그 일은 무·기이고, 그 음은 궁(宮)이고, 율 중에 백종(百鐘)이고, 그 수는 5이다. 맹추의 달에는 초요가 신(申)을 가리키는데, 그 위치는 서방이고, 그 일은 경·신이고, 그 성덕은 금(金)에 있고, 그 음은 상(商)이고, 율 중에 이칙이고, 그 수는 9이다. 중추의 달에는 초요가 유(酉)를 가리키는데, 그 위치는 서방이고, 그 일은 경·신이고, 그 음은 상이고, 율 중에 남려이고, 그 수는 9이다. 계추의 달에는 초요가 술(戌)을 가리키는데, 그 위치는 서방이고, 그 일은 경·신이고, 그 음은 상이고, 율 중에 무역이고, 그 수는 9이다. 맹동의 달에는 초요가 해(亥)를 가리키는데, 그 위치는 북방이고, 그 일은 임·계이고, 그 성덕은 수(水)에 있고, 그 음은 우(羽)이고, 율 중에 응종이고, 그 수는 6이다. 중동의 달에는 초요가 자(子)를 가리키는데,

---

44) 북두칠성의 제7성이다.

그 위치는 북방이고, 그 일은 임·계이고, 그 음은 우이고, 율 중에 황종이고, 그 수는 6이다. 계동의 달에는 초요가 축(丑)을 가리키는데, 그 위치는 북방이고, 그 일은 임·계이고, 그 음은 우이고, 율 중에 대려이고, 그 수는 6이다.164 (『회남자』권5. 「시칙훈」, 1a~17b)

위와 같이 12율은 5성, 5행, 5방, 사시와 간지 그리고 수에 배합된다. 태주[孟春, 5행 중 木, 寅]과 협종[仲春, 卯] 그리고 고선[季春, 辰] 등은 5성 중 각성(角聲)이고 갑·을이고 동방이고, 수는 8이다. 중려[孟夏, 火, 巳]와 유빈[仲夏, 午] 등은 치성(徵聲)이고 병·정이고, 남방이고, 수는 7이다. 백종[季夏, 土, 未]은 궁성(宮聲)이고, 토(土)이고, 무·기이고, 중앙이고, 수는 5이다. 이칙[孟秋, 金, 申]과 남려[仲秋, 酉] 그리고 무역[季秋, 戌] 등은 상(商)이고 경·신이고, 서방이고, 수는 9이다. 응종[孟冬, 水, 亥]과 황종[仲冬, 子] 그리고 대려[季冬, 丑] 등은 우(羽)이고 임·계이고, 북방이고, 수는 6이다. 이것은 『예기』「월령」의 내용과 거의 같은데 다른 점은 12율 중 백종[季夏]이 따로 나와 궁성(宮聲)으로 임종에 해당한다는 것이다.

6) 『한서』「율력지」

『한서』「율력지」는 성(聲)과 율(律)에 대하여 말하고 있다.

천(天)의 중간 수는 5이고, 5는 5성이다. 5성 중의 첫 번째 자리가 궁성이고, 궁성은 5성 중에서 가장 소리가 크다. 지(地)의

제4장 율려와 오행   191

중수(中數)는 6이고 6은 율의 수가 된다. 율에는 형상(形象)이 있고 색(色)이 있다. 색은 황(黃) 위에 5색보다 더 성한 것이 없다.165 (『한서』 권21.「율력지」제1상-5ab)

위와 같이 5성과 6률의 수를 천수와 지수에 비유하여 설명하고 있다. 성(聲)의 수 5는 천수(天數) 1·3·5·7·9 중의 중수(中數)이고, 율의 수 6은 지수(地數) 2·4·6·8·10 중의 중수(中數)이다. 5성은 궁·상·각·치·우 등이고, 6률은 6률과 6려로서 12율을 이른다.

7) 『후한서』「율력지」

『후한서』「율력지」에서는 율려와 5성에 대하여 다음과 같이 이야기하고 있다.

복희가 역(易)을 만들고 양기(陽氣)의 처음을 실마리로 하여 율법(律法)이 된다. 일(日)을 세워 동지의 성(聲)으로 황종은 궁(宮)이 되고, 태주는 상(商)이 되고, 고선은 각(角)이 되고, 임종은 치(徵)가 되고, 남려는 우(羽)가 되고, 응종은 변궁(變宮)이 되고, 유빈은 변치(變徵)가 된다. 이것은 성기(聲氣)의 근본이고, 5음의 바름이다.166 (『후한서』권11.「율력지」(律曆志) 2b)

위와 같이 황종은 궁(宮), 태주는 상(商), 고선은 각(角), 임종은 치(徵), 남려는 우(羽)에 해당된다.

8) 『율려정의』

『율려정의』(律呂精義)[45]에는 60조(調)에 다음의 도표와 같이 위조식(爲調式)과 지조식(之調式)의 두 가지가 전한다.

도표 62) 『율려정의』 60조

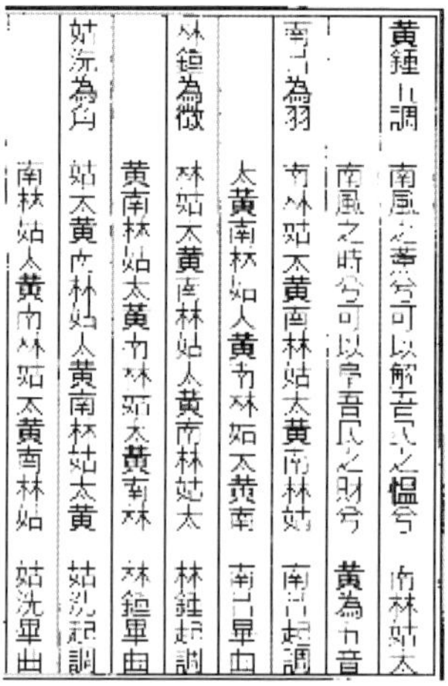

黃鍾五調　南風之薰兮可以解吾民之慍兮　南林姑太
南風之時兮可以阜吾民之財兮　黃為五音
南呂為羽　南林姑太黃南林姑太黃南林姑　南呂起調
太黃南林姑太黃南林姑太黃南　南呂畢曲
林鍾為徵　林姑太黃南林姑太黃南林姑太　林鍾起調
黃南林姑太黃南林姑太黃南林　林鍾畢曲
姑洗為角　姑太黃南林姑太黃南林姑太黃　姑洗起調
南林姑太黃南林姑太黃南林姑　姑洗畢曲

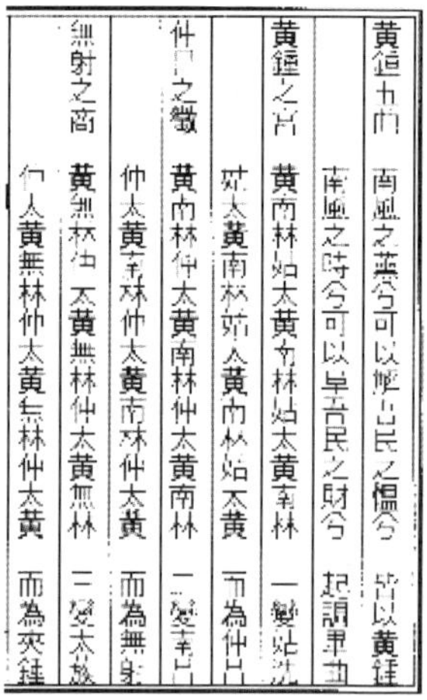

黃鍾五宮　南風之薰兮可以解吾民之慍兮　皆以黃鍾
南風之時兮可以阜吾民之財兮　起調畢曲
黃鍾之宮　黃南林姑太黃南林姑太黃南林　一變姑洗
姑太黃南林姑太黃南林姑太黃　而為仲呂
仲呂之徵　黃南林仲太黃南林仲太黃南林　二變南呂
仲太黃南林仲太黃南林仲太黃　而為無射
無射之商　黃無林仲太黃無林仲太黃無林　三變太簇
仲太黃無林仲太黃無林仲太黃　而為夾鍾

위 도표 62)과 같이 12율에 각각 궁·상·각·치·우의 5조(調)가 있어 60조를 이룬다. 위조식에 의하면 예를 들어 황종의 5조에 남려, 임종, 고선, 태주, 황종이 5성이 되어, 남려위우(南呂爲羽)에서는 남려가 우가 되고, 남려로 시작해서 남려로 곡조를 마친다. 임종위치(林鐘爲徵)에서는 임종이 치가 되고, 임종으로 시작해서 임종으로 곡조를 마친다. 고선위각(姑洗爲角)에서는 고선이 각이 되고, 고선으로 시작해서 고선으로 곡조를 마친다. 태주위상(太簇爲商)에서는 태주가 상이 되고, 태주로 시작해서 태주로 곡조를

45) 북두칠성의 제7성이다.

마친다. 황종위궁(黃鍾爲宮)에서는 황종이 궁이 되고, 황종으로 시작해서 황종으로 곡조를 마친다. 다른 11률의 5조도 이와 같다. 그리고 지조식에 의하면 예를 들어 황종의 5곡(曲)에서는 황종으로 시작해서 황종으로 곡조를 마친다. 황종지궁(黃鍾之宮)에서는 황종이 궁이 되고, 황종으로 시작해서 황종으로 곡조를 마친다. 중려지치(仲呂之徵)에서는 중려가 궁이 되고 황종이 치가 되며, 황종으로 시작해서 황종으로 곡조를 마친다. 무역지상(無射之商)에서는 무역이 궁이 되고, 황종이 상이 되며, 황종으로 시작해서 황종으로 곡조를 마친다. 협종지우(夾鍾之羽)에서는 협종이 궁이 되고, 황종이 우가 되며, 황종으로 시작해서 황종으로 곡조를 마친다. 이칙지각(夷則之角)에서는 이칙이 궁이 되고, 황종이 각이 되며, 황종으로 시작해서 황종으로 곡조를 마친다. 다른 11률의 5곡도 마찬가지이다. 이와 같이 60조에는 위조식과 지조식의 두 가지가 함께 수록되어 있다.

9) 『송사』

『송사』(宋史)에서는 3대사(三大祀)에서 악조에 대하여 말하고 있다.

> 천신을 내리게 하는 음악은 여섯 번 연주하는데, 옛날에는 협종의 균(均)을 사용하여 세 번 연주하는 것을 협종위궁(夾鍾爲宮)이라고 이르고, 이칙균(夷則均)을 한 번 연주하는 것을 황종위각(黃鐘爲角)이라고 이르고, 임종균(林鐘均)을 한 번 연주하는 것을 태주위치(太簇爲徵)와 고선위우(姑洗爲羽)라고 이른다.

땅에 제사지내는 음악과 종묘에 제사지내는 음악도 이 균법(均法)을 살펴보고 곡(曲)을 헤아리는 것이다.167 (『송사』권128. 악3-5b)

『송사』에 의하면 천신을 내리게 하는 음악은 협종위궁 3번, 황종위각 1번, 태주위치 1번, 고선위우 1번으로 이루어져 있다. 이와 같이 강신악(降神樂)은 『주례』에 따르므로 위조식으로 되어 있다.

10) 『율려신서』

『율려신서』는 12율과 5성이 합하여 60조를 이루는 것에 대해 이야기하고 있다.

생각하건대 12율이 돌아가며 서로 궁(宮)이 되고 각각 7성(聲)이 있어서 모두 84성이 된다. 궁성 12, 상성 12, 각성 12, 치성 12, 우성 12로 합계 60성(聲)인데, 이것이 60조가 된다. 변궁(變宮) 12는 우성의 뒤와 궁성의 앞에 있고, 변치(變徵) 12는 각성의 뒤와 치성의 앞에 있어 그 변궁은 궁이되 궁을 이루지 못하고, 변치는 치이되 변치를 이루지 못하여 이 24성은 조(調)가 될 수 없다. 황종궁(黃鐘宮)에서 협종우(夾鐘羽)까지는 모두 황종으로 곡조를 시작하고 끝난다. 대려궁(大呂宮)에서 고선우(姑洗羽)까지는 모두 대려로 곡조를 시작하고 끝난다. 태주궁(太簇宮)에서 중려우(仲呂羽)까지는 모두 태주로 곡조를 시작하고 끝난다. 협종궁(夾鐘宮)에서 유빈우(蕤賓羽)까지는 모두 협종으로 곡조를 시작하고 끝난다. 고선궁(姑洗宮)에서 임종우(林

鐘羽)까지는 모두 고선으로 곡조를 시작하고 끝난다. 중려궁(仲呂宮)에서 이칙우(夷則羽)까지는 모두 중려로 곡조를 시작하고 끝난다. 유빈궁(蕤賓宮)에서 남려우(南呂羽)까지는 모두 유빈으로 곡조를 시작하고 끝난다. 임종궁(林鐘宮)에서 무역우(無射羽)까지는 모두 임종으로 곡조를 시작하고 끝난다. 이칙궁(夷則宮)에서 응종우(應鐘羽)까지는 모두 이칙으로 곡조를 시작하고 끝난다. 남려궁(南呂宮)에서 황종우(黃鐘羽)까지는 모두 남려로 곡조를 시작하고 끝난다. 무역궁(無射宮)에서 대려우(大呂羽)까지는 모두 무역으로 곡조를 시작하고 끝난다. 응종궁(應鐘宮)에서 태주우(太簇羽)까지는 모두 응종으로 곡조를 시작하고 끝난다. 이것이 60조이다. 60조는 곧 12율이다. 12율은 곧 하나의 황종이다. 황종이 12율을 낳고, 12율이 5성과 2변(變)을 낳고, 5성이 각각 벼리가 되어 60조를 이루는데, 60조는 모두 황종을 삼분손익하여 변한 것이다. 궁·상·각의 36조는 노양이고 치와 우의 24조는 노음이다. 조(調)가 이루어지고 음양이 구비되어 있다.168 [『율려신서』 권1. 「율려본원」, 60조도(六十調圖) 제9-26a~27a]

『율려신서』에 의하면 60조는 12율이 돌아가며 서로 궁(宮)이 되어 12율에 5성이 각각 벼리가 되어 궁성 12, 상성 12, 각성 12, 치성 12, 우성 12 등의 총 60성(聲)으로 이루어져 있다. 60조를 도표로 나타내면 다음과 같다.

도표 63) 『율려신서』 60조[169]

南呂角	應鐘商	大呂宮	夾鐘羽	仲呂徵	夷則角	無射商	黃鐘宮	六十調圖第九 鄭氏註 孔氏正義 以周禮淮南子禮記定
南正	應正	大正	夾正	仲正	夷正	無正	黃正	宮
應正	大半	夾正	仲正	林變	無正半變	黃正	大半	商
大半	夾半	仲正	林變	南半變	黃半變	太半變	姑正	角
夾半	仲半	林變	南變	應變	太半變	姑半變	蕤正	變徵
姑半	蕤半	夷正	無正	黃半變	夾半	仲正	林正	徵
蕤半	夷半	無正	黃半變	太半變	仲半變	林半變	南正	羽
夷半	無半	黃半變	太半變	姑半變	林半變	南半變	應正	變宮

    도표 63)에 의하면 60조(調)는 궁조(宮調) 12, 상조(商調) 12, 각조(角調) 12, 치조(徵調) 12, 우조(羽調) 12 등으로 이루어져 있다. 이 60조는 각각 궁(宮), 상(商), 각(角), 변치(變徵), 치(徵), 우(羽), 변궁(變宮) 등의 7성(聲)을 배합하였고, 각 성(聲)의 12율명(律名)은 정성(正聲)과 변성(變聲), 반성(半聲)과 변반성(變半聲)으로 나타내고 있다. 반성(半聲)은 청성(淸聲)이다. 60조는 모두 황종을 삼분손익하여 변한 것이다. 예를 들면 황종궁(黃鐘宮)에

서 협종우(夾鐘羽)까지는 모두 황종으로 곡조를 시작하고 끝난다. 황종궁(黃鐘宮)에서 황종은 궁(宮)이 되고, 무역상(無射商)에서 무역은 궁(宮)이 되고, 황종은 상(商)이 되며, 이칙각(夷則角)에서 이칙은 궁(宮)이 되고, 황종은 각(角)이 되고, 중려치(仲呂徵)에서 중려는 궁(宮)이 되고 황종은 치(徵)가 되고, 협종우(夾鐘羽)에서 협종은 궁(宮)이 되고 황종은 우(羽)가 된다. 즉, 예를 들어 협종우(夾鐘羽)의 경우 협종은 궁성(宮聲)의 율명이고, 우(羽)는 황종을 나타내는 5성 중 우성(羽聲)에 해당한다. 이것을 지조식이라고 한다. 60조 중에서 궁조(宮調), 상조(商調), 각조(角調)는 각각 12조가 있어 궁(宮) 12조+상(商) 12조+각(角) 12조=36조가 되는데, 36조는 9[노양수]×4[사상수]=36으로 노양(=) 책수(策數)가 된다. 치조(徵調)와 우조(羽調)는 각각 12조가 있어 치(徵) 12조+우(羽) 12조=24조가 되는데 24조는 6[노음수]×4[사상수]=24로 노음(==) 책수가 된다. 60조가 이루어지고 음양이 구비되어 있다. 대연(大衍)의 과정을 통하여 책수가 나온다. 사상(四象)에서 노양의 수는 9, 소음의 수는 8, 소양의 수는 7, 노음의 수는 6이다. 노양의 책수는 36이고, 소음의 책수는 32이고, 소양의 책수는 28이고, 노음의 책수는 24이다. 대연지수는 50인데 하도의 중앙의 천수 5와 지수 10을 곱하여 나온 수로서 시초를 이용하여 점칠 때 사용되는 수이다.

11) 『악서』

『악서』(樂書)에서는 5성과 12율은 일신(日辰)에 근본하고 있는데 각각의 수를 다음과 같이 말하고 있다.

5성은 일(日)에 근본하였고 12율은 신(辰)에 근본하였다. 그러므로 갑과 기의 수는 9, 을과 경의 수는 8, 병과 신은 7, 정과 임은 6, 무와 계는 5인데, 이것은 성(聲)에 배속된 수이고, 자(子)와 오(午)의 수는 9, 축(丑)과 미(未)의 수는 8, 인(寅)과 신(申)의 수는 7, 묘(卯)와 유(酉)의 수는 6, 진(辰)과 술(戌)의 수는 5, 사(巳)와 해(亥)의 수는 4인데, 이는 율의 수이다.170 (『악서』 권42. 4b)

성(聲)은 일(日)에 근본하여 천간(天干)에 해당하고, 율(律)은 신(辰)에 근본하여 12지지(地支)에 해당한다. 5성은 일(日)에서 나오고 일은 10간(干)을 나타낸다. 즉, 10간을 차례대로 9에서 5까지 차례로 연속으로 배분된다. 차례대로 각각 다섯으로 두 번 나누어 보면 갑은 9, 을은 8, 병은 7, 정은 6, 무는 5, 다시 처음으로 돌아가 기는 9, 경은 8, 신은 7, 임은 6, 계는 5에 배분함으로써 다섯으로 나누는 것이 바로 5성에 해당한다. 6률은 신(辰)에서 나오고 신(辰)은 12지를 나타낸다. 즉, 12지를 차례대로 9에서 4에 연속으로 배분된다. 즉, 각각 여섯으로 두 번 나누어 보면 자(子)는 9, 축(丑)은 8, 인(寅)은 7, 묘(卯)는 6, 진(辰)은 5, 사(巳)는 4, 다음 오(午)는 9, 미(未)는 8, 신(申)은 7, 유(酉)는 6, 술(戌)은 5, 해(亥)는 4에 배분함으로써 여섯으로 나누는 것이 바로 6률에 해당한다. 위 내용을 정리하면 다음과 같다.

도표 64) 성(聲)의 수와 천간

聲의 수	9	8	7	6	5
日[天干]	甲	乙	丙	丁	戊
	己	庚	辛	壬	癸

제4장 율려와 오행 199

도표 65) 율(律)의 수와 지지

律의 수	9	8	7	6	5	4
辰[地支]	子	丑	寅	卯	辰	巳
	午	未	申	酉	戌	亥

12)『악학궤범』

『악학궤범』(樂學軌範)에는 60조에 대하여 다음과 같이 기술하고 있다.

생각컨대 율에는 12성(聲)이 있는데 다만 7성만을 사용한다. 12율이 돌아가며 5조(調)가 되어 60조를 이룬다. 우리나라에는 율을 사용하는데 아악(雅樂)에는 7성을 사용하고, 속악(俗樂)에는 2변(變)을 사용하지 않고 다만 5성만을 사용한다. 성(聲)에는 청탁(淸濁)이 있고, 하오(下五), 하사(下四), 하삼(下三), 하이(下二), 하일(下一)은 탁성(濁聲)의 궁·상·각·치·우이다. 궁(宮), 상일(上一), 상이(上二), 상삼(上三), 상사(上四) 등은 청성(淸聲)의 궁·상·각·치·우이다. 지금 60조의 각 율 아래에 나누어 상하일이지법(上下一二之法)을 써 넣어 보기에 편리하게 하였다.171 [『악학궤범』 권1. 4b]

위와 같이 12율이 돌아가며 5조가 되어 60조를 이룬다. 12율은 황종, 대려, 태주, 협종, 고선, 중려, 유빈, 임종, 이칙, 남려, 무역, 응종이다. 5성은 궁·상·각·치·우이다. 성(聲)에는 청탁(淸濁)이 있고 5음약보(五音略譜)46)로 기보(記譜)되어 있는데 하오

---
46) 세조 때 창안된 악보로서 하오(下五), 하사(下四), 하삼(下三), 하이(下

200 율려와 주역

(下五)는 탁궁(濁宮), 하사(下四)는 탁상(濁商), 하삼(下三)은 탁각(濁角), 하이(下二)는 탁치(濁徵), 하일(下一)은 탁우(濁羽)에 해당하고, 궁(宮)은 청궁(淸宮), 상일(上一)은 청상(淸商), 상이(上二)는 청각(淸角), 상삼(上三)은 청치(淸徵), 상사(上四)는 청우(淸羽)에 해당한다. 그래서 하오(下五)와 궁(宮), 하사(下四)와 상일(上一), 하삼(下三)과 상이(上二), 하이(下二)와 상삼(上三), 하일(下一)과 상사(上四) 등은 한 옥타브 관계로 되어 있다. 『악학궤범』의 60조는 다음의 도표와 같다.

도표 66) 『악학궤범』 60조

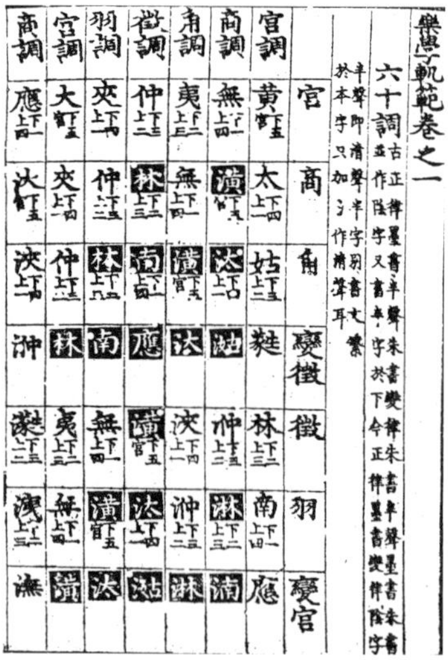

二), 하일(下一), 궁(宮), 상일(上一), 상이(上二), 상삼(上三), 상사(上四), 상오(上五) 등으로 궁(宮)을 중심음으로 하여 상하로 5음을 표기하는 기보(記譜) 방법이다.

위 『악학궤범』의 60조는 『율려신서』의 60조와 거의 같은데 이것을 비교하여 나타내면 다음의 도표와 같다.

도표 67) 60조의 구성음 비교

	7聲	宮	商	角	變徵	徵	羽	變宮
악학궤범	宮 調	黃 宮 下五	太 上一 下四	姑 上二 下三	蕤	林 上三 下二	南 上四 下一	應
율려신서	黃鐘宮	黃 正	太 正	姑 正	蕤 正	林 正	南 正	應 正
악학궤범	商 調	無 下一 上四	潢 宮 下五	汰 上一 下四	㴌	沖 上二 下三	淋 上三 下二	湳
율려신서	無射商	無 正	黃 變半	太 變半	姑 變半	仲 半	林 變半	南 變半
악학궤범	角 調	夷 下二 上三	無 下一 上四	潢 宮 下五	汰	浹 上一 下四	沖 上二 下三	淋
율려신서	夷則角	夷 正	無 正	黃 變半	太 變半	夾 半	仲 半	林 變半
악학궤범	徵 調	仲 下三 上二	林 下二 上三	南 下一 上四	應	潢 宮 下五	汰 上一 下四	㴌
율려신서	仲呂徵	仲 正	林 變	南 變	應 變	黃 變半	太 變半	姑 變半
악학궤범	羽 調	夾 下四 上一	仲 下三 上二	林 下二 上三	南	無 下一 上四	潢 宮 下五	汰
율려신서	夾鐘羽	夾 正	仲 正	林 變	南 變	無 正	黃 變半	太 變半

위 도표 67)과 같이 『악학궤범』의 60조(調)는 『율려신서』의 60조와 거의 같다. 60조의 율명(律名)에 한 옥타브 높은 율은

『악학궤범』에서는 'ㆁ'(淸聲)으로 표기되어 있고,『율려신서』에서는 '半'(半聲)이라고 하는데 청성(淸聲)과 반성(半聲)은 같다. 그리고 60조의 명칭에서『악학궤범』에서는 궁조, 상조, 각조, 치조, 우조로 표기되어 있는데『율려신서』에서는 황종궁(黃鍾宮), 무역상(無射商), 이칙궁(夷則角), 중려치(仲呂徵), 협종우(夾鍾羽) 등으로 표기되어 있다. 이것은 표기 방법에서만 다를 뿐이고 그 구성음의 내용에 있어서는 서로 같다. 그리고『악학궤범』의 60조에 대한 설명에서도『율려신서』의 내용을 그대로 차용하였으므로『악학궤범』의 60조는『율려신서』의 60조와 마찬가지로 지조식으로 되어 있다.47) 예를 들면 위의 5조는 황종지궁(黃鍾之宮), 무역지상(無射之商), 이칙지각(夷則之角), 중려지치(仲呂之徵), 협종지우(夾鍾之羽)에 해당한다고 볼 수 있다. 그리고 5조(調) 중 치조(徵調)와 우조(羽調)와 평조(平調), 계면조(界面調)의 관계는 다음과 같다.

> 악조(樂調)에는 궁・상・각・치・우의 5조가 있고, 또한 낙시조(樂時調)와 우조(羽調), 평조(平調)와 계면조(界面調), 하림조(河臨調)와 최자조(嗺子調), 탁목조(啄木調) 등의 조(調)가 있다. 이 5조 중에 치조(徵調)는 속칭 평조(平調)로 사용되고, 우조(羽調)는 속칭 계면조(界面調)로 사용된다.172 (『악학궤범』 권1. 24b)

평조와 계면조는 각각 5조 중 치조와 우조에 해당한다. 이것은

---

47)『악학궤범』과『율려신서』의 60조는 모두 지조식(之調式)으로 되어 있다.

조에 따라 율정(律程)이 다르게 나타난다. 즉, 평조(치조)는 치 → 우 → 궁 → 상 → 각의 5성, 계면조(우조)는 우 → 궁 → 상 → 각 → 치의 5성으로 구성되어 있다.

13) 「율려추보」

「율려추보」에서는 다음의 도표와 같이 율려는 5성에 배합하고 있다.

도표 68) 6률6려당위거충상하상생지도(六律六呂當位居衝上下相生之圖)173

위와 같이 「율려추보」에 의하면 궁은 중앙에 해당하고, 협종[酉, 서방]은 5성 중 상에 해당하고, 남려[卯, 동방]는 5성 중 각에 해당하고, 유빈[午, 남방]은 5성 중 치에 해당하고, 황종[子, 북방]

은 5성 중 우에 해당한다.

14) 『시악화성』

『시악화성』(詩樂和聲)은 율려와 5성의 관계에 대해 다음과 같이 말하고 있다.

> 조화(調和)의 유행(流行)은 단지 음양과 5행이고, 하나는 경(經)이 되고 하나는 위(緯)가 된다. 그러므로 천간(天干)이 5행을 형상화한 것을 음과 양 둘로 나누면 10이 되고, 지지(地支)가 6기(氣)를 형상한 것을 음과 양 둘로 나누면 12가 되고, 12와 10을 합해서 60갑자(甲子)가 만들어졌다. 이러므로 악(樂)에는 5음이 있는데 음과 양 둘로 나누면 10이 되고, 악(樂)에는 6률이 있는데 음과 양 둘로 나누면 12가 된다. 12율은 경(經)이 되고, 10이 위(緯)가 되어 서로 합하여 60률이 된다.174 (『시악화성』 권2. 「악률본원」 제2-44)

6률의 음양인 12율은 음양으로 경(經)이 되고 5성의 음양인 10은 5행으로 위(緯)가 되어 서로 합하여 60률이 된다. 60률은 10간(干)과 12지(支)의 결합인 60갑자에 해당한다. 10간은 갑(甲), 을(乙), 병(丙), 정(丁), 무(戊), 기(己), 경(庚), 신(辛), 임(壬), 계(癸) 등이고, 12지는 자(子), 축(丑), 인(寅), 묘(卯), 진(辰), 사(巳), 오(午), 미(未), 신(申), 유(酉), 술(戌), 해(亥) 등이다. 그리고 60갑자를 구성하는 10간과 12지의 뜻은 다음과 같다.

갑(甲)은 풀과 나무가 종자의 껍데기를 쓴 채 생겨나려 하는 것을 상징함. 을(乙)은 초목이 어렵게 땅을 뚫고 나온 것을 상징함. 병(丙)은 밝게 드러나는 것으로 초목이 점차 장대하게 자라나는 것을 말함. 정(丁)은 왕성한 곳에 이르는 것을 말함. 무(戊)는 무(茂)와 같은 뜻으로 가지와 잎이 무성한 것을 말함. 기(己)는 무성한 후에 바깥으로 생장해가는 것은 멈추었으나 자기 몸을 충실하게 하는 것. 경(庚)은 경(更)과 같은 뜻으로 결실을 맺어서 다시 생하는 것을 말함. 신(辛)은 신(新)과 같은 뜻으로 열매가 다 익어서 종자를 만들어 새로이 생겨남. 임(壬) 은 임(衽)과 같은 뜻으로 종자가 땅 아래에 누워 자라남. 계(癸) 는 규(揆)와 같은 뜻으로 시서(時序)를 헤아려서 다시 생함. 자(子)는 자(孳)와 같은 뜻으로 초목이 땅 아래에서 자라남. 축(丑)은 유(紐)와 같은 뜻으로 초목이 굽어진 모습으로 땅에서 나옴. 인(寅)은 연(演)과 같은 뜻으로 초목이 펴 나가서 생동함. 묘(卯)는 묘(茆)와 같은 뜻으로 초목이 내밀어 나옴. 진(辰)은 진(震), 신(伸)의 뜻으로 진동하여서 퍼져 나오는 것을 말함. 사(巳)는 '이미 그러한'의 의미로 초목이 여기에서 이미 성숙함을 말함. 오(午)는 오(忤)와 같은 뜻으로 생장하는 세력과 서로 반대되는 세력이 생기는 것, 즉 생장의 세력이 멈춘 것을 말함. 미(未)는 미(味)와 같은 뜻으로 결실이 있어서 맛이 생김. 신(申)은 퍼져 이완됨. 유(酉)는 곡식(기장)으로 〈땅에 뿌리는 제사〉술을 만드는 것으로 유(酉)는 술그릇이다. 술(戌)은 멸(滅)의 뜻으로 사물의 형태가 소멸하는 것을 말함. 해(亥)는 핵(核)과 같은 뜻으로 생기를 종자의 핵심에 저장해 두고서 재생을 준비하는 것임.175 (고회민 저, 『주역철학의 이해』)

이 10간과 12지의 결합으로 이루어진 60갑자는 다음의 도표와 같다.

도표 69) 60갑자(甲子)

甲子	乙丑	丙寅	丁卯	戊辰	己巳	庚午	辛未	壬申	癸酉	甲戌	乙亥
丙子	丁丑	戊寅	己卯	庚辰	辛巳	壬午	癸未	甲申	乙酉	丙戌	丁亥
戊子	己丑	庚寅	辛卯	壬辰	癸巳	甲午	乙未	丙申	丁酉	戊戌	己亥
庚子	辛丑	壬寅	癸卯	甲辰	乙巳	丙午	丁未	戊申	己酉	庚戌	辛亥
壬子	癸丑	甲寅	乙卯	丙辰	丁巳	戊午	己未	庚申	辛酉	壬戌	癸亥

위와 같이 60조나 60률 등은 60갑자에 해당하고 한 절(節: 마디)을 나타내어 『주역』 64괘 중 60번째 수택절괘(水澤節卦)에 해당한다. 수택절괘에서는 다음과 같이 말하고 있다.

절(節)은 형통하니 쓴 절(節)은 가히 바르지 못하다. 단전(彖傳)에 말하기를 절(節)이 형통하다는 것은 강(剛)과 유(柔)가 나뉘고 강(剛)이 중(中)을 얻기 때문이고, 쓴 절(節)은 가히 바르지 못하다고 하는 것은 그 도(道)가 다함이다. 기뻐서 험한 곳에 가고 절제함으로 지위를 맡아 중정(中正)해서 통(通)한다. 천지가 절제하여 사시(四時)가 이루어지고 절제함으로 제도(制度)하여 재물을 상하지 않고 백성을 해하지 않는다. 상(象)에 말하기를 못 위에 물이 있는 것이 절(節)이고 군자가 이를 본받아 수(數)와 도(度)를 만들고 덕행(德行)을 의논한다. 초구(初九)는 호정(戶庭)에 나가지 않으면 허물이 없을 것이다. 상(象)에 말하기를 호정에 나가지 않으면 통하고 막힘을 알아야 한다.

구이(九二)는 문정(門庭)에 나가지 않으면 흉하다. 상에 말하기를 문정에 나가지 않으면 흉하다는 것은 때를 잃음이 극(極)하기 때문이다. 육삼(六三)은 절제하지 않으면 곧 슬퍼하니 허물이 없다. 상에 말하기를 절제하지 않으면 곧 슬퍼하는 것은 또 누구를 허물하겠는가? 육사(六四)는 절(節)에 편안하니 형통하다. 상에 말하기를 절(節)에 편안하니 형통하다는 것은 상도(上道)를 받듦이다. 구오(九五)는 단[甘] 절(節)이니 길(吉)하니 가면 숭상함이 있다. 상에 말하기를 단 절이니 길하니 가면 숭상함이 있다는 것은 거처하는 자리가 중(中)이기 때문이다. 상육(上六)은 쓴[苦] 절이니 고집하면 흉하고 뉘우치면 없어진다. 상에 말하기를 쓴 절이니 고집하면 흉하다는 것은 그 도가 궁하다.176 (『주역』 수택절괘)

절괘(節卦)는 우리가 살고 있는 지구의 변화에 대해 말하고 있다. 대자연의 수가 60이 한도이며, 60을 기준으로 하여 한 단위로 움직이는 것과 연관되어 있다. 하늘과 땅의 기운이 5운6기(五運六氣)로 상교(相交)하여 60의 수(數)를 이룬다.177 (『아산의 주역강의』중, 406쪽~407쪽 요약)

이상으로 율려와 5성의 관계에 대해 살펴보았다. 율려는 5성에 배분된다. 『예기』 「월령」과 『여씨춘추』 등에 의하면 12율은 5성, 12월과 천간, 수에 배합된다. 태주[정월: 孟春], 협종[2월: 仲春], 고선[3월: 季春] 등은 5성 중 각성이고 5행 중 목(木)이고 갑을(甲乙)이고 수는 8이다. 중려[4월: 孟夏], 유빈[5월: 仲夏], 임종[6월: 季夏] 등은 치성이고 화(火)이고 병정(丙丁)이고 수는 7이다. 이칙

[7월: 孟秋], 남려[8월: 仲秋], 무역[9월: 季秋] 등은 상(商)이고, 금(金)이고 경신(庚辛)이고 수는 9이다. 응종[10월: 孟冬], 황종 [11월: 仲冬], 대려[12월: 季冬] 등은 우(羽)이고 수(水)이고 임계 (壬癸)이고 수는 6이다. 황종의 궁(宮)은 궁성이고 무기(戊己)이고 중앙의 토(土)에 해당하고 그 수는 5이다. 그런데 『회남자』「시칙훈」(時則訓)에 의하면 위와 같고, 이 중에서 백종(百鐘, 6월: 季夏) 은 궁성이고, 무기(戊己)이고, 토(土)에 해당하고, 그 수는 5이다. 『후한서』「율력지」에 의하면 12율 중 황종은 궁, 태주는 상, 고선은 각, 임종은 치, 남려는 우에 해당된다. 둘째, 율려와 5성은 음양과 5행으로 경위(經緯)가 되어 60률과 60조를 이룬다. 『율려정의』(律呂精義)의 60조에는 위조식과 지조식이 있고, 『율려신서』, 『악학궤범』의 60조에는 지조식으로 되어 있고, 『주례』「춘관」(春官), 『송사』(宋史) 등의 강신악(降神樂)에는 위조식으로 되어 있다. 60조 중 36조는 노양 책수가 되고, 24조는 노음 책수가 된다. 60률과 60조는 60갑자에 해당하고, 『주역』 64괘 중 60번째 수택절괘에 해당한다.

3. 오성과 오행

우주 만물의 변화를 설명하는 다섯 가지의 양태(樣態) 혹은 양상(樣相)을 5행이라고 하는데 바로 수(水)·화(火)·목(木)·금(金)·토(土)이다. 그리고 5성(聲)은 궁·상·각·치·우를 말한다. 5행은 『서경』「홍범」에 처음 나오고, 5성은 『서경』「익직」(益稷)[178]에 처음 나타난다. 우선 5행에 대해 살펴보기로 한다.

5행은 첫째 수(水)이고, 둘째 화(火)이고, 셋째 목(木)이고, 넷째 금(金)이고, 다섯째 토(土)이다. 물[水]은 아래로 내려가는 성질을 가지고 있고, 불[火]은 타오르는 성질을 가지고 있고, 나무[木]는 굽거나 곧은 성질을 가지고 있고, 쇠[金]는 좇아 고치는 성질을 가지고 있고, 흙[土]에는 심고 거두는 성질을 가지고 있다. 아래로 내려가는 것은 짠 맛을 만들고, 타오르는 것은 쓴 맛을 만들고, 굽거나 곧은 것은 신 맛을 만들고, 좇아 고치는 것은 매운 맛을 만들고, 심고 거두는 것은 단 맛을 만든다.179 (『서경』 권10. 「홍범」 제6-4a)

『서경』「홍범」에 의하면 5행(수・화・목・금・토)의 성질에 대해 설명하고 있다. 5행은 원래 5재(材)를 가리키는 것이다. 여기에서 말하는 5재는 생활에 필요한 다섯 개의 필요한 재료를 말한다. 5행설은 사물의 기본적 성질, 즉 사물이 변화할 때만 나타나는 성질을 잠정적으로 분류하려는 노력이라고 할 수 있다. 여기서 말하는 행(行)은 결코 요소나 원소의 의미보다는 운동을 의미하는 말이다. 즉, 5행이란 영원한 순환 운동을 하는 다섯 개의 강력한 기본적인 힘으로 수동적인 기본적 물질을 말하는 것은 아니다.

1) 『예기』「악기」

「악기」(樂記)에서는 다음과 같이 5성을 5상(象)에 배합하고 있다.

궁(宮)은 군(君)이 되고, 상(商)은 신(臣)이 되고, 각(角)은

민(民)이 되고, 치(徵)는 사(事)가 되고, 우(羽)는 물(物)이
된다. 이 다섯 가지가 어지럽지 않으면 어그러지거나 막히는
음이 없을 것이다. 궁성(宮聲)이 어지러워 소리가 흩어지는
것은 그 임금이 교만하기 때문이고, 상성(商聲)이 어지러워
소리가 기울어지는 것은 그 신하의 벼슬자리가 허물어지기
때문이고, 각성(角聲)이 어지러워 소리가 근심스러운 것은 그
백성이 원망하기 때문이고, 치성(徵聲)이 어지러워 소리가 애처
로운 것은 그 일이 근심스럽기 때문이고, 우성(羽聲)이 어지러
워 소리가 위태로운 것은 그 재물이 다 없어지기 때문이다.
이 다섯 가지가 어지러워 서로 능만하면 방종하다고 이른다.
이와 같으면 하루도 못 되어 나라가 멸망할 것이다.180 (『예기』
권18. 「악기」 4b, 6a)

위와 같이 5성은 궁·상·각·치·우이다. 5성은 5상(五象:
君·臣·民·事·物)에 배합된다.

2) 『관자』 「지원」

『관자』 「지원」 편에서는 5성에 대하여 다음과 같이 말하고 있다.

치(徵)를 들으면 달아맨 돼지가 놀라서 우는 소리와 같다. 우
(羽)를 들으면 말이 들에서 우는 소리와 같다. 궁(宮)을 들으면
소가 굴 속에서 우는 소리와 같다. 상(商)을 들으면 양이 무리지
어 떠나는 소리와 같다. 각(角)을 들으면 꿩이 나무 위에 올라서
우는 소리와 같다. 무릇 장차 5음(音)이 일어나는데 먼저 1을
주로 하여 이에 3을 곱하고 4제곱하니 그 합이 9×9=81이다.

이로써 황종의 가장 근본이 되는 수를 낳아서 그 머리를 궁(宮)
으로 삼는다. 이것을 3등분하여 이 중 하나를 더하여 108이
되니 치(徵)로 삼는다. 이것을 3등분하여 이 중 하나를 빼면
당연히 그치게 되니 상(商)으로 삼는다. 이것을 3등분하여 이
중 하나를 더하여 우(羽)로 삼는다. 이것을 3등분하여 이 중
하나를 빼면 당연히 그치게 되니 이것으로 각(角)으로 삼는
다.[181] (『관자』 권19. 「지원」 제58-2ab)

『관자』「지원」편에 의하면 5성은 5수(獸)에 배합된다. 치성(徵
聲)은 돼지, 우성(羽聲)은 말, 궁성(宮聲)은 소, 상성(商聲)은 양,
각성(角聲)은 꿩의 울음소리에 배합되어 치성이 가장 낮은 소리가
나고, 각성(角聲)이 가장 높은 소리가 난다.

3) 『회남자』

『회남자』는 5성이 상생한다는 점에 대해 말한다.

치(徵)는 궁(宮)을 낳고, 궁은 상(商)을 낳고, 상은 우(羽)를
낳고, 우는 각(角)을 낳고, 각은 고선을 낳고, 고선은 응종을
낳아 정음(正音)에 따르므로 조화롭다.[182] (『회남자』 권3. 「천문
훈」 17a)

위와 같이 5성 중 치는 궁을 낳고, 궁은 상을 낳고, 상은 우를
낳고, 우는 각을 낳는다고 하는 것은 5행 상생(五行相生) 순서에
배합된다. 5성을 5행에 배분하면 치성은 화(火)에 해당하고, 궁성

은 토(土)에 해당하고, 상성은 금(金)에 해당하고, 우성은 수(水)에 해당하고, 각성은 목(木)에 해당한다. 5행은 화생토(火生土), 토생금(土生金), 금생수(金生水), 수생목(水生木)으로 상생한다. 그러므로 5성은 치생궁(徵生宮), 궁생상(宮生商), 상생우(商生羽), 우생각(羽生角) 등으로 5행 상생 순서에 따라 상생한다. 이러한 5성 상생은 『회남자』의 매우 독특한 방법이다.

4) 『한서』「율력지」

『한서』「율력지」는 5성의 의미를 자세하게 설명하고 있다.

성(聲)이라는 것은 궁·상·각·치·우이다. 각은 부딪침이다. 만물이 땅에 부딪혀서 까끄라기를 이고 나온다. 궁은 중(中)이다. 중앙에 있어 사방을 통달하고 창(唱)이 처음 생겨서 4성(四聲)의 벼리가 된다. 치는 복(福)이다. 만물이 성대하고 복이 많다. 만물을 모아 그것이 무너질 정도로 집에 저장하는 것이다. 무릇 성(聲)이라는 것은 가운데가 궁, 부딪침이 각, 복이 치, 문채가 상, 집이 우로서 4성은 궁의 벼리가 된다. 각은 5행에 배합하면 목(木)이 되고, 5상(常)으로는 인(仁)이 되고, 5사(事)로는 모(貌)가 된다. 상(商)은 5행에 배합하면 금(金)이 되고 의(義)가 되고 언(言)이 된다. 치(徵)는 5행에 배합하면 화(火)가 되고 예(禮)가 되고 시(視)가 된다. 우(羽)는 5행에 배합하면 수(水)가 되고 지(智)가 되고 청(聽)이 된다. 궁(宮)은 5행에 배합하면 토(土)가 되고 신(信)이 되고, 사(思)가 된다. 군(君), 신(臣), 민(民), 사(事), 물(物)로 말하면 궁(宮)은 군(君)이 되고, 상(商)은 신(臣)이 되고, 각(角)은 민(民)이 되고,

제4장 율려와 오행 213

치(徵)는 사(事)가 되고, 우(羽)는 물(物)이 된다. 노래가 조화
로우면 상(象)이 있게 되므로 군(君)과 신(臣)의 지위는 사(事)
의 체(體)가 된다고 말한다. 5성의 근본은 황종의 율에 생기는데
9치가 궁(宮)이 된다. 이것을 빼거나 더하여 상, 각, 치, 우의
4성(聲)을 정한다. 9와 6이 상생(相生)하여 음양에 응한다.183
(『한서』권21.「율력지」제1상-3a~4b)

궁(宮)은 5성의 근본으로 황종률(黃鐘律)에 해당하고, 중앙에
있어 사방을 통달하고 4성(四聲)의 벼리가 된다. 황종의 9치와
임종의 6치로서 9와 6이 삼분손익하여 상생(相生)하고 음양에
응하고 5성이 정해진다. 5성은 5행(行), 5의(意), 5상(常), 5사(事),
5상(象)에 배합된다. 궁은 5행 중 토(土: 5의 중 중앙, 5상 중
믿음, 5사 중 생각, 5상 중 임금)에 배분되고, 상(商)은 5행 중
금(金: 문채, 옳음, 말, 신하)에 배분되고, 각(角)은 5행 중 목(木:
느낌, 어짐, 얼굴, 백성)에 배분되고, 치(徵)는 5행 중 화(火: 복,
예절, 보는 것, 일)에 배분되고, 우(羽)는 5행 중 수(水: 집, 지혜,
듣는 것, 만물)에 배분된다.

5) 『통전』

『통전』(通典)은 5성을 다음과 같이 설명하고 있다.

5성(聲)이라는 것은 첫째 궁(宮)이라고 말한다. 궁이라는 것은
만물에 편안하게 담기 때문에 궁실의 상징을 취하는 것이다.
궁이라는 것은 오행 중 토(土)이다. 토는 담지 못할 곳이 없어서

궁이라고 이른다. 또한 궁이라는 것은 중(中)이다. 중화(中和)
의 이치를 취한다는 뜻이다. 그 나머지 4성(聲)은 서로 조화된다.
둘째 상(商)이라고 말한다. 상이라는 것은 5행 중 금(金)이다.
금은 견강하다. 그러므로 그 명칭 또한 당시에 만물이 모두
견강하고 성취한다는 뜻에서 나왔다. 셋째 각(角)이라고 말한
다. 각이라는 것은 촉(觸)이다. 말하자면 만물에 따라 양기가
부딪쳐서 움직여 나오는 것을 상징했다. 각이라는 것은 5행
중 목(木)이다. 땅에서 생겨나와 부딪쳐서 움직이는 뜻이다.
넷째 치(徵)라고 말한다. 치라는 것은 지(止)라는 뜻이다. 말하
자면 만물이 성(盛)하면 그치게 되는데 양기가 성하면 그치게
된다는 것을 본뜬다. 또한 치라는 것은 5행 중 화(火)이다.
화는 불꽃을 내는 데 성(盛)하다는 뜻을 가지고 있다. 다섯째
우(羽)라고 말한다. 우라는 것은 편다는 것이다. 때로 양기로
다시 만물을 길러서 생명을 다시 펴는 것이다.184 (『통전』 권3.
악3-4ab)

위와 같이 5성은 5행에 배합된다. 5성 중 궁은 5행 중 토(土)에
해당하고, 5성 중 상은 5행 중 금(金)에 해당하고, 5성 중 각은
5행 중 목(木)에 해당하고, 5성 중 치는 5행 중 화(火)에 해당하고,
5성 중 우는 5행 중 수(水)에 해당한다.

6) 『악서』

『악서』에 의하면 5성과 5행의 관계는 다음의 도표와 같다.

도표 70) 『악서』(樂書) 5성도

무릇 만물이 낳으면 정(情)이 있게 되고 정(情)이 발하면 성(聲)이 된다. 그러므로 천수(天數) 5가 지수(地數) 10과 합하여 중앙의 토(土)가 생하는데, 그 성(聲)은 궁(宮)이 된다. 지수 4가 천수 9와 합하여 서방의 금(金)이 생하는데, 그 성은 상(商)이 된다. 천수 3이 지수 8과 합하여 동방의 목(木)이 생하는데, 그 성은 각(角)이 된다. 지수 2가 천수 7과 합하여 남방의 화(火)가 생하는데, 그 성은 치(徵)가 된다. 천수 1이 지수 6과 합하여 북방에서 수(水)가 생하는데, 그 성은 우(羽)가 된다. 대개 5성은 5행에 근본하고 5위(位)에 펼쳐진다. 그 수(數)는 황종의 9촌의 관(管)에 기원하는데 9에 9를 곱하여 합계가 관의 주경(周徑)의 수가 81이 되니 궁성(宮聲)의 수이다. 궁성의 수를 삼등분하여 하나를 빼서 치(徵)를 하생(下生)하면 54가 되니 치성(徵聲)의 수이다. 치성의 수를 삼등분하여 하나를 더하여 상(商)을 상생

(上生)하면 72가 되니 상성(商聲)의 수이다. 상성의 수를 삼등분하여 하나를 빼서 우(羽)를 하생하면 48이 되니 우성(羽聲)의 수이다. 우성의 수를 삼등분하여 하나를 더하여 각(角)을 상생하면 64가 되니 각성(角聲)의 수이다. 수가 많다는 것은 음이 낮다는 것이고 수치가 커도 궁성의 수를 넘지 못한다. 수가 적다는 것은 음이 높다는 것이고 수치가 작아도 우성의 수를 넘지 못한즉 우성과 치성은 각성보다 높고 각성 또한 상성보다 높다. 무릇 5성의 항상함은 모든 왕들이 바꾸지 못하는 제도이다. 지금에 무릇 궁은 치를 낳고 치는 상을 낳고 상은 우를 낳고 우는 각을 낳는다. 그러므로 궁을 연주하면 치가 대응하고, 치를 연주하면 상이 대응하고, 상(商)을 연주하면 우가 대응하고, 우를 연주하면 각이 대응한다. 이렇게 5성이 서로 생(生)하는 것을 조화로운 소리로 삼고 서로 극(克)하는 것을 어긋나는 소리로 삼으니, 이는 선왕(先王)이 음악을 세우는 방법이다. 성(聲)은 비장에서 다문 입에서 나와 통하게 하는 것을 궁이라 이르고, 폐장에서 나와서 입을 벌리고 토하게 하는 것을 상이라 이르며, 간장에서 나와서 이를 벌리고 입술을 솟게 하는 것을 각이라고 이르고, 심장에서 나와서 이는 모으고 입술을 벌리게 하는 것을 치라고 이르며, 신장에서 나와서 이는 벌리고 입술이 모이게 하는 것을 우라고 이른다."[185] (『악서』 권105. 2b~3b)

위의 인용문에서 말하는 것처럼 만물이 생기면 감정이 생기고 이 감정은 성(聲)으로 표출된다. 5성은 5행(行), 5상(象), 5용(用), 5상(常), 5장(臟), 5사(事), 5색(色), 4시(時), 5위(位) 등에 배합된다. 즉, 궁성은 5행 중 토[임금, 무거움, 믿음, 비장, 생각, 누런 색, 중앙]에 해당하고 상성은 5행 중 금[신하, 재빠름, 올바름, 폐장, 말, 흰 색, 가을, 서방]에 해당하고, 각성은 5행 중 목[백성, 다스림, 자애, 간장, 얼굴, 푸른 색, 봄, 동방]에 해당하고, 치성은 5행 중 화[일, 달아남, 예절, 심장, 보는 것, 빨간 색, 여름, 남방]에 해당하고, 우성은 5행 중 수[만물, 억누름, 지혜, 신장, 듣는 것, 검은 색, 겨울, 북방]에 해당한다. 그리고 5성의 수에 따라 음의 높이가 결정되고 항상 그 자리는 변함이 없다. 그러므로 5성은 삼분손익법에 의해 궁[율수 81]↘치[54]↗상[72]↘우[48]↗각[64]의 순서로 상생하여 서로 조화를 이루게 된다.

7)『율려신서』

『율려신서』는 5성의 상생을 다음과 같이 설명하고 있다.

생각컨대 황종의 수 9×9=81은 5성의 근본이 된다. 삼분손일하여 치를 하생하고, 치를 삼분익일하여 상을 상생하고, 상을 삼분손일하여 우를 하생하고 우를 삼분익일하여 각을 상생한다. 마침내 각성의 수인 64는 3으로 나누면 나머지가 1이 되어 더 이상 수를 정확하게 계산할 수 없으므로 5성에서 그치게 되는 까닭이다. 혹 말하기를 황종은 5성의 수를 고르게 하나 다른 율은 그렇지 못하다. 본률(本律)의 실수(實數) 9×9=81로 인하여 삼분손익하면 5성이 된다. 다시 본률의 실수로 묶으면 궁은 한결같이 81이고, 상 역시 72이고, 각 역시 64이고, 치 또한 54이고, 우 또한 48이다.186 [『율려신서』 권1.「율려본원」 율생5성도(律生五聲圖) 제6-18a.]

218 율려와 주역

황종의 율수 81은 5성의 근본이 된다. 5성은 삼분손익법에 의해 궁[율수 81]↘치[54]↗상[72]↘우[48]↗각[64]의 순서로 상생한다. 5성에서 각으로 마치게 되는 까닭은 각의 율수가 64이므로 다음의 율을 얻기 위해서 64를 3등분하면 나머지가 생기게 되어 더 이상 수가 정확하게 계산되기 어렵기 때문이다.

8) 『악학궤범』

『악학궤범』은 5성과 5행의 관계를 통하여 살펴보도록 하자.

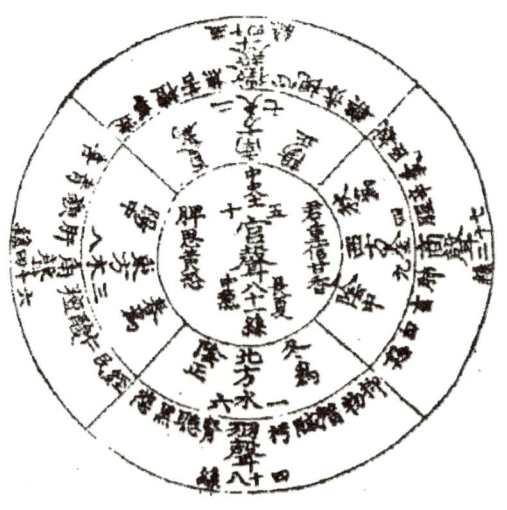

도표 71) 『악학궤범』 5성도[187]

궁(宮)은 중(中)으로 중앙에 있어 사방에 통달하고, 노래가 처음 생(生)하여 4성(聲)의 벼리가 된다. 그 성(性)은 둥글고 그 성(聲)은 마치 소가 움막에서 우는 소리 같아 입을 다무는 것을 주장한다. 궁(宮)은 하는 일이 없으면서 만물을 덮으니 군(君)의 상(象)이다. 신하를 족히 거느릴 수 있어 그 소리는 매우 크다. 그 소리가 고르면 정치가 조화롭고 나라가 안정되며, 어지러우면 그 나라가 위태롭다. 그 현수(絃數)는 81인데 삼분손일하여 치(徵)를 하생한다. 치는 복(福)이라는 뜻으로 만물이 성대하고 복이 많다. 그 성(性)은 밝고 만물을 분별한다. 그 성(聲)은 등에 짐을 진 돼지가 놀란 소리 같아서 입을 벌리는 것을 주장한다. 치(徵)는 무(無)에서 나와 유(有)를 징험하니 사(事)의 상(象)이다. 족히 만물을 성숙시켜 그 소리는 의의희희(倚倚戲戲)하다. 그 소리가 고르면 백물(百物)이 다스려지고, 어지러우면 모든 공적이 무너진다. 그 현수는 54이고, 삼분익일하여 상(商)을 상생한다. 상(商)은 법식이라는 뜻으로 만물이 가히 성숙시킬 수 있다. 장(章)은 법도이다. 그 성(性)은 각이 지고, 그 성(聲)은 양이 무리에서 떨어져 우는 소리 같고, 입을 벌리는 것을 주장한다. 상(商)은 하는 일이 있어 만물을 통하게 하니 신(臣)의 상(象)이다. 족히 백성을 다스려 그 소리는 장장쟁쟁(鏘鏘蹌蹌)하다. 소리가 고르면 형법이 생기지 않고 위령(威令)이 행해지고, 어지러우면 그 관(官)이 문란해진다. 그 실수는 72이고, 삼분손일하여 우(羽)를 하생한다. 우(羽)는 우(宇)로 물(物)을 모아서 덮는다. 그 성질은 물(物)을 윤택케 하고, 그 소리는 말이 들에서 우는 소리 같고, 토할 것 같은 소리를 주장한다. 우(羽)는 때에 따라 다물기도 하고 벌리기도 하니 물(物)의 상(象)이다. 족히 치용(致用)되어 그 소리는 허허후기(詡詡酗其)하다. 우(羽)의 소리가 고르면 쌀광이 차고 온갖 물건이 구비되고, 어지러우면 백성이 근심하고 재물이 없다. 그 실수는 48이고, 우(羽)를 삼분익일하여 각(角)을 상생한다. 각(角)은 촉(觸)으로 물(物)이 땅에 닿아 나올 때 까끄라기를 머리에 이고 있다. 그 성질이 꼿꼿하고, 그 소리는 닭이 나무에서 우는 것 같고, 입술을 올린다는 것을 주장한다. 각(角)은 잘 부딪치어 부리기 어려우니 백성의 상(象)이다. 족히 일을 일으켜, 그 소리는 악악확확(喔喔確確)하다. 각(角)의 소리가 고르면 사민(四民)이 편안하고, 어지러우면 그 백성이 원망한다. 그 실수는 64이고, 변궁(變宮)을 하생(下生)하고 이어 변치(變徵)를 상생(上生)한다. 용(用)으로 말하면 민(敏), 경(經), 질(迭), 억(抑), 중(重)이요, 그 자리로 말하면 좌(左), 우(右), 상(上), 하(下), 중(中)이요, 색(色)으로 말하면 청(靑), 황(黃), 적(赤), 백(白), 흑(黑)이요, 그 성(性)으로 말하면 인(仁), 의(義), 예(禮), 지(智), 신(信)이요, 그 정(情)으로 말하면 희(喜), 노(怒), 비(悲), 우(憂), 공(恐)이요. 그 사(事)로 말하면 모(貌), 언(言), 시(視), 청(聽), 사(思) 그 맛으로 말하면 단맛, 매운맛, 신맛, 쓴맛, 짠맛이요. 그 냄새로 말하면 향 냄새, 비린 냄새, 노린 냄새, 타는 냄새, 썩는 냄새이다. 천체의 운행에 있어서는 5기(氣)이고, 지열(地列)에 있어서는 5행이요, 사람 구멍에 있어서는 5장(臟)이요, 중성(中聲)은 가는 데마다 있다.[188] (『악학궤범』 권1. 13b)

이처럼 『악학궤범』은 5성(聲)의 뜻에 대해 매우 자세하게 설명하고 있다. 여기에서 5성은 천수(天數)와 지수(地數)의 결합에 의한 하도의 수와 5방(方)에 따른 5행 등에 배합되어 있다. 5성 중 궁성(宮聲: 실수 81)은 토(土: 5, 10, 중앙), 상성(商聲: 72)은 금(金: 4·9, 서방), 각성(角聲: 64)은 목(木: 3·8, 동방), 치성(徵

聲: 54)은 화(火: 2·7, 남방)에 해당하고, 우성(羽聲: 48)은 5행 중 수(水: 1·6, 북방) 등에 해당한다. 그리고 5성(五聲: 宮·商·角·徵·羽)은 5용(五用: 重·敏·經·迭·抑), 5색(五色: 黃·白·靑·赤·黑), 5장(五臟: 비장, 폐장, 간장, 심장, 신장), 5미(五味: 단맛, 매운맛, 신맛, 쓴맛, 짠맛), 5취(五臭: 향내, 비린내, 노린내, 탄내, 썩은내), 5정(五情: 두려움, 노함, 기쁨, 근심, 슬픔), 5사(五事: 思·言·貌·視·聽), 5상(五象: 君·臣·民·事·物), 5상(五常: 信·義·仁·禮·智), 5수(五獸: 소, 양, 닭, 돼지, 말), 5위(五位: 中·上·右·下·左) 등에 해당한다. 그리고 궁성(宮聲)은 중기(中氣), 상성(商聲)은 음중(陰中), 각성(角聲)은 양중(陽中), 치성(徵聲)은 양정(陽正), 우성(羽聲)은 음정(陰正) 등으로 중정(中正)을 나타내고 있는데, 이것은 『주역』의 중정사상(中正思想)과 배합된다. 『주역』의 괘에서 중정을 살펴보면 괘를 이루는 6효는 내괘(內卦) 3효와 외괘(外卦) 3효로 구성되어 있는데, 내괘 3효의 가운데인 2효와 외괘 3효의 가운데인 5효가 중(中)에 해당하므로 대부분 괘의 중요한 특징을 나타내는 주효(主爻)가 된다. 그리고 괘를 이루는 초효(初爻), 삼효(三爻), 오효(五爻) 등 양(陽)의 자리에 양효가 있으면 정(正)이 되고 이효(二爻), 사효(四爻), 상효(上爻) 등 음(陰)의 자리에 음효가 있으면 정(正)이 된다. 이와 같이 괘에 있어 중정은 매우 중요시되고 있다. 5성 중 궁성은 가운데 있어 5기(氣: 天), 5행(行: 地), 5장(臟: 人)으로 안 가는 데 없이 두루 미친다.

9) 『증보문헌비고』

『증보문헌비고』(增補文獻備考)189에 의하면 5성(聲)의 뜻과 오행의 관계는 『악학궤범』과 같다. 즉, 5성은 5행(行), 5용(用), 5색(色), 5장(臟), 5미(味), 5취(臭), 5정(情), 5사(事), 5상(象), 5상(常), 5수(獸), 5위(位) 등에 해당한다.

위에서 5성과 5행의 관계를 살펴보았다. 5성(五聲: 宮·商·角·徵·羽)은 5행(五行: 土·金·木·火·水), 5용(五用: 重·敏·經·迭·抑), 5색(五色: 黃·白·靑·赤·黑), 5장(五臟: 비장, 폐장, 간장, 폐장, 신장), 5미(五味: 단맛, 매운맛, 신맛, 쓴맛, 짠맛), 5취(五臭: 향내, 비린내, 노린내, 탄내, 썩은내), 5정(五情: 근심, 슬픔, 노함, 기쁨, 두려움), 5사(五事: 思·言·貌·視·聽), 5상(五象: 君·臣·民·事·物), 5상(五常: 信·義·仁·禮·智), 5수(五獸: 소, 양, 닭, 돼지, 말), 5위(五位: 中·右·左·上·下) 등에 해당한다. 그리고 5성(聲)의 수는 하도의 수 10 중에서 천수와 지수의 합으로 이루어지고 5행의 수와 합치된다. 5성 중 궁성[실수 81]은 토[5, 10, 중앙], 상성[72]은 금[4·9, 서방], 각성[64]은 목[3·8, 동방], 치성[54]은 화[2·7, 남방]에 해당하고, 우성[48]은 5행 중 수[1·6, 북방] 등에 해당한다. 그리고 5성은 삼분손익법에 의해 궁[율수 81]↘치[54]↗상[72]↘우[48]↗각[64]의 순서로 상생한다. 그리고 5성의 중정(中正)은 『주역』의 중정사상(中正思想)과 배합된다. 5성과 5행의 관계는 다음의 도표에 잘 정리되어 있다.

도표 72) 오성과 오행

五聲	宮	商	角	徵	羽
絃數	81	72	64	54	48
五行	土	金	木	火	水
生數	5(天數)	4(地數)	3(天數)	2(地數)	1(天數)
成數	10(地數)	9(天數)	8(地數)	7(天數)	6(地數)
律數	81	72	64	54	48
五方	中	西	東	南	北
五象	君	臣	民	事	物
五用	重	敏	經	迭	抑
五位	中	右	左	上	下
五色	黃	白	靑	赤	黑
五常	信	義	仁	禮	智
五情	憂	悲	怒	喜	恐
五事	思	言	貌	視	聽
五味	甘	辛	酸	苦	鹹
五臭	香	腥	羶	焦	朽
五臟	脾	肺	肝	心	腎
五意	中	章	觸	祉	宇
五獸	牛	馬	雉(鷄)	洋	豚

미주

1 『三國史記』卷6. 5b~6a, "文武王 四年 三月 遣星川 丘日等二十八人於府城 學唐樂"
2 『太宗實錄』卷22. 47ab, "太宗 十一年 十二月 辛丑……定雅樂禮曹上言 前朝 光王 遣使請唐樂器及工 其子孫世守其業"
3 『高麗史』卷70. 志24, 28a~29b, "睿宗 九年 六月 甲辰朔 安稷崇 還自宋 帝賜王樂器". 『高麗史』卷13.「世家」13. 33b, "睿宗 九年 六月 丁未 遣樞密院知 奏 事王字之 戶部郞中 文公彥 如宋謝賜樂". 『高麗史』卷70. 志24, 5a, "睿宗 十一年 六月 乙丑 王字之 還自宋徽宗……今賜大晟雅樂"
4 『世宗實錄』卷36. 16a, 世宗 9年 5月 壬寅, "樂學別坐 奉常判官 朴堧 進新製石 磬一架十二枚 初以中朝黃鍾之磬爲主 三分損益 作十二律管 兼以甕津 秬黍校正 之 取南陽石作之 聲律乃諧 遂作宗廟朝會之樂"
5 左丘明, 『國語』卷3.「周語」下 24a, "律所以立均出度也"
6 左丘明, 『國語』卷3.「周語」下 24a, "陽爲律 陰爲呂 六律黃鐘大蔟姑洗蕤賓夷 則無射也 六呂林鐘中呂夾鐘大呂應鐘南呂也"
7 周公, 『周禮』卷6.「典同章」, "六律六同 以爲樂器"
8 班固, 『漢書』卷21上.「律曆志」4b, "律十有二 陽六爲律 陰六爲呂"
9 管仲, 『管子』卷19.「地貟」, 제58, "律者 所以定分 止爭也"
10 丁若鏞, 『與猶堂集』卷106.「樂書孤存」1-2b~3a, "聲 差作六等 以製其器曰 律 律者 差等之約例也 律與率通 律差等之約例也" 『한국음악자료총서』 제 21집, 은하출판사, 1989, 92쪽.

11 『爾雅』卷1.「釋詁」10a, "律矩則法也"
　　班固, 『漢書』卷21上.「律曆志」, 21b, "律法也"
　　杜佑, 『通典』, 卷143. 樂3-2b, "律者法也"
12 司馬遷, 『史記』卷25.「律書」제3-1ab, "王者制事立法物度軌 則壹稟於六律 六律爲萬事根本焉"
13 『書經』卷2.「舜傳」제2-7a, "同律度量衡 合四時之氣節 月之大小 日之甲乙 使齊一也 律十二律也"
14 左丘明, 『國語』卷3.「周語」下 25b, "呂 陰律 所以侶間陽律"
15 杜佑, 『通典』 卷143. 악3-2b, "呂也者侶也"
16 丁若鏞, 『與猶堂集』卷112.「樂書孤存」7-5a, "呂也者侶也 陰侶陽也" 『한국음악자료총서』第21輯, 은하출판사, 1989, 156쪽.
17 成俔 등, 『樂學軌範』序 2b, "夫五音十二律 樂之本也"
18 李圭景, 『五洲衍文長箋散稿』제17집.「經史」, 樂1a, "樂律者 樂聲之本"
19 『增補文獻備考』卷90.「樂考」1-1a, "古之聖王 功成治定 制爲聲樂 皆各象其德 而一皆本之于律呂 律呂規矩也 樂其方圓也 爲樂而不本於律呂 猶爲方圓而不本於規矩 惡乎爲方圓哉"
20 左丘明, 『國語』卷3.「周語」下 24a~26b, "王將鑄無射 問律於伶州鳩 對曰 律所以立均出度也 古之神瞽考中聲而量之以制 度律均鐘 百官軌儀 紀之以三 平之以六 成於十二 天之道也 夫六中之色也 故名之曰黃鐘 所以宣養六氣九德也 十一月曰黃鐘 乾初九也, 黃鐘初九 六律之首 是以初九爲黃鐘 黃中之色也 由是第之 二曰大簇 所以金奏贊陽出滯也 正月曰大簇 乾九二也 三曰姑洗 所以修潔百物 考神納賓也 三月曰姑洗 乾九三也 四曰蕤賓 所以安靖神人 獻酬交酢也 五月曰蕤賓 乾九四也 五曰夷則 所以詠歌九 則平民無貳也 七月曰夷則 乾九五也 六曰無射 所以宣布哲人之令德 示民軌儀也 爲之六間 以揚沈伏 而黜散越也 九月曰無射 乾上九也 元間大呂 助宣物也 十二月曰大呂 坤六四也 二間夾鐘 出四隙之細也 二月曰夾鐘 坤六五也 三間中呂 宣中氣也 四月曰中呂 坤上六也 四間林鐘 和展百事 俾莫不任肅純恪也 六月曰林鐘 坤初六也 五間南呂 贊陽秀也 八月曰南呂 坤六二也 六間應鐘 均利器用俾應復也 律呂不易無姦物也 十月曰應鐘 坤六三也 律呂不易無姦物也"
21 班固,『漢書』卷21上.「律曆志」, 5a~6b, "黃鐘黃者中之色 君之服也 鐘者種也 天之中數五 五爲聲 聲上宮五聲莫大焉 地之中數六 六爲律 律有形有色 色上黃五色莫盛焉 故陽氣施種於黃泉 孳萌萬物爲六氣元也 以黃色名元氣 律者著宮聲也 宮以九唱六變動不居 周流六虛始於子在十一月 大呂呂旅也 言陰大旅助黃鐘宣

氣而牙物也 位於丑在十二月 太族族奏也 言陽氣大奏地 而達物也 位於寅在正月 夾鐘言陰夾助大族宣四方之氣 而出種物也 位於卯在二月 姑洗洗絜也 言陽氣洗 物辜絜之也 位於辰 在三月 中呂言微陰起未成 著於其中旅助姑洗宣氣齊物也 位於巳在四月 蕤賓蕤繼也 賓導也 言陽始導陰氣使繼養物也 位於午在五月 林鐘 林君也 言陰氣受任助蕤賓君主種物使長大棐盛也 位於未在六月 夷則則法也 言 陽氣正法度 而使陰氣夷當傷之物也 位於申在七月南呂南任也 言陰氣旅助夷則 任成萬物也 位於酉在八月 亡射射厭也 言陽氣究物 而使陰氣畢剝落之 終而復始 亡厭已也 位於戌在九月 應鐘言陰氣應亡射 該藏萬物而雜陽閡種也 位於亥在十 月"

22 成俔 등,『樂學軌範』卷1. 6b~8a, "黃鐘黃者 中之色也 鐘種也 陽氣潛萌於黃 宮 萬物孳萌於子 而黃鐘子之氣也 大呂呂旅也 言陰大呂助黃鐘宣氣而芽物也 萬物紐芽於丑 而大呂丑之氣也 太簇簇奏也 言陽氣大奏地而達物也 萬物引達於 寅 而太簇寅之氣也 夾鐘言陰夾助太簇 宣四方之氣而種物也 萬物冒茆於卯 而夾 鐘卯之氣也 姑洗姑故也 洗新也 言陽氣養生去故就新也 萬物振美於辰 而姑洗辰 之氣也 仲呂言陽巳 而陰萌則萬物盡旅 而西行萬物已盛於 巳 而仲呂巳之氣也 蕤賓蕤繼也 賓導也 言陽始導陰氣 使繼養萬物也 萬物咢布於午 而蕤賓午之氣也 林鐘林君也 言陰氣受任 助蕤賓 君主種物 使長大茂盛也 萬物蓁昧於未 而林鐘未 之氣也 夷則言厭民夷時 萬物莫不華而實也 雖未及中亦有儀則矣 萬物申堅於申 而夷則申之氣也 南呂南任也 言陰氣旅助夷則 任成萬物也 萬物留熟於酉 而南呂 酉之氣也 無射射厭也 言陽氣究物 使氣畢落之 終而復始 無厭已 萬物罩入於戌 而無射戌之氣也 應鐘言陰氣應無射 該藏萬物 而雜陽閡種也 萬物以陰藏 歸根復 命 而該閡於亥 應鐘亥之氣也"
이혜구 역,『신역 악학궤범』, 국립국악원, 2000, 47쪽~50쪽

23『增補文獻備考』卷90. 14b~15b, "黃鐘黃者 中之色也 鐘種也 陽氣潛萌於黃 泉 萬物孳萌於子 而黃鐘子之氣也……大呂呂旅也 言陰大旅助黃鐘宣氣而芽物 也 萬物紐芽於丑 而大呂丑之氣也…… 太簇簇奏也 言陽氣大奏地而達物也 萬物 引達於寅 而太簇寅之氣也…… 夾鐘言陰夾助太簇 宣四方之氣而種物也 萬物冒 茆於卯 而夾鐘卯之氣也…… 姑洗姑故也 洗新也 言陽氣養生去故就新也 萬物振 美於辰 而姑洗辰之氣也…… 仲呂言陽巳 而陰萌則萬物盡旅 而西行萬物已盛於 巳 而仲呂巳之氣也…… 蕤賓蕤繼也 賓導也 言陽始導陰氣使繼養萬物也 萬物咢 布於午 而蕤賓午之氣也…… 林鐘林君也 言陰氣受任助蕤賓君主種物使長大茂 盛也 萬物蓁昧於未 而林鐘未之氣也…… 夷則言厭民夷時萬物莫不華以實也 雖 未及中亦有儀則矣 萬物申堅於申 而夷則申之氣也…… 南呂南任也 言陰氣旅助 夷則任成萬物也 萬物留熟於酉 而南呂酉之氣也…… 無射射厭也 言陽氣究物使

氣畢落之 終而復始 無厭已也 萬物畢入於戌 而無射戌之氣也…… 應鍾言陰氣應 無射該藏萬物 而雜陽閡種也 萬物以陰藏歸根復命 而該閡於亥 應鍾亥之氣也"
24 左丘明,『左傳』卷12. 21b~22a, "物生而後有象, 象而後有滋, 滋而後有象"
25 『周易』「繫辭傳」上 第9章, "天一 地二 天三 地四 天五 地六 天七 地八 天九 地十 天數五 地數五 五位相得 而各有合 天數二十有五 地數三十 凡天地之數 五十有五 此所以成變化 而行鬼神也"
26 『周易』「繫辭傳」上 第9章, "大衍之數五十 其用四十有九 分而爲二以象兩 掛一以象三 揲之以四象四時 歸奇於扐以象閏 五歲再閏 故再扐而後掛"
27 牟宗三,『周易的自然哲學與道德函義』(臺北: 文津出版社), 1988, 355쪽.
28 劉安,『淮南子』卷3.「天文訓」, 15b~16a, "規始於一 一而不生 故分而爲陰陽 陰陽合和而萬物生 故曰一生二 二生三 三生萬物 天地三月而爲一時 以三參物 三三如九 故黃鍾之律九寸 而宮音調 因而九之九九八十一 故黃鍾之數立焉"
29 『周易』「繫辭傳」下 第10章, "易之爲書也 廣大悉備 有天道焉 有人道焉 有地道焉 兼三才而兩之 故六 六者 非他也 三才之道也"
30 『周易』「說卦傳」 第2章, "昔者聖人之作易也 將以順性命之聖 是以立天之道曰陰與陽 立地之道 曰柔與剛 立人之道曰仁與義 兼三才而兩之 故易六畫而成卦 分陰分陽 迭用柔剛 故易六位而成章"
31 정병석,「周易의 三才之道와 天生人成」,『儒教思想研究』제24집, 2005, 217쪽~218쪽.
32 『周易』「繫辭傳」下, 第2章, "易窮則變 變則通 通則久"
33 『周易』「繫辭傳」下 第2章, "古者包犠氏之王天下也 仰則觀象於天 府則觀法於地 觀鳥獸之文 與地地宜 近取諸物 於始作八卦."
34 『周易』「繫辭傳」上 第11章, "易有太極 是生兩儀 兩儀生四象 四象生八卦"
35 『周易』「繫辭傳」上 第5章, "一陰一陽之謂道"
36 呂不韋,『呂氏春秋』卷5.「仲夏紀」3b~5a 大樂篇, "音樂之所由來者遠矣 生於度量本於太一 太一出兩儀 兩儀出陰陽 陰陽變化 一上一下 合而成章…… 凡樂天地之和陰陽之調也 "
37 司馬遷,『史記』卷27.「天官書」1b, "中宮天極星, 其一明者, 太一常居也."
38 이 문제에 대해서는 葛兆光,「衆妙之門」,『中國文化』, 1990年, 第3期, 제46~62쪽 참조.

39 『周易』「上經」豫卦, "雷出地 豫 先王以作樂崇德 殷薦之上帝 以祀祖考"
40 『禮記』卷18.「樂記」3a, "長樂陳氏曰 聖人之於易…… 作樂於豫"
41 『周易』「繫辭傳」上 第11章, "易有太極 是生兩儀"
42 王夫之,「周易稗疏」卷3.「般山易學」下(台北: 廣文書局, 1981, 723쪽~724쪽, "生者非所生者爲子, 生之者爲父之謂……太極?兩儀, 兩儀?四象……."
43 『周易』「繫辭傳」上 第5章, "一陰一陽之謂道"
44 『周易』「繫辭傳」上 第1章, "乾道成男 坤道成女 萬物化生"
45 呂不韋,『呂氏春秋』卷5.「中夏紀」10ab, 古樂篇, "昔黃帝令伶倫作爲律 伶倫自大夏之西 乃之阮隃之陰 取竹於嶰谿之谷 以生空竅厚鈞者 斷兩節間 其長三寸九分 而吹之以爲黃鍾之宮 吹曰舍少 次制十二筒 以之阮隃之下 聽鳳皇之鳴 以別十二律 其雄鳴爲六 雌鳴亦六 以此黃鍾之宮適合黃鍾之宮皆可以生之 故曰黃鍾之宮 律呂之本"
46 班固,『漢書』卷21上.「律曆志」4b~5a, "律十有二陽六爲律陰六爲呂 律以統氣類物 一曰黃鍾 二曰太族 三曰姑洗 四曰蕤賓 五曰夷則 六曰亡射 呂以旅陽宣氣 一曰林鍾 二曰南呂 三曰應鍾 四曰大呂 五曰夾鍾 六曰中呂……黃帝使泠綸自大夏之西昆侖之陰 取竹之解谷 生其竅厚均者 斷兩節間而吹之以爲黃鍾之宮 制十二箭以聽鳳之鳴其雄鳴爲六雌鳴亦六 比黃鍾之宮而皆可以生之 是爲律本 至治之世天地之氣合以生風 天地之風氣正十二律定"
47 陳暘,『樂書』卷41. 1b~2a, "先王制六律六同之器 以合六陰六陽之聲 黃鍾太蔟姑洗蕤賓夷則無射六陽聲也 大呂應鍾南呂函鍾小呂夾鍾六陰聲也 盖日月所會之辰在天 而右轉斗柄所建在地 而左旋交錯貿見如表裏 然故子合於丑 寅合於亥 辰合於酉 午合於未 申合於巳 戌合於卯 黃鍾子之氣十一月建焉 而辰在星紀 大呂丑之氣十二月建焉 而辰在玄枵 太蔟寅之氣正月建焉 而辰在娵訾 應鍾亥之氣十月建焉 而辰在析木 姑洗辰之氣三月建焉 而辰在大梁 南呂酉之氣八月建焉 而辰在壽星 蕤賓午之氣五月建焉 而辰在鶉首 林鍾未之氣六月建焉 而辰在鶉火 夷則申之氣七月建焉 而辰在鶉尾 中呂巳之氣四月建焉 而辰在實沈 無射戌之氣九月建焉 而辰在大火 夾鍾卯之氣二月建焉 而辰在降婁"
48 田邊尙雄 著, 陳清泉 譯,『中國音樂史』, 商務印書館.
49 박흥수,「國樂音階의 史的인 硏究」,『성균관논문집』, 제11집, 1966, 472쪽.
50 한태동,『세종대의 음성학』, 2003, 연세대학교 출판부, 198쪽~206쪽 참조.
51 『老子』「道德經」下 第42章, "道生一 一生二 二生三 三生萬物"

52 『周易』「下經」山澤損卦, "損 有孚 元吉 无咎 可貞 利有攸往. 曷之用 二簋可用享 象曰 損 損下益上 其道上行 損而有孚 元吉无咎可貞利有攸往 曷之用 二簋可用享 二簋應有時 損剛益柔有時 損益盈虛 與時偕行 象曰 山下有澤 損 君子以 懲忿窒欲 初九 已事 遄往 无咎 酌損之 九二 利貞 征 凶 弗損 益之. 六三 三人行 則損一人 一人行 則得其友. 六四 損其疾 使遄 有喜 无咎 六五 或益之 十朋之 龜 弗克違 元吉. 上九 弗損 益之 无咎 貞吉. 利有攸往 得臣 无家"

53 『周易』「下經」風雷益卦, "益 利有攸往 利涉大川 象曰 益 損上益下 民說无疆 自上下下 其道大光 利有攸往 中正 有慶 利涉大川 木道乃行 益 動而巽 日進无疆 天施地生 其益 无方. 凡益之道 與時偕行也 象曰 風雷益 君子以 見善則 遷 有過則改 初九 利用爲大作 元吉 无咎 六二 或益之 十朋之龜 弗克違 永貞 吉 王用享于帝 吉. 六三 益之用凶事 无咎 有孚中行 告公用圭 六四 中行 告公從 利用爲依 遷國. 九五 有孚惠心 勿問 元吉 有孚 惠我德 上九 莫益之 或擊之 立心勿恒 凶"

54 『周易』「繫辭傳」上 第5章, "一陰一陽之謂道"

55 左丘明, 『國語』卷3.「周語」下 24b~26b, "黃鐘 管長九寸徑三分圍九分 律長九寸因而九之九九八十一 故黃鐘之數立爲 由是第之二曰大蔟 管長八寸 三 曰姑洗 管長七寸一分 律長七寸九分寸之一 四曰蕤賓 管長六寸三分 律長六寸八 十一分寸之二十六 五曰夷則 管長五寸六分 律長五寸七百二十九分寸之四百五 十一 六曰無射 管長四寸九分 律長四寸六千五百六十一分寸之六千五百二十四 元間大呂 管長八寸 八分法云三分之二四寸之二百四十三分寸之五十二 倍之爲八 寸分寸之一百四 二間夾鐘 管長七寸四分 律長三寸二千一百八十七分寸之一千 六百三十一 倍之爲七寸分寸之千七十五 三間中呂 管長六寸六分 律長三寸萬九 千六百八十三分寸之六千四百八十七 倍之爲六寸分寸之萬二千九百七十四 四 間林鐘 管長六寸律長六寸 五間南呂 管長五寸三分 律長五寸三分寸之一 六間應 鐘 管長四寸七分 律長四寸二十七分寸之二十"

56 周公, 『周禮』卷23. 16b, "黃鍾初九也下生林鍾之初六 林鍾又上生大蔟之九二 大蔟又下生南呂之六二 南呂又上生姑洗之九三. 姑洗又下生應鍾之六三 應鍾又 上生蕤賓之九四 蕤賓又下生大呂之六四 大呂又上生夷則之九五 夷則又下生夾 鍾之六五 夾鍾又上生無射之上九 無射又下生中呂之上六 同位者象夫妻 異位者 象子母 所謂律取妻 而呂生子也 黃鍾長九寸其實一篇 下生者三分去一 上生者三 分益一 五下六上乃一終矣 大呂長八寸二百四十三分寸之一百四 大蔟長八寸 夾 鍾長七寸二千一百八十七分寸之千七十五 姑洗長七寸九分寸之一 中呂長六寸 萬九千六百八十三分寸之萬二千九百七十四 蕤賓長六寸八十一分寸之二十六

林鍾長六寸 夷則長五寸七百二十七分寸之四百五十一 南呂長五寸三分寸之一 無射長四寸六千五百六十一分寸之六千五百二十四 應鍾長四寸二十七分寸之二十"

57 『樂律表微』卷2, 3ab, "周禮太師職鄭注云 黃鍾初九也下生林鍾之初六 林鍾又上生太蔟之九二 太蔟又下生南呂之六二 南呂又上生姑洗之九三 姑洗又下生應鍾之六三 應鍾又上生蕤賓之九四 蕤賓又上生大呂之六四 大呂又下生夷則之九五 夷則又上生夾鍾之六五 夾鍾又下生無射之上九 無射又上生中呂之上六 下生者三分去一 上生者三分益一 五下六上乃一終矣"

58 呂不韋, 『呂氏春秋』卷6, 「季夏紀」4ab, "黃鍾生林鍾 林鍾生太蔟 太蔟生南呂 南呂生姑洗 姑洗生應鍾 應鍾生蕤賓 蕤賓生大呂 大呂生夷則 夷則生夾鍾 夾鍾生無射 無射生仲呂 三分所生 益之一分以上生 三分所生 去其一分以下生 黃鍾 大呂 太蔟 夾鍾 姑洗 仲呂 蕤賓爲上 林鍾 夷則 南呂 無射 應鍾爲下"

59 丁若鏞, 『與猶堂集』卷108, 「樂書孤存」3-11a, 한국음악자료총서 21집, 은하출판사, 1989, 117쪽

60 劉安, 『淮南子』卷3, 「天文訓」15b~17a, "規始於一 一而不生 故分而爲陰陽 陰陽合和而萬物生 故曰 一生二 二生三 三生萬物 天地三月而爲一時 以三參物 三三如九 故黃鍾之律九寸 而宮音調 因而九之九九八十一 故黃鍾之數立焉 黃鍾位子 其數八十一 主十一月 下生林鍾 林鍾之數五十四 主六月 上生太蔟 太蔟之數七十二 主正月 下生南呂 南呂之數四十八 主八月 上生姑洗 姑洗之數六十四 主三月 下生應鍾 應鍾之數四十二 主十月 上生蕤賓 蕤賓之數五十七 主五月 上生大呂 大呂之數七十六 主十二月 下生夷則 夷則之數五十一 主七月 上生夾鍾 夾鍾之數六十八 主二月 下生無射 無射之數四十五 主九月 上生仲呂 仲呂之數六十 主四月 極不生"

61 『老子』「道德經」下 第42章, "道生一 一生二 二生三 三生萬物"

62 杜佑, 『通典』卷143, 樂3-12ab, "其十二律相生之法皆以黃鍾爲始 下生者三分去一 上生者三分益一 五下六上仍得一終 黃鍾下生林鍾 林鍾上生太蔟 太蔟下生南呂 南呂上生姑洗 姑洗下生應鍾 應鍾上生蕤賓 蕤賓上生大呂 大呂下生夷則 夷則上生夾鍾 夾鍾下生無射 無射上生中呂"

63 范曄·司馬彪, 『後漢書』卷11, 「律曆志」3b~18b, "陽以圓爲形 其性動 陰以方爲節 其性靜 動者數三 靜者數二 以陽生陰倍之 以陰生陽四之 皆三而一 陽生陰曰下生 陰生陽曰上生 上生不得過黃鍾之淸濁 下生不得及黃鍾之數實 皆參天兩地 圓蓋方覆 六耦承奇之道也 黃鍾律呂之首 而生十二律者也……黃鍾……下生林鍾 大呂……下生夷則 太簇……下生南呂 夾鍾……下生無射 姑

洗……下生應鍾 中呂……上生蕤賓 蕤賓……上生大呂 林鍾……上生太簇 夷則……上生夾鍾 南呂……上生姑洗 無射……上生中呂 應鍾……上生蕤賓"

64 『詩樂和聲』卷2.「樂律本源」제2-67.『한국음악자료총서』제12집, 은하출판사, 1989, 53쪽. 위 도표 11)에서 下生夷는 上生蕤의 오자이다.

65 『詩樂和聲』卷2.「樂律本源」제2-12~13, "諸律之相生者左旋則必隔八焉卽斗建左旋地上以生四時之八節也右轉則必隔六焉卽日躔右轉天上以成一年之六陰月六陽月也"『한국음악자료총서』제12집, 은하출판사, 1989, 39쪽.

66 朱熹,『朱子語類』卷92.「樂」3a~4a, "樂律自黃鍾至中呂皆屬陽 自蕤賓至應鍾皆屬陰 此是一箇大陰陽 黃鍾爲陽 大呂爲陰 太簇爲陽 夾鍾爲陰 每一陽間一陰又是一箇小陰陽 自黃鍾至中呂皆下生 自蕤賓至應鍾皆上生 以上下皆三生二 以下生上皆三生四……若言相生之法 則以律生呂便是下生 以呂生律則爲上生 自黃鍾下生林鍾 林鍾上生太簇 太簇下生南呂 南呂上生姑洗 姑洗下生應鍾 應鍾上生蕤賓 蕤賓本當下生今却復上生大呂 大呂下生夷則 夷則上生夾鍾 夾鍾下生無射 無射上生中呂 相生之道至是窮矣 遂復變而上生黃鍾之宮"

67 管仲,『管子』卷29.「地員」제58, "凡將起五音凡首 先主一而三之四開以合九九 以是生黃鍾小素之首以成宮 三分而益之以一爲百有八爲徵 不無有三分而去其乘 適足以是生商 有三分而復於其所以是成羽 有三分去其乘適足以是成角"

68 司馬遷,『史記』「律書」제3-10a~12b, "黃鍾長八寸十分一宮 大呂長七寸五分三分一 太簇長七寸七分二角 夾鍾長六寸一分三分一 姑洗長六寸七分四羽 仲呂長五寸九分三分二徵 蕤賓長五寸六分三分一 林鍾長五寸七分四角 夷則長五寸四分三分二商 南呂長四寸七分八徵 無射長四寸四分三分二 應鍾長四寸二分三分二羽 生鍾分 子一分 丑三分二 寅九分八 卯二十七分十六 辰八十一分六十四 巳二百四十三分一百二十八 午七百二十九分五百一十二 未二千一百八十七分一千二十四 申六千五百六十一分四千九十六 酉一萬九千六百八十三分八千一百九十二 戌五萬九千四十九分三萬二千七百六十八 亥十七萬七千一百四十七分六萬五千五百三十六 生黃鍾術曰 以下生者倍其實三其法以 上生者四其實三其法"

69 成俔 등,『樂學軌範』卷1. 11b.

70 成俔 등,『樂學軌範』卷1. 11b, "同位者象夫妻 異位者象子母 所謂律娶妻而呂生子 此陰陽相生之正也 其法皆陽下生陰 陰上生陽 下生者皆三分損一 上生者皆三分益一 此馬遷班固所生之寸數也"

71 丁若鏞,『與猶堂集』卷108.「樂書孤存」3-11a,『한국음악자료총서』21집, 은하출판사, 1989, 117쪽.

72 班固, 『漢書』卷21上.「律曆志」11ab, 25b~26a, "法爲一寸則黃鐘之長也 參分損一下生林鐘 參分林鐘益一上生太族 參分太族損一下生南呂 參分南呂益一上生姑洗 參分姑洗損一下生應鐘 參分應鐘益一上生蕤賓 參分蕤賓損一下生大呂 參分大呂益一上生夷則 參分夷則損一下生夾鐘 參分夾鐘益一上生亡射 參分亡射損一下生中呂 陰陽相生 自黃鐘始 而左旋八八爲伍……實如法得一黃鐘初九律之首陽之變也 因而六之以九爲法 得林鐘初六呂之首陰之變也 皆參天兩地之法也 上生六而倍之 下生六而損之 皆以九爲法 九六陰陽夫婦子母之道也 律娶妻而呂生子天地之情也 六律六呂而十二辰立矣"

73 『晉書』卷16.「律曆」上 7b~21b, "周十二辰 在六律爲陽 則當位自得 而下生陰 在六呂爲陰 則得其所衝 而上生於陽 所謂 律取妻 呂生子 陰陽升降律呂之大經也……十一月律中黃鍾律之始也 長九寸 班固三分損一下生林鍾 十二月律中大呂 司馬遷 未下生之律 長四寸二百四十三分寸之五十二倍之爲八寸分寸之一百四 三分益一上生夷則 京房三分損一下生夷則 正月律中太蔟 未 上生之律 長八寸 三分損一下生南呂 二月律中夾鍾 酉 下生之律 長三寸二千一百八十七分寸之一千六百三十一 倍之爲七寸分寸之一千七十五 三分益一上生無射 京房三分損一下生無射 三月律中姑洗 酉 上生之律 長七寸九分寸之一 三分損一下生應鍾 四月律中中呂 亥下生之律 長三寸萬九千六百八十三分寸之六千四百八十七 倍之爲六寸分寸之萬二千九百七十四 五月律中蕤賓 亥上生之律 長六寸八十一分寸之二十六 三分損一下生大呂 京房三分益一上生大呂 六月律中林鍾 丑下生之律 長六寸 三分益一上生太蔟 七月律中夷則 丑 上生之律 長五寸七百二十九分寸之四百五十一 三分損一下生夾鍾 京房三分益一上生夾鍾 八月律中南呂 卯 下生之律 長五寸三分寸之一 三分益一上生姑洗 九月律中無射 卯 上生之律 長四寸六千五百六十一分寸之六千五百二十四 三分損一下生中呂 京房三分益一上生中呂 十月律中應鍾 巳 下生之律 長四寸二十七分寸之二十 三分益一上生蕤賓"

74 蔡元定,『律呂新書』卷1.「律呂本源」黃鍾生十一律 제3-12ab, "黃鐘生十一律 子寅辰午申戌六陽辰皆下生 丑卯巳未酉亥六陰辰皆上生 其上以三歷十二辰者皆黃鐘之全數 其下陰數以倍者三分本律而損其一也 陽數以四者三分本律而增其一也 六陽辰當位自得 六陰辰則居其衝 其林鐘南呂應鐘三呂在陰無增損也 其大呂夾鐘仲呂三呂在陽 則用倍數 方輿十二月之氣相應 蓋陰之從陽自然之理也"

75 蔡元定,『律呂新書』卷1.「律呂本源」十二律之實 제4-13a~15a, "子黃鐘 十七萬七千一百四十七 全九寸 半無 丑林鐘 十一萬八千九十八 全六寸 半三寸不用 寅太簇 十五萬七千四百六十四 全八寸 半四寸 卯南呂 十萬四千九百七十六 全五寸三分 半二寸六分不用 辰姑洗 十三萬九千九百六十八 全七寸一分 半三寸

五分 巳應鐘 九萬三千三百一十二. 全四寸六分六釐 半二寸三分三釐不用 午蕤賓 十二萬四千四百一十六 全六寸二分八釐 半三寸一分四釐 未大呂 十六萬五千八 百八十八 全八寸三分七釐六毫 半四寸一分八釐三毫 申夷則 十一萬五百九十二 全五寸五分五釐一毫 半二寸七分二釐五毫 酉夾鐘 十四萬七千四百五十六 全七 寸四分三釐七毫三絲 半三寸六分六釐三毫六絲 戌無射 九萬八千三百四 全四寸 八分八釐四毫八絲 半二寸四分四釐二毫四絲 亥仲呂 十三萬一千七十三 全六寸 五分八釐三毫四絲六忽 餘二筭 半三寸二分八釐六毫二絲二忽"

76 成俔 등, 『樂學軌範』 卷1. 10ab, "黃鍾長九寸 圍九分 以下十一律圍並同 三分損一下生林鍾 大呂長四寸一分八釐三毫 三分益一上生夷則 倍數長八寸三 分七厘六毫 太簇長八寸 三分損一下生南呂 夾鍾長三寸六分六厘三毫六絲 三分 益一上生無射 倍數長七寸四分三厘七毫三絲 姑洗長七寸一分 三分損一下生應 鍾 仲呂長三寸二分八厘六毫二絲三忽 倍數長六寸五分八厘三毫四絲六忽 以七 百二十九乘 三分益一再生變黃鍾 蕤賓長六寸二分八厘 三分損一下生大呂 林鍾 長六寸 三分益一上生太簇 夷則長五寸五分五厘一毫 三分損一下生夾鍾 南呂長 五寸三分 三分益一上生姑洗 無射長四寸八分八厘四毫八絲 三分損一下生仲呂 應鍾長四寸六分六厘 三分益一上生蕤賓"
이혜구 역주, 『新譯樂學軌範』, 국립국악원, 2000, 54쪽~56쪽.

77 『增補文獻備考』 卷90. 「律呂製造」, "黃鍾長九寸 圍九分 以下十一律圍並同 三分損一下生林鍾 大呂長四寸一分八釐三毫 三分益一上生夷則 倍數長八寸三 分七釐六毫 太簇長八寸 三分損一下生南呂 夾鍾長三寸六分六釐三毫六絲 三分 益一上生無射 倍數長七寸四分三釐七毫三絲 姑洗長七寸一分 三分損一下生應 鍾 仲呂長三寸二分八釐六毫二絲三忽 倍數長六寸五分八釐三毫四絲六忽 以七 百二十九乘 三分益一再生變黃鍾 蕤賓長六寸二分八釐 三分損一下生大呂 林鍾 長六寸 三分益一上生太簇 夷則長五寸五分五釐一毫 三分損一下生夾鍾 南呂長 五寸三分 三分益一上生姑洗 無射長四寸八分八釐四毫八絲 三分損一下生仲呂 應鍾長四寸六分六釐 三分益一上生蕤賓"

78 李萬敷, 「律呂推步」『息山續集』 卷10. 12b~17a, "按黃鐘生十一律 子寅辰午 申戌六陽辰皆下生 丑卯巳未酉亥六陰辰皆上生 子黃鐘 全九寸 三分損一下生林 鐘 丑林鐘六寸 三分益一上生太簇 寅太簇 全八寸 半四寸 三分損一下生南呂 卯南呂全五寸三分 三分益一上生姑洗 辰姑洗全七寸一分 半三寸五分 三分損一 下生應鐘 巳應鐘全四寸六分六釐 三分益一上生蕤賓 午蕤賓全六寸二分八釐 半 三寸一分四釐 三分損一下生大呂 未大呂 全八寸三分七釐六毫 半四寸一分八釐 三毫 三分益一上生夷則 申夷則全五寸五分五釐一毫 半二寸七分二釐五毫 三分 損一下生夾鐘 酉夾鐘全七寸四分三釐七毫三絲 半三寸六分六釐三毫六絲 三分

益一上生無射 戌無射全四寸八分八釐四毫四絲 半二寸四分四釐二毫四絲 三分損一下生仲呂 亥仲呂全六寸五分八釐三毫四絲六忽 半三寸二分八釐六毫二絲三忽"

79 丁若鏞,『與猶堂集』卷102.「樂書孤存」7-2ab, "律有一元曰黃鍾 一而三之律有三紀 大律曰黃鍾 中律曰姑洗 小律曰夷則 蓋上古三律而已 上律之數八十一 中律之數七十五 小律之數六十九 大中小相距之間各差以六 六者三之倍也 紀之以三非是之謂乎 相距太濶 則淸濁遲 疾之度懸 而不平於是 三紀之下各生一律以平其聲 大平曰太簇 中平曰蕤賓 小平曰無射 三平之距三紀 各差於三 而六律成列 紀之以三平之以六 非是之謂乎 六律旣成 聲音大備 然聲音之道 大則無味 小則彌美 濁則寡變 淸則易感於是 以比六律 三分損一各生一呂以配元聲 呂也者侶也 陰侶陽也 平之以六 成於十二 非是之謂乎 律有三紀論旣定矣 可無議已雖 然有一夫起而言曰六律本"『한국음악자료총서』제21집, 154쪽.

80 丁若鏞,「樂書孤存」7의 三紀六平을 정리한 것임

81 丁若鏞,「樂書孤存」7-5a를 도표로 정리하였음.

82 丁若鏞, 『與猶堂集』卷112.「樂書孤存」7-5ab, "六律皆三分損一生六呂 全得其三者陽聲之參天 全得其二者陰聲之兩地 參天兩地者陰陽之大義也 此壯成配各自爲呂 非聖人之所爲乎"『한국음악자료총서』제21집, 은하출판사, 1989, 156쪽.

83 『周易』「繫辭傳」上 第5章, "一陰一陽之謂道"

84 『周易』「繫辭傳」上 第5章, "生生之謂易"

85 『周易』「繫辭傳」下 第1章, "天地之大德曰生"

86 劉安,『淮南子』卷3.「天文訓」16b, "物以三成 音以五立 三與五如八 故卵生者八竅 律之初生也 寫鳳之音 故音以八生 黃鍾爲宮"

87 班固,『漢書』卷21.「律曆志」第1上 11ab, "法爲一寸則黃鍾之長也 參分損一下生林鐘 參分林鐘益一上生太族 參分太族損一下生南呂 參分南呂益一上生姑洗 參分姑洗損一下生應鐘 參分應鐘益一上生蕤賓 參分蕤賓損一下生大呂 參分大呂益一上生夷則 參分夷則損一下生夾鐘 參分夾鐘益一上生亡射 參分亡射損一下生中呂 陰陽相生自黃鐘始 而左旋八八爲伍"

88 『琴旨』卷上, 7ab, "隔八相生始於黃鐘終於仲呂 得律十二以配十有二月 絃音之五聲二變運於其中 無毫釐之差 故唐而後 執律呂論琴殊不知生聲取分不同也"

89 劉瑾,『律呂成書』卷2. 제17-1a.

90 江永,『律呂闡微』卷6. 16b.

91 江永,『律呂闡微』卷6. 17a, "河圖之位數固合五聲相生矣 而河圖數十律數十二宜若不相合也 然律之相生也隔八 隔八實隔七從本位數至第八位也 如河圖中五以後數至第八位 而相生再歷一周仍復於五循環不窮 十二律亦猶是也 舊法用三分損益不能再生 新法則循環無端正與河圖之理數相合矣"
92 成俔 등,『樂學軌範』卷1. 12a.
93 成俔 등,『樂學軌範』卷1. 6b, "凡十二律相生之位 自黃鍾之律數八至林鍾 林鍾數八至太簇 太簇數八至南呂 南呂數八至姑洗 姑洗數八至應鍾 應鍾數八至蕤賓 周而復始"
94 李萬敷,「律呂推步」,『息山續集』卷10. 12a.
95 李萬敷,「律呂推步」『息山續集』卷10. 12a, "六律隔八下生而居陽 六呂隔八上生而居陰 黃鐘子 大呂丑 至應鐘而極序以疾舒 猶易之有後天也"
96『周易』「說卦傳」第10章, "乾天也 故稱乎父 坤地也 故稱乎母 震索而得男 故謂之長男 巽一索而得女 故謂之長女 坎再索而得男 故謂之中男 離再索而得女 故謂之中女 艮三索而得男 故謂之少男 兌三索而得女 故謂之少女"
97 정병석,「說卦傳의 八卦卦象說에 나타난 宇宙의 解釋體系」,『주역연구』제3집, 한국주역학회, 1999, 208~209쪽.
98 李圭景,『五洲衍文長箋散稿』제17집.「經史」樂1a~2a, "一陽一陰 交而生二陰 律娶妻 呂生子 據黃蕤交而生林也 後此旋例也 連起止則隔八也……。至於隔八相生之說 聲律高下 循環相生 復還本音必須隔八 此定理亦出於易 八卦隔八互變 而八卦皆變爲七卦 至八還成本卦者 如工吹笛和瑟 至八聲仍還本音 則十二律隔七之義自明矣"
99『周易』「繫辭傳」上 第9章, "天一 地二 天三 地四 天五 地六 天七 地八 天九 地十 天數五 地數五 五位相得 而各有合 天數二十有五 地數三十 凡天地之數 五十有五 此所以成變化 而行鬼神也"
100『周易』「說卦傳」第1章, "昔者聖人之作易也 幽贊於神明而生蓍 參天兩地而倚數"
101 班固,『漢書』卷21上.「律曆志」第1上. 25b~26a, "實如法得一黃鍾初九律之首陽之變也 因而六之以九爲法 得林鍾初六呂之首陰之變也 皆參天兩地之法也 上生六而倍之 下生六而損之 皆以九爲法 九六陰陽夫婦子母之道也 律娶妻而呂生子天地之情也 六律六呂而十二辰立矣"
102 范曄・司馬彪,『後漢書』卷11.「律曆志」3b~4a, "陽以圓爲形 其性動 陰以方爲節 其性靜 動者數三 靜者數二 以陽生陰倍之 以陰生陽四之 皆三而一 陽生陰曰下生 陰生陽曰上生 上生不得過黃鍾之淸濁 下生不得及黃鍾之數實 皆

參天兩地 圓蓋方覆 六耦承奇之道也"

103 丁若鏞,『與猶堂集』卷112.「樂書孤存」7-5a를 도표로 정리하였음.

104 丁若鏞,『與猶堂集』卷108.「樂書孤存」7-5a, "六律皆三分損一生六呂 全得其三者陽聲之參天 全得其二者陰聲之兩地 參天兩地者陰陽之大義也 此壯成配各自爲呂非聖人之所爲乎"
『한국음악자료총서』제21집, 은하출판사, 1989, 156쪽.

105 정병석,「역경의 시간관」『철학회지』제14집, 영남대학교 철학과, 1988. 145쪽 참조.

106 兪琰,『周易參同契發揮』卷中, 43b.

107 蔡元定,『律呂新書』卷1.「律呂本源」候氣第10-29b, "案陽生於復 陰生於姤 如環無端"

108 陳暘,『樂書』卷101. 6ab, "黃鍾建子之氣 則乾之初九 而於卦爲復 林鍾則坤之初六 而於卦爲姤…… 林鍾建未之氣…… 太蔟則乾之九二 而於卦爲臨 太蔟建寅之氣……南呂則坤之六二 而於卦爲遯 南呂建酉之氣…… 姑洗則乾之九三 而於卦爲泰 姑洗建辰之氣 應鍾則坤之六三 而於卦爲否 應鍾建亥之氣 蕤賓則乾之九四 而於卦爲大壯 蕤賓建午之氣 大呂則坤之六四 而於卦爲觀…… 大呂建丑之氣 夷則則乾之九五 而於卦爲夬 夷則建申之氣 夾鍾則坤之六五 而於卦爲剝 夾鍾建卯之氣 無射則乾之上九 而於卦爲乾 無射建戌之氣 仲呂則坤之上六 而於卦爲坤"

109 李萬敷,「律呂推步」,『息山續集』卷10, 32a, "律者 陽氣之動 陽聲之始 必聲和氣應 然後可以見天地之心 然非精於曆數 則氣節亦未易正也 易 陽生於復 至巳窮上反下 陰生於姤 至亥窮上反下 陽之升始於子 而陰之升于上未巳 陰之升始於午 而陽之升于上未巳 如環無端 律呂 三分損益 律无强呂少弱 自子至巳差强 律无弱呂差强 自午至亥漸弱 升陽之數"

110 李圭景,『五洲衍文長箋散稿』제17집.「經史」, 樂1a, "樂律者 樂聲之本 其本 昉於大易 而十二律 各主一卦 呂覽 含少三寸九分 但以辟卦陽九陰六而數之 乃其天符 非人巧也 黃鍾爲復 五陰畫三十數 一陽畫九數 非三寸九分乎 蕤賓爲姤 五陽畫四十五數 一陰畫六數 非五寸一分乎 與黃鍾對貫則九寸矣 大呂爲臨 四陰畫二十四數 二陽畫十八數 非四寸二分乎 林鍾爲遯四陽畫三十六數 二陰畫十二數 非四寸八分乎 與大呂對貫則九寸矣 太蔟爲泰 三陰畫十八數 三陽畫二十七數 非四寸五分乎 夷則爲否 三陽畫二十七數 三陰畫十八數 非四寸五分乎 與太蔟對貫則九寸矣 夾鍾爲大壯 二陰畫十二數 四陽畫三十六數 非四寸八分乎 南呂爲觀 二陽畫十八數 四陰畫二十四數 非四寸二分乎 與夾鍾對貫則九寸矣 姑洗爲夬

一陰畫六數 五陽畫四十五數 非五寸一分乎 無射爲剝 一陽畫九數 五陰畫三十數 非三寸九分乎 與姑洗對貫則九寸矣 仲呂爲乾 六陽畫五十四數 非五寸四分乎 應鍾爲坤 六陰畫三十六數 非三寸六分乎 與仲呂對貫則九寸矣"

111 周公,『周禮』,卷23. 17b, "金鍾鎛也 石磬也 土塤也 革鼓鼗也 絲琴瑟也 木柷敔也 匏笙也 竹管簫也"

112 司馬遷,『史記』卷25. 「律書」, 第3-5a~9b, "不周風居西北 主殺生…… 十月也 律中應鍾…… 其於十二子爲亥…… 廣莫風居北方 廣莫者言陽氣在下陰 莫陽廣大也 故曰廣莫…… 十一月也 律中黃鍾…… 其於十二子爲子…… 十二月律中大呂…… 其於十二子爲丑…… 條風居東北主出萬物條之 言條治萬物而出之 故曰條風…… 正月也 律中泰簇…… 其於十二子爲寅…… 明庶風居東方 明庶者明衆物盡出也…… 二月也 律中夾鍾…… 其於十二子爲卯…… 三月也 律中姑洗…… 其於十二子爲辰…… 淸明風居東南 維主風吹萬物…… 四月也 律中中呂 其於十二子爲巳…… 五月也 律中葵賓…… 景風居南方 景者言陽氣道 竟 故曰景風 其於十二子爲午…… 涼風居西南 維主地…… 六月也 律中林鍾 其於十二子爲未…… 七月也 律中夷則…… 其於十二子爲申…… 八月也 律中南呂…… 其於十二子爲酉…… 閶闔風居西方 閶者倡也 闔者藏也 言陽氣道萬物 闔黃泉也…… 九月也 律中無射…… 其於十二子爲戌"

113 班固,『漢書』卷21上,「律曆志」第1上. 3b, "八音 土曰塤 匏曰笙 皮曰鼓 作竹曰管 絲曰絃 石曰磬 金曰鐘 木曰柷"

114 杜佑,『通典』卷143. 樂3-4b~5a, "八音者八卦之音 卦各有風 謂之八風也 一曰乾之音石其風不周 二曰坎之音革其風廣莫 三曰艮之音匏其風融 四曰震之音竹其風明庶 五曰巽之音木其風淸明 六曰離之音絲其風景 七曰坤之音土其風涼 八曰兌之音金其風閶闔"

115 陳暘,『樂書』卷104. 3a.

116 陳暘,『樂書』卷104. 4b~5a, "盖主朔易者坎也 故其音革其風廣莫爲果蓏者艮也 故其音匏其風融震爲竹 故其音竹其風明庶巽爲木 故其音木其風淸明兌爲金 故其音金其風閶闔乾爲玉 故其音石其風不周瓦土器也 故坤音土而風涼蠱火精也 故離音絲而風景 是正北之風從黃鍾之律而黃鍾冬至之氣也 東北之風從大呂太蔟之律而大呂太蔟大寒啓蟄之氣也 正東之風從夾鍾之律而夾鍾春分之氣也 東南之風從姑洗仲呂之律而姑洗仲呂穀雨小滿之氣也 正南之風從葵賓之律而葵賓夏至之氣也 西南之風從林鍾夷則之律而林鍾夷則大暑處暑之氣也 正西之風從南呂之律 而南呂秋分之氣也 西北之風從無射應鍾之律 而無射應鍾霜降小雪之氣也 豈非傳所謂樂生於風之謂乎 八方之風周於十二律 如此則順氣應之

和樂興而正聲格矣 尙何姦聲之有耶"
117 江永, 『律呂闡微』 卷6. 26b.
118 成俔 등, 『樂學軌範』 卷1. 14ab.
119 『增補文獻備考』 卷90. 19b~20b. "君子聽音必有所思 金聲鏗 鏗以立號 號以立橫 橫以立武 君子聽鍾聲 則思武臣 鏗然有號令之象也 橫則盛氣之充滿也 令嚴氣壯 立武之道 故君子聽之 思武臣也 石聲磬 磬以立辨 辨以致死 君子聽磬聲 則思死封疆之臣 故君子聞磬聲 而知所思也 絲聲哀 哀以廉 廉以立志 君子聽琴瑟之聲 則思志義之臣 人之處心 雖當放逸之時 而忽聞哀怨之聲 則亦必爲之惻然而收斂 是哀能立廉也 絲聲凄切 有廉劇裁割之義 人有廉隅 則志不誘於欲 士無故不去琴瑟有以也夫 竹聲濫 濫以立會 會以聚衆 君子聽笙竽簫管之聲 則思畜聚之臣 君子聞竹聲 則思容民畜衆之臣也 匏音啾 啾以立淸 淸以忠謹 匏音正 則人思恭愛矣 土音濁 濁以立太 太以含育 土音正 則人思寬厚矣 革聲讙 讙以立動 動以進衆 君子聽鼓鼙之聲 則思將帥之臣 木音直 直以立正 正以寬欲 木音正 則人思潔已矣"
120 『周易』 「繫辭傳」 下 第2章. "古者包犧氏之王天下也. 仰則觀象於天 俯則觀法於地. 觀鳥獸之文 與地之宜. 近取諸身 遠取諸物. 於是 始作八卦 以通神明之德 以類萬物之情"
121 「繫辭傳」 上, 第9章. "引而伸之 觸類而長之 天下之能事畢矣"
122 「繫辭傳」 上, 第8章. "聖人有以見天下之賾 而擬諸其形容 象其物宜 是故謂之象"
123 정병석, 「周易의 觀」, 『哲學』, 한국철학회, 제75집, 2003 여름, 8~9쪽 참조.
124 『周易』 「繫辭傳」 上 第11章. "易有大極 是生兩儀 兩儀生四象 四象生八卦"
125 『周易』 「說卦傳」 第7章. " 乾健也 坤順也 震動也 巽入也 坎陷也 離麗也 艮止也 兌說也"
126 『周易』 「說卦傳」 第8章. "乾爲馬 坤爲牛 震爲龍 巽爲雞 坎爲豕 離爲雉 艮爲狗 兌爲羊"
127 『周易』 「說卦傳」 第9章. "乾爲首 坤爲腹 震爲足 巽爲股 坎爲耳 離爲目 艮爲手 兌爲口"
128 『周易』 「說卦傳」 第10章. "乾天也 故稱乎父 坤地也, 故稱乎母 震一索而得男 故謂之長男 巽一索而得女 故謂之長女 坎再索而得男 故謂之中男 離再索而得女 故謂之中女 艮三索而得男, 故謂之少男 兌三索而得女 故謂之少女"

129 『周易』「說卦傳」第11章~第18章, "乾爲天 坤爲地, 震爲雷 巽爲, 風 坎爲水 離爲火 艮爲山 兌爲澤"
130 정병석,「설괘전의 팔괘 괘상설에 나타난 우주의 해석 체계」,『주역연구』 한국주역학회, 제3집, 1999, 197쪽.
131 朱熹,『周易本義』圖目 2b~3a.
132 『周易』「說卦傳」, 第6章, "萬物出乎震, 震東方也, 齊乎巽, 巽東南也, 齊也者, 言萬物之絜齊也. 離也者, 明也, 萬物皆相見, 南方之卦也, 聖人南面而聽天下, 嚮明而治, 蓋取諸此也. 坤也者, 地也, 萬物皆致養焉, 故曰致役乎坤. 兌, 正秋也, 萬物之所說也, 故曰說言乎兌. 戰乎乾, 乾西北之卦也, 言陰陽相薄也. 坎者, 水也, 正北方之卦也, 勞卦也, 萬物之所歸也, 故曰勞乎坎. 艮東北之卦也, 萬物之所成終 而所成始也, 故曰成言乎艮."
133 朱熹,『周易本義』圖目 5b~6a.
134 朱熹,『周易本義』圖目 2a, 6a.
135 『周易』「繫辭傳」下 第3章, "爻也者 效天下之動者也"
136 左丘明,『國語』卷3.「周語」下 24a~26b, "名之曰黃鐘所以宣養六氣九德也 十一月曰黃鐘 乾初九也 黃鐘初九 六律之首 正月曰大蔟 乾九二也 三月曰姑洗 乾九三也 五月曰蕤賓 乾九四也 七月曰夷則 乾九五也 九月曰無射 乾上九也 十二月曰大呂 坤六四也 二月曰夾鐘 坤六五也 四月曰中呂 坤上六也 六月曰林鐘 坤初六也 八月曰南呂 坤六二也 十月曰應鐘 坤六三也"
137 周公,『周禮』卷23. 16b, "黃鐘初九也 下生林鍾之初六 林鍾又上生大蔟之九 二 大蔟又下生南呂之六二 南呂又上生姑洗之九三 姑洗又下生應鍾之六三 應鍾 又上生蕤賓之九四 蕤賓又下生大呂之六四 大呂又上生夷則之九五 夷則又下生 夾鐘之六五 夾鍾又上生無射之上九 無射又下生中呂之上六" 필자가 앞에서 조사한 바와 같이 위 원문의 밑줄친 부분에서 上生은 下生으로, 下生은 上生으로 바뀌어야 한다.
138 班固,『漢書』卷21上.「律曆志」第1上. 25b~27a, "實如法得一黃鐘初九律 之首陽之變也 因而六之以九爲法 得林鐘初六呂之首陰之變也 皆參天兩地之法 也 上生六而倍之 下生六而損之 皆以九爲法 九六陰陽夫婦子母之道也 律娶妻而 呂生子天地之情也 六律六呂而十二辰立矣 …… 十一月乾之初九 六月坤之初 六"
139 陳暘,『樂書』卷40. 6b, "本乎乾爻者爲六律 本乎坤爻者爲六同 六律左旋 而生同 則爲同位所以象夫婦 六同右轉 而生律 則爲異位 所以象子母間"
140 陳暘,『樂書』卷101. 5b~6b, "夫乾天下之至健 而六陽宗焉 夫坤天下之至順

而六陰宗焉 然獨陰不生 獨陽不生 氣必有合然後生 故以乾坤六爻爲相生之配 黃鍾建子之氣 則乾之初九 而於卦爲復 下生林鍾 則坤之初六 而於卦爲始 是謂律娶妻一也 黃鍾陽九 林鍾陰六 以九生六 明陽唱陰和之義 林鍾建未之氣 上生太蔟 則乾之九二 而於卦爲臨 是謂呂生子一也 太蔟建寅之氣 下生南呂 則坤之六二 而於卦爲遯 是謂律娶妻二也 南呂建酉之氣 上生姑洗 則乾之九三 而於卦爲泰 是謂呂生子二也 姑洗建辰之氣 下生應鍾 則坤之六三 而於卦爲否 是謂律娶妻三也 應鍾建亥之氣 上生蕤賓 則乾之九四 而於卦爲大壯 是謂呂生子三也 蕤賓建午之氣 上生大呂 則坤之六四 而於卦爲觀 是謂律娶妻四也 大呂建丑之氣 下生夷則 則乾之九五 而於卦爲夬 是謂呂生子四也 夷則建申之氣 上生夾鍾 則坤之六五 而於卦爲剝 是謂律娶妻五也 夾鍾建卯之氣 下生無射 則乾之上九 而於卦爲乾 是謂呂生子五也 無射建戌之氣 上生仲呂 則坤之上六 而於卦爲坤 是謂律娶妻六也"

141 成倪 등,『樂學軌範』卷1. 6b~8a, "黃鍾…… 其卦乾之初九 大呂…… 其卦坤之六四也 太蔟…… 其卦乾之九二也 夾鍾…… 其卦坤之六五也 姑洗 其卦乾之九三 仲呂…… 其卦坤之上六也 蕤賓…… 其卦乾之九四也 林鍾…… 其卦坤之六二 夷則…… 其卦乾之九五 南呂…… 其卦坤之六二也 無射…… 其卦乾之上九 應鍾…… 其卦坤之六三焉"

142 『周易』「上經」重天乾卦, "乾 元亨利貞 初九 潛龍 勿用 九二 見龍在田 利見大人 九三 君子終日乾乾 夕惕若 厲 无咎 九四 或躍在淵 无咎 九五 飛龍在天 利見大人 上九 亢龍 有悔"

143 『周易』「上經」, 重地坤卦, "坤 元亨利牝馬之貞 君子 有攸往 先迷後得 主利 西南得朋 東北喪朋 安貞 吉 初六 履霜 堅氷至 六二 直方大 不習 无不利 六三 含章可貞 或從王事 无成有終 六四 括囊 无咎 无譽 六五 黃裳 元吉 上六 龍戰于野 其血玄黃"

144 『周易』「繫辭傳」上 第11章, "河出圖, 洛出書, 聖人則之."

145 『尙書』「周書」, "伏犧王天下 龍馬出河遂 則其文以畫八卦 謂之河圖"

146 朱熹,『周易本義』圖目 1b.

147 김진규,『亞山의 周易講義』中, 도서출판 소강, 2000, 20쪽.

148 江永,『律呂闡微』卷6. 9b.

149 江永,『律呂闡微』卷6. 11a.

150 江永,『律呂闡微』卷6. 11a, "五聲旣有大小之序矣 五方之位矣 卽有相生之序焉 自中而南 南而西 西而北 北而東 東而復中復南 自然之數非關三分損益也 五行相生亦順圖左旋與此不同者 五行自中而西 五聲自中而西 五聲自中而南相

差一位各有其理也"

151 江永, 『律呂闡微』卷6. 17a, "河圖之位數固合五聲相生矣 而河圖數十律數十二宜若不相合也 然律之相生也隔八 隔八實隔七從本位數至第八位也 如河圖中五以後數至第八位而相生再歷一周仍復於五循環不窮 十二律亦猶是也 舊法用三分損益不能再生 新法則循環無端正與河圖之理數相合矣"

152 江永, 『律呂闡微』卷6. 22a.

153 江永, 『律呂闡微』卷6. 22a, "河圖五聲之本數 二七徵一六羽在宮前者居西北 四九商三八角在宮後者居東南" 위의 원문 중에 河圖는 洛書로 바뀌어야 한다.

154 김진규, 『亞山의 周易講義』中, 도서출판 소강, 2000, 24쪽.

155 劉安, 『淮南子』卷4. 「墜形訓」11a, "木壯水老火生金囚土死 火壯木老土生水囚金死 土壯火老金生木囚水死 金壯土老水生火囚木死 水壯金老木生土囚火死"

156 『孟子』, "師曠之聰, 不以六律, 不能正五音"

157 周公, 『周禮』卷22. 「春官」17ab 大司樂, "凡樂 圜鍾爲宮 黃鍾爲角 大蔟爲徵 姑洗爲羽 靁鼓 靁鼗 孤竹之管 雲和之琴瑟 雲門之舞 冬日至於地上之圜丘奏之 若樂六變則天神皆降 可得而禮矣 凡樂 以函鍾爲宮 大蔟爲角 姑洗爲徵南 宮爲羽 靈鼓 靈鼗 孫竹之管 空桑之琴瑟 咸池之舞 夏日至於澤中之方丘奏之 若樂八變則地示皆出 可得而禮矣 凡樂 黃鍾爲宮 大呂爲角 大蔟爲徵 應鍾爲羽 路鼓 路鼗 陰竹之管 龍門之琴瑟 九德之歌 九磬之舞於宗廟之中奏之 若樂九變則人鬼可得而禮矣"

158 陳暘, 『樂書』卷41. 8b, "三宮不用商聲者 商爲金聲 而周以木王 其不用則避其所剋而已"

159 周公, 『周禮』卷22. 「春官」18b, "樂無商者 祭尙柔 商堅剛也"

160 『禮記』卷14~17. 「月令」, "孟春之月, 其日甲乙, 其音角, 律中太蔟, 其數八. 仲春之月, 其日甲乙, 其音角 律中夾鍾, 其數八. 季春之月, 其日甲乙, 其音角, 律中姑洗, 其數八. 孟夏之月, 其日丙丁, 其音徵, 律中中呂, 其數七. 仲夏之月, 其日丙丁, 其音徵, 律中蕤賓, 其數七. 季夏之月, 其日丙丁, 其音徵, 律中林鍾, 其數七. 孟秋之月, 其日庚辛, 其音商, 律中夷則, 其數九 中央土, 其日戊己, 其音宮, 律中黃鍾之宮, 其數五. 仲秋之月, 其日庚辛, 其音商, 律中南呂, 其數九. 季秋之月, 其日庚辛, 其音商, 律中無射, 其數九. 孟冬之月, 其日壬癸, 其音羽, 律中應鍾, 其數六. 仲冬之月, 其日壬癸, 其音羽, 律中黃鍾, 其數六. 季冬之月, 其日壬癸, 其音羽, 律中大呂, 其數六"

161 『禮記』卷22. 「禮運」7b, "五聲 六律 十二管 還相爲宮也"

미주 243

162 管仲, 『管子』 卷19. 「地員」, 第58-2ab, "凡聽徵如負猪豕覺而駭 凡聽羽如鳴馬在野 凡聽宮如牛鳴窌中 凡聽商如離羣羊 凡聽角如雉登木以鳴音疾以淸 凡將起五音凡首……凡將起五音 凡首先主一而三之 四開以合九九 以是生黃鍾小素之首 以成宮 三分而益之以一 爲百有八 爲徵 不無有三分而去其乘 適足以是生商 有三分而復於其所 以是成羽 有三分去其乘 適足以是成角"

163 呂不韋, 『呂氏春秋』 卷1~12, "正月紀其日甲乙 其音角 律中太蔟 其數八……二月紀其日甲乙 其音角 律中夾鍾 其數八……三月紀其日甲乙 其音角 律中姑洗 其數八…… 四月紀其日丙丁 其音徵 律中仲呂 其數七……五月紀其日丙丁 其音徵 律中蕤賓 其數七……六月紀其日丙丁 其音徵 律中林鍾 其數七……中央土 其日戊己 其帝黃帝 其音宮 律中黃鍾之宮 其數五 七月紀其日庚辛 其音商 律中夷則 其數九……八月紀其日庚辛 其音商 律中南呂 其數九…… 九月紀其日庚辛 其音商 律中無射 其數九……十月紀其日壬癸 其音羽 律中應鍾 其數六……十一月紀其日壬癸 其音羽 律中黃鍾 其數六……十二月紀其日壬癸 其音羽 律中大呂 其數六"

164 劉安, 『淮南子』 卷5. 「時則訓」, 1a~17b, "孟春之月 招搖指寅 其位東方 其日甲乙 盛德在木 其音角 律中太蔟 其數八 仲春之月 招搖指卯 其位東方 其日甲乙 其音角 律中夾鍾 其數八 季春之月 招搖指辰 其位東方 其日甲乙 其音角 律中姑洗 其數八 孟夏之月 招搖指巳 其位南方 其日丙丁 盛德在火 其音徵 律中仲呂 其數七 仲夏之月 招搖指午 其位南方 其日丙丁 其音徵 律中蕤賓 其數七 季夏之月 招搖指未 其位中央 其日戊己 盛德在土 其音宮 律中百鐘 其數五 孟秋之月 招搖指申 其位西方 其日庚辛 盛德在金 其音商 律中夷則 其數九 仲秋之月 招搖指酉 其位西方 其日庚辛 其音商 律中南呂 其數九 季秋之月 招搖指戌 其位西方 其日庚辛 其音商 律中無射 其數九 孟冬之月 招搖指亥 其位北方 其日壬癸 盛德在水 其音羽 律中應鍾 其數六 仲冬之月 招搖指子 其位北方 其日壬癸 其音羽 律中黃鍾 其數六 季冬之月 招搖指丑 其位北方 其日壬癸 其音羽 律中大呂 其數六"

165 班固, 『漢書』 卷21. 「律曆志」, 第1上 5ab, "天之中數五 五爲聲 聲上宮五聲莫大焉 地之中數六 六爲律 律有形有色 色上黃五色莫盛焉"

166 范曄·司馬彪, 『後漢書』 卷11. 「律曆志」 2b, "宓犧作易紀陽氣之初以爲律法 建日冬至之聲 以黃鍾爲宮 太蔟爲商 姑洗爲角 林鍾爲徵 南呂爲羽 應鍾爲變宮 蕤賓爲變徵 此聲氣之元 五音之正也"

167 『宋史』 卷128. 樂3-5b, "降天神之樂六奏 舊用夾鍾之均三奏謂之夾鍾爲宮 夷則之均一奏謂之黃鍾爲角 林鍾之均一奏謂之太簇爲徵 姑洗爲羽 祇享宗廟皆

視此均法以度曲"

168 蔡元定,『律呂新書』卷1.「律呂本源」六十調圖 第9-26a~27a, "案十二律旋相爲宮 各有七聲 合八十四聲 宮聲十二 商聲十二 角聲十二 徵聲十二 羽聲十二 凡六十聲爲六十調 其變宮十二 在羽聲之後 宮聲之前 變徵十二 在角聲之後 徵聲之前 宮不成宮 徵不成徵 凡二十四聲 不可爲調 黃鍾宮至夾鍾羽 並用黃鍾起調 黃鍾畢曲 大呂宮至姑洗羽 並用大呂起調 大呂畢曲 太蔟宮至仲呂羽 並用太蔟起調 太蔟畢曲 夾鍾宮至蕤賓羽 並用夾鍾起調 夾鍾畢曲 姑洗宮至林鍾羽 並用姑洗起調 姑洗畢曲 仲呂宮至夷則羽 並用仲呂起調 仲呂畢曲 蕤賓宮至南呂羽 並用蕤賓起調 蕤賓畢曲 林鍾宮至無射羽 並用林鍾起調 林鍾畢曲 夷則宮至應鍾羽 並用夷則起調 夷則畢曲 南呂宮至黃鍾羽 並用南呂起調 南呂畢曲 無射至大呂羽 並用無射起調 無射畢曲 應鍾宮至太蔟羽 並用應鍾起調 應鍾畢曲 是爲六十調 六十調卽十二律也 十二律 卽一黃鍾也 黃鍾生十二律 十二律生五聲二變 五聲各爲綱紀 以成六十調 六十調 皆黃鍾損益之變也 宮商角三十六調老陽也 其徵羽二十四調老陰也 調成而陰陽備也"

169 蔡元定,『律呂新書』卷1.「律呂本源」 六十調圖 第9-22ab.

170 陳暘,『樂書』卷42. 4b, "聲本於日 律本於辰 故甲之數九 乙庚八 丙辛七 丁壬六 戊癸五 此聲之數也 子午之數九 丑未八 寅申七 卯酉六 辰戌五 己亥四 此律之數也"

171 成俔 等,『樂學軌範』卷1. 4b, "按律有十二聲 而只用七聲 旋爲五調以成六十調 我國用律 雅樂則用七聲 俗樂則不用二變只使五聲 聲有淸濁 下五下四下三下二下一 濁宮商角徵羽也 宮上一上二上三上四 淸宮商角徵羽也 今於六十調各律之下別書上下一二之法以便觀覽"

172 成俔 等,『樂學軌範』卷1. 24b, "樂調有宮商角徵羽五調 又有樂時調羽調平調界面 河臨嗺子啄木等調 五調之內徵調卽俗所用平調也 羽調卽俗所用界面調也"

173 李萬敷,「律呂推步」,『息山續集』卷10. 12b.

174『詩樂和聲』卷2.「樂律本源」, 第2-44, "調和流行只是陰陽五行一經一緯 故天干之象五行者 以陰陽兩之爲十 地支之象六氣者以陰陽兩之爲十二 十二與十五相乘回爲六十甲子 是以樂有五音 以陰陽兩之爲十 樂有六律 以陰陽兩之爲十二 十二爲經 十爲緯 互相乘回爲六十律"『한국음악자료총서』제12집, 은하출판사, 1989, 47쪽.

175 정병석 譯, 고회민 著,『주역철학의 이해』, 문예출판사, 1995, 138쪽~139쪽.

176 『周易』水澤節卦, "節 亨 苦節 不可貞 象曰 節亨 剛柔分而剛得中 苦節不可貞 其道窮也 說以行險 當位以節 中正以通 天地節而四時成 節以制度 不傷財 不害民 象曰 澤上有水 節 君子以 制數度 議德行 初九 不出戶庭 无咎 象曰 不出戶庭 知通塞也 九二 不出門庭 凶 象曰 不出門庭凶 失時極也 六三 不節若 則嗟若 无咎 象曰 不節之嗟 又誰咎也 六四 安節 亨 象曰 安節之亨 承上道也 九五 甘節 吉 往 有尙 象曰 甘節之吉 居位中也 上六 苦節 貞凶 悔亡 象曰 苦節貞凶 其道窮也 中孚 豚魚 吉 利涉大川 利貞 象曰 中孚 柔在內而剛得中 說而巽 孚乃化 邦也 豚魚吉 信及豚魚也 利涉大川 乘木 舟虛也"
177 김진규, 『亞山의 周易講義』中, 도서출판 소강, 2000, 406쪽~407쪽 요약.
178 『書經』卷4. 「益稷」, 第5-6a, "予欲聞六律五聲八音 在治忽 以出納五言 汝聽"
179 『書經』卷10. 「洪範」, 第6-4a, "五行 一曰水 二曰火 三曰木 四曰金 五曰土 水曰潤下 火曰炎上 木曰曲直 金曰從革 土曰稼穡 潤下作鹹 炎上作苦 曲直作酸 從革作辛 稼穡作甘"
180 『禮記』卷18. 「樂記」, 4b, 6a, "宮爲君, 商爲臣, 角爲民, 徵爲事, 羽爲物. 五者不亂則無怗懘之音矣. 宮亂則荒, 其君驕. 商亂則陂, 其官壞. 角亂則憂, 其民怨. 徵亂則哀, 其事勤. 羽亂則危, 其財匱. 五者皆亂, 迭相陵, 謂之慢. 如此則國之 滅亡無日矣."
181 管仲, 『管子』卷19. 「地員」, 第58-2ab, "凡聽徵如負猪豕覺而駭 凡聽羽如鳴 馬在野凡聽宮如牛鳴窌中 凡聽商如離羣羊 凡聽角如雉登木以鳴音疾以淸 凡將 起五音凡首……凡將起五音 凡首先主一而三之 四開以合九九 以是生黃鍾小素 之首 以成宮 三分而益之以一 爲百有八 爲徵 不無有三分而去其乘 適足以是生商 有三分而復於其所 以是成羽 有三分去其乘 適足以是成角."
182 劉安, 『淮南子』卷3. 「天文訓」, 17a, "徵生宮 宮生商 商生羽 羽生角 角生姑洗 姑洗生應鍾 比於正音 故爲和"
183 班固, 『漢書』卷21上. 「律曆志」, 第1上 3a~4b, "聲者宮商角徵羽也……角 觸也 物觸地而出戴芒角也 宮中也 居中央暢四方唱始施生爲四聲綱也 徵祉也 物盛大而繇祉也羽宇也 物聚臧宇覆之也 夫聲者中於宮 觸於角 祉於徵 章於商 宇於羽 故四聲爲宮紀也 協之五行則角爲木 五常爲仁 五事爲貌 商爲金爲義爲言 徵爲火爲禮爲視 羽爲水爲智爲聽 宮爲土爲信爲思 以君臣民事物言之 則宮爲君 商爲臣 角爲民 徵爲事 羽爲物 唱和有象 故言君臣位事之體也 五聲之本生於黃鍾 之律九寸爲宮 或損或益以定商角徵羽 九六相生陰陽之應也"
184 杜佑, 『通典』卷143. 樂3-4ab, "五聲者 一曰宮 宮者義 取宮室之象 所以安容

於物 宮者土也 土亦無所不容 故謂之宮 又宮者中也 義取中和之理 其餘四聲
而和調之 二曰商 商者金也 金堅强 故名之亦當時物皆强堅 成就之義也 角者觸也
言時萬物象陽氣觸動而出 三曰角 角者木生從地 而出觸 動之義也 四曰徵 徵者止
也 言物盛 則止象 陽氣盛而止 又徵者火也 火生炎 盛之義也 五曰羽 羽者舒也
時陽氣將復萬物孳育 而舒生也"

185 陳暘,『樂書』卷105. 2b~3b, "夫物生而有情 情發而爲聲 故天五與地十合而
生土於中 其聲爲宮 地四與天九合而生金於西 其聲爲商 天三與地八合而生木於
東 其聲爲角 地二與天七合而生火於南 其聲爲徵 天一與地六合而生水於北 其聲
爲羽 盖五聲本於五行布於五位 其數起於黃鍾九寸之管 因九而九之則凡管周徑
之數八十有一者宮聲之數也 因宮數三分去一下而生徵 則五十有四者 徵聲之數
也 因徵數三分益一上而生商 則七十有二者商聲之數也 因商數三分去一下而生
羽 則四十有八者羽聲之數也 因羽數三分益一上而生角 則六十有四者角聲之數
也 數多者濁以大而大不踰宮 數小者淸以細而細不踰羽 則羽徵之聲淸於角 而角
聲又淸於商矣 凡此五聲之常百王不易之制也 今夫宮生徵 徵生商 商生羽 羽生角
故彈宮而徵應 彈徵而商應 彈商而羽應 彈羽而角應 是五聲以相生爲和 相勝爲繆
先王立樂之方也…… 聲出於脾合口而通之 謂之宮 出於肺開口而吐之 謂之商
出於肝而張齒湧吻 謂之角 出於心而齒合吻開 謂之徵 出於腎而齒開吻聚 謂之
羽"

186 蔡元定,『律呂新書』卷1.「律呂本源」律生五聲圖 第6-18a, "案黃鍾之數九
九八十一 是爲五聲之本 三分損一以下生徵 徵三分益一以上生商 商三分損一以
下生羽 羽三分益一以上生角 至角聲之數六十四 以三分之不盡一算 數不可行
此聲之數所以止於五也 或曰 此黃鍾一均五聲之數 他律不然 曰 置本律之實以九
九因之 三分損益以爲五聲 再以本律之實約之 則宮固八十一 商亦七十二 角亦六
十四 徵亦五十四 羽亦四十八矣"

187 成俔 등,『樂學軌範』卷1. 12b.

188 成俔 등,『樂學軌範』卷1. 13b, "宮中也 居中央 暢四方 唱始施生 爲四聲綱也
其性圓 其聲若牛之鳴窌 而主合 宮無爲而覆物 君之象也 足以御臣 其聲雄洪
調則政和國安 亂則其國危 其絲數八十一 三分損一下生徵 徵祉也 物盛大而繁祉
也 其性明而辨物 其聲若豕之負駭 而主分 徵出無而驗有 事之象也 足以成物
其聲倚倚戲戲然 調則百物理 亂則庶績隳 其絲數五十四 三分益一上生商 商章也
物成熟可 章度也 其性方 其聲若羊之離群而主張 商有爲而通物 臣之象也 足以治
民 其聲鏘鏘蹌蹌然 調則刑法不作 威令行 亂則其官毀 其絲數七十二 三分損一下
生羽 羽宇也 物聚藏宇覆之也 其性潤而澤物 其聲若馬之鳴 野而主吐 羽因時而翕
張 物之象也 足以致用 其聲詡詡酗酗然 調則倉廩實 庶物備 亂則其民憂 其財匱

其絲數四十八 三分益一上生角 角觸也 物觸而出載芒 其性直 其聲若雞之鳴木而主湧 角善觸而亂馭 民之象也 足以興事 其聲喔喔確確然 調則四民 亂則其民怨 其絲數六十四 而生變宮變徵也 其用則爲民經迭抑重 其位則爲左右上下中 其色則爲靑黃赤白黑 其性則爲仁義禮智信 其情則爲喜怒悲憂恐 其事則爲貌言視聽思 其味則爲甘辛酸苦鹹 其臭則爲香腥羶焦朽 在天運而爲五氣 在地列而爲五行 在人竅而爲五臟 則中聲所止 無往不在焉"
필자가 밑줄 친 憂는 도표71) 「五聲圖」에는 樂으로 되어 있다.
이혜구역, 『신역악학궤범』, 국립국악원, 2000, 63~65쪽 참조.
189 『增補文獻備考』卷90.「樂考」 17a~18a, "宮中也 居中央 暢四方 唱始施生 爲四聲綱也 其性圓 其聲若牛之鳴窌 而主合 宮無爲而覆物 君之象也 足以御臣 其聲雄洪 調則政和國安 亂則其國危 其絲數八十一 三分損一下生徵 徵祉也 物盛大而繁祉也 其性明而辨物 其聲若豕之負駭 而主分 徵出無而驗有 事之象也 足以成物 其聲倚倚戲戲然 調則百物理 亂則庶績隳 其絲數五十四 三分益一上生商 商章也 物成熟可 章度也 其性方 其聲若羊之離群而主張 商有爲而通物 臣之象也 足以治民 其聲鏘鏘蹌蹌然 調則刑法不作 威令行 亂則其官毀 其絲數七十二 三分損一下生羽 羽宇也 物聚藏宇覆之也 其性潤而澤物 其聲若馬之鳴 野而主吐 羽因時而翕張 物之象也 足以致用 其聲詡詡羽酗然 調則倉廩實 庶物備 亂則其民憂 其財匱 其絲數四十八 三分益一上生角 角觸也 物觸而出載芒 角也 其性直 其聲若雞之鳴木而主湧 角善觸而亂馭 民之象也 足以興事 其聲喔喔確確然 調則四民 亂則其民怨 其絲數六十四 而生變宮變徵也 其用則爲民經迭抑重 其位則爲左右上下中 其色則爲靑黃赤白黑 其性則爲仁義禮智信 其情則爲喜怒悲憂恐 其事則爲貌言視聽思 其味則爲甘辛酸苦鹹 其臭則爲香腥羶焦朽 在天運而爲五氣 在地列而爲五行 在人竅而爲五臟 中聲所止 無往不在焉"

참고문헌

1. 原典

○『管子』,『國語』,『琴旨』,『老子』,『孟子』,『史記』,『書經』,『樂書』,『樂律表微』,『呂氏春秋』,『禮記』,『律呂成書』,『律呂新論』,『律呂新書』,『律呂闡微』,『爾雅』,『左傳』,『周易』,『周易圖說』,『周易本義』,『周易參同契』,『周禮』,『朱子語類』,『晉書』,『通典』,『漢書』,『後漢書』,『淮南子』.

○『詩樂和聲』,『한국음악학 자료총서』제12집, 은하출판사, 1989.

○ 丁若鏞,「樂書孤存」,『한국음악학 자료총서』제21집, 은하출판사, 1989.

○ 成俔 등,『樂學軌範』,『한국음악학 자료총서』제26집, 은하출판사, 1989.

○ 李圭景,『五洲衍文長箋散稿』

○ 이만부,『律呂推步』,『息山續集』권10.『한국문집총간』제179집, 민족문화추진회, 1996.

○『增補文獻備考』,『한국음악학 자료총서』제27집, 은하출판사, 1989.

2. 單行本

○ 김병훈,『율려와 동양사상』, 예문서원, 2004.
○ 김석진,『대산주역강의1·2·3』, 한길사, 1999.
○ 김석진,『周易傳義大全譯解』상, 대유학당, 1997.
○ 김석진,『周易傳義大全譯解』하, 대유학당, 2000.
○ 김승동 편,『도교사상사전』, 부산대학교출판부, 1996.
○ 김종수 역,『譯註 增補文獻備考』, 국립국악원, 1994.

○ 김진규 편, 『亞山의 周易講義』上, 도서출판 소강, 1999.
○ 김진규 편, 『亞山의 周易講義』中, 도서출판 소강, 2000.
○ 김진규 편, 『亞山의 周易講義』下, 도서출판 소강, 2002.
○ 남상숙, 『樂學軌範의 악조연구』, 신아출판사, 2002.
○ 민족문화추진회 편, 『오주연문장전산고』, 1981.
○ 박일봉 역, 『史記』, 東洋古典新書 권23. 육문사, 2000.
○ 심경호 역, 廖名春 외 저, 『주역철학사』, 예문서원, 1994.
○ 신동준 역, 『國語』, 인간사랑, 2005.
○ 염정권 역, 『악학궤범』, 국립출판사, 1956.
○ 유교사전편찬위원회, 『儒敎大事典』, 부산대학교, 1990.
○ 이석호 역, 『회남자』, 세계사, 1994.
○ 이혜구, 『국역 악학궤범 I』, 민족문화추진회, 1979.
○ 이혜구, 『국역 악학궤범 II』, 민족문화추진회, 1980.
○ 이혜구 역주, 『신역 악학궤범』, 국립국악원, 2000.
○ 장사훈, 『국악대사전』, 세광음악출판사, 1984.
○ 장사훈, 『한국음악사』, 정음사, 1976.
○ 정병석 역, 고회민 저, 『주역철학의 이해』, 문예출판사, 1995.
○ 조남권·김종수 역, 『譯註 樂記』민속원, 2000.
○ 한태동, 『세종대의 음성학』, 연세대학교 출판부, 2003.
○ 한흥섭, 『한국의 음악사상』, 민속원, 2002.
○ 홍승직 역, 『呂氏春秋』, 고려원, 1999.
○ 牟宗三, 『周易的自然哲學與道德函義』, 臺北: 文津出版社, 1988.
○ 王夫之, 「周易稗疏」卷3. 「般山易學」下, 台北: 廣文書局, 1981.
○ 陳淸泉 譯, 田邊尙雄 著, 『中國音樂史』, 商務印書館.

3. 論文

- 권태욱, 「악서고존 권2의 다산율학에 대하여」, 『한국음악사학보』 제11집, 한국음악사학회, 1993.
- 김세종, 「삼분손익법의 사적 고찰」, 한양대학교 석사학위논문, 1992.
- 김영동, 「樂學軌範에 나타난 樂理연구」, 연세대학교 석사학위논문, 2003.
- 박흥수, 「國樂音階의 史的인 硏究」, 『성균관논문집』, 제11집, 1966.
- 성기옥, 「『樂學軌範』의 성종대 俗樂 논의의 행방」, 『진단학보』 제77호, 진단학회, 1994.
- 송방송, 「樂學軌範의 문헌적 연구」, 『한국음악사연구』, 영남대학교 출판부, 1982.
- 송방송, 「樂學軌範의 史料的 性格」, 『동양학』, 단국대학교 동양학연구소, 1983.
- 송방송, 「『樂學軌範』의 음악사학적 조명」, 『진단학보』제77호, 진단학회, 1994.
- 이범직, 「樂學軌範의 禮樂論」, 『진단학보』 제77호, 진단학회, 1994.
- 이숙희, 「樂學軌範사상체계의 형성과 성격」, 『한국음악사학보』 제33집, 한국음악사학회, 2004.
- 정병석, 「역경의 시간관」, 『철학회지』 제14집, 영남대학교 철학과 연구실, 1988.
- 정병석, 「說卦傳의 八卦卦象說에 나타난 宇宙의 解釋體系」, 『주역연구』제3집, 한국주역학회, 1999.
- 정병석, 「周易의 觀」, 『哲學』제75집, 한국철학회, 2003.

○ 정병석, 「周易의 三才之道와 天生人成」, 『유교사상연구』 제 24집, 한국유교학회, 2005.
○ 정해임, 「五音六律과 陰陽五行」, 『아산학회지』제15집, 아산학회, 2003.
○ 정해임, 「梅花點長短과 陰陽」, 『한국음악연구』제35집, 한국국악학회, 2004.
○ 정해임, 「律呂의 易學的 硏究」, 영남대학교 박사학위 논문, 2006.
○ 정화순, 「율려와 음양이론」, 『동양철학연구』제26집, 동양철학회, 2001.
○ 한국음악사료연구회 역, 「국역율려추보」, 『한국음악사학보』 제8집~제9집, 한국음악사학회, 1992.
○ 한명희, 「祭禮音樂에 나타난 陰陽五行的인 要素」, 『한국음악연구』제12집, 한국국악학회, 1982.
○ 한흥섭, 「악학궤범서에 나타난 음악사상 고찰」, 『한국의 음악사상』, 민속원, 2002.
○ 葛兆光, 「衆妙之門」, 『中國文化』, 1990年
○ K. Robinson, 남상숙 역, 「中國音樂의 平均率 理論에 공헌한 朱載堉 硏究 Ⅰ·Ⅱ·Ⅲ·Ⅳ·Ⅴ」, 『한국음악사학보』제33집, 한국음악사학회, 1989~1992.

소강의 책 소개 ……

- 亞山의 周易講義・上: B5/양장판 563쪽/김병호 강의, 김진규 구성/값38,000원
- 亞山의 周易講義・中: B5/양장판 496쪽/김병호 강의, 김진규 구성/값28,000원
- 亞山의 周易講義・下: B5/양장판 469쪽/김병호 강의, 김진규 구성/값28,000원
- 易經: 포켓용/아산학회편/값7,000원
- 周易: 포켓용/아산학회편/값10,000원
- 亞山의 詩經講義・上: B5/양장판 570쪽/김병호 강의, 김진규 구성/값35,000원
- 亞山의 詩經講義・下: B5/양장판 763쪽/김병호 강의, 김진규 구성/값38,000원
- 亞山의 中庸講義: B5/382쪽/김병호 강의・김진규 구성/값15,000원
- 亞山의 大學講義: B5/231쪽/김병호 강의・김진규 구성/값9,000원
- 한국전통철학사상: 신국판/297쪽/김종문, 장윤수 지음/값10,000원
- 한국철학사상의 이해(개정판): 신국판/366쪽/안종수 지음/값15,000원
- 혜강 최한기의 세계인식: 신국판/298쪽/서욱수 지음/값10,000원
- 동양철학의 이해(개정판): 신국판/302쪽/최승호 외 8인 지음/값10,000원
- 동양철학을 하는 방법: 135X200mm/181쪽/이완재 지음/값6,000원
- 동양철학의 흐름(개정판): 신국판/384쪽/안종수 지음/값13,000원
- 나의 유교읽기: 신국판/281쪽/최재목 지음/값8,000원
- 유가철학의 이해(개정증보판): 신국판/288쪽/추 차이, 윈버거 차이 지음/김용섭 옮김/값10,000원
- 유가의 가르침: 문고판/219쪽/정한균 지음/값7,000원
- 대진의 맹자읽기(원제: 孟子字義疎證): 신국판/263쪽/대진(戴震) 지음/임종진・장윤수 옮김/값8,000원
- 인류와 자유(부제: 중국과 서양 인간관의 충돌과 前途): 신국판/291쪽/양적(楊適) 지음/정병석 옮김/값9,800원
- 동양철학과 아리스토텔레스(원제: 四因說演講錄): 신국판/448쪽/모종삼(牟宗三) 지음/정병석 옮김/값15,000원
- 장자사상의 이해: 신국판/439쪽/김득만 외 12인 지음/값15,000원
- 노자의 지혜: 신국판/243쪽/장기균 지음/권광호 옮김/값10,000원
- 엔트로피와 기: 신국판/206쪽/방경곤, 문장수, 이우봉 지음/값10,000원

※지은이 정해임(丁海任)은 서울에서 출생하여 국립 국악 중·고등학교와 서울대학교 음악대학 국악과를 졸업하고, 서울대학교 대학원 국악과에서 석사학위를 받았고, 영남대학교 대학원 철학과에서 박사학위를 받았다. 현재 경북대학교 예술대학 국악과 교수로서 부산시 문화재 제8호 강태홍류 가야금산조 이수자, 대가야 가야금연주단 대표, 아시아 금교류회 회원, 경상북도 대구시 문화재 전문위원, 21세기 경북발전위원회 위원, 경상북도 문화예술진흥회 위원, 한국국악학회 회원, 한국음악사학회 회원, 한국전통음악학회 이사, 가야문화권 지역발전혁신광역협의회 위원, 고령지역 혁신협의회 위원, 고령군 명예홍보대사, 국제금교류회 총감독으로 활동하고 있다.

○연구 활동으로는 율려의 역학적 연구, 율려의 괘효에 관한 연구, 장진주 선률형에 관한 연구, 장진주고, 신관용류 가야금산조에 관한 연구, 강태홍류 가야금산조에 관한 연구, 악학궤범의 역학적 연구, 매화점장단과 음양, 평조영산회상 중 하현환입에 관한 선율연구, 오음육률과 음양오행 등의 논문을 발표하였고, 제1, 2회 동아시아 악률학 학술대회와 계명대학교 개교 50주년기념 한국학국제학술대회에서 논문 발표하였고, 정해임 가야금곡집 제1집-제5집(영산회상·평조회상·남창가곡 — 우조와 계면조·강태홍류가야금산조), 2005고령과 2006고령 국제금교류회 등 CD음반과 신관용류 가야금산조 악보와 강태홍류 가야금산조 악보를 출간하였다.

○연주 활동으로는 가야금독주회 8회 개최, 대가야가야금연주단 정기연주회, 아시아금교류회 정기연주회, 국립국악고등학교 개교 40돌 기념 가야금 유파 발표회, 대구시립국악단 송년음악회 협연, 서울대학교 음악대학 국악과 창설 30주년 기념연주회, 효산 강태홍 탄생100주년기념연주회, '97가야금 역사축제, 대구음악제, 대구 MBC 국악한마당, 고천원가비 제막 축하 한일문화교류참가자를 위한 국악연주회, 2003 경주세계문화엑스포 고령군문화마당, 2004 세계솔라시티총회 기념연주회, 경북 물산전 축하연주회, 김정자 교수 화갑기념연주회, 국제금교류회 2005고령과 2006고령 국제금연주회와 가야의 혼 우륵뮤지컬, 그리고 미국·캐나다·중국·러시아·영국 등 해외 연주 외 다수가 있다.

율려와 주역

지은이/정해임(丁海任)
펴낸이/김병성
펴낸곳/도서출판 ♣ 강
펴낸날/제1판 1쇄 2007. 2. 28
          2쇄 2011. 9. 7
등록번호/카2-47
등록일/1995. 2. 9.
주소/부산광역시 서구 동대신동 2가 289-6번지
  전화/051)247-9106 팩스/051)248-2176
값10,000원

※잘못된 책은 바꿔드립니다.

ISBN 978-89-86733-33-4 93150